中央高校基本科研业务费专项资金资助

（Supported by the Fundamental Research Funds for the Central Universities）

跨文化接触：

基督教与近代中西对话

张先清 著

中国社会科学出版社

图书在版编目（CIP）数据

跨文化接触：基督教与近代中西对话／张先清著.—北京：中国社会科学出版社，2016.1

ISBN 978 - 7 - 5161 - 7055 - 7

Ⅰ.①跨…　Ⅱ.①张…　Ⅲ.①基督教—宗教文化—文化交流—中国、西方国家—近代　Ⅳ.①B979.2

中国版本图书馆 CIP 数据核字（2015）第 268395 号

出 版 人	赵剑英
责任编辑	孔继萍
特约编辑	邹　莉
责任校对	闫　萃
责任印制	何　艳

出　　版	中国社会科学出版社
社　　址	北京鼓楼西大街甲 158 号
邮　　编	100720
网　　址	http://www.csspw.cn
发 行 部	010 - 84083685
门 市 部	010 - 84029450
经　　销	新华书店及其他书店

印刷装订	北京市兴怀印刷厂
版　　次	2016 年 1 月第 1 版
印　　次	2016 年 1 月第 1 次印刷

开　　本	710×1000　1/16
印　　张	18.75
插　　页	2
字　　数	317 千字
定　　价	69.00 元

凡购买中国社会科学出版社图书，如有质量问题请与本社营销中心联系调换
电话：010 - 84083683

目　录

前言　帝国、基督教与跨文化接触 ……………………………………（1）

第一章　交错的世界
　　　　——马礼逊时代清廷与天主教的关系（1807—1834）………（1）
　一　嘉庆十年（1805）：一个值得注意的前奏 ……………………（2）
　二　嘉庆十二年至道光十四年间（1807—1834）清廷的禁教举措……（7）
　三　清廷禁教对新教传教的影响 …………………………………（19）
　四　简短的结论 ……………………………………………………（23）

第二章　被遗忘的历史
　　　　——1910 年的晚清朝廷与利玛窦逝世 300 周年纪念会……（24）
　一　一宗档案 ………………………………………………………（25）
　二　一次盛会 ………………………………………………………（27）
　三　一份遗产 ………………………………………………………（37）

第三章　在族权与神权之间
　　　　——晚清乡族势力与基督宗教在华传播 …………………（39）
　一　社区空间秩序与宗族权势 ……………………………………（40）
　二　宗族传统伦理的冲突与维护 …………………………………（41）
　三　民间神会：与祀还是不与祀？ ………………………………（47）
　四　族产公地，岂容图占 …………………………………………（50）
　五　余论：族权、神权与晚清村政 ………………………………（52）

第四章　传教与施善
　　　　——明清时期天主教在华慈善事业研究(1582—1911) …… (55)
一　前言 …………………………………………………… (55)
二　明末清前期天主教在华慈善事业的兴起 …………… (57)
三　晚清天主教在华慈善事业的发展与系统化 ………… (67)
四　天主教慈善事业与晚清城乡社会救济结构的变化及影响 …… (85)
五　结论 …………………………………………………… (92)

第五章　域外遗珍
　　　　——姜别利及《姜别利文库》 …………………… (94)
一　前言 …………………………………………………… (94)
二　姜别利其人 …………………………………………… (96)
三　姜别利文库 …………………………………………… (102)
四　结语 …………………………………………………… (116)

第六章　"边疆"何在?
　　　　——近代中国边疆民族地区基督教史研究的新视角 …… (119)
一　引言 …………………………………………………… (119)
二　先前研究成果的回顾 ………………………………… (120)
三　"深描"边疆 …………………………………………… (131)
四　史料的扩充及其解读 ………………………………… (137)
五　超越"边疆"研究 ……………………………………… (144)

第七章　贞节故事
　　　　——近代闽东的天主教守贞女群体与地域文化 ………… (146)
一　前言 …………………………………………………… (146)
二　数量与分布 …………………………………………… (148)
三　社会构成 ……………………………………………… (152)
四　在基层教会中的角色 ………………………………… (154)
五　妇女守贞与地域文化 ………………………………… (156)

第八章　区域信仰的变迁

　　　　——廉溪中游的汉人宗族与天主教的传播 ………… （164）

一　前言 ……………………………………………………… （164）

二　廉溪中游的汉人宗族及其早期信仰 ………………… （165）

三　天主教的传入与宗族信仰分歧 ……………………… （172）

四　固守与转化:宗族信仰分歧的根源 ………………… （179）

五　守贞、婚姻与地方传统的变迁 ……………………… （184）

六　余论 ……………………………………………………… （189）

第九章　福音与半边天

　　　　——毓德女中与近代闽南地区妇女教育的发展 ……… （191）

一　女学与女校 …………………………………………… （191）

二　地域与生源 …………………………………………… （195）

三　教育与宣教 …………………………………………… （202）

四　社会影响 ……………………………………………… （207）

五　结语 …………………………………………………… （211）

第十章　边际的对话

　　　　——基督宗教在闽南地区的传播历程 ………………… （212）

一　闽南基督宗教的传播历史 …………………………… （212）

二　闽南基督宗教的文化教育建树 ……………………… （242）

三　闽南基督宗教的慈善事业与社会影响 ……………… （262）

附录 ………………………………………………………… （272）

一　中西姓名对照表 ……………………………………… （272）

二　主要参考文献 ………………………………………… （278）

后记 ………………………………………………………… （287）

前言　帝国、基督教与跨文化接触

19世纪中叶以后，迈入近代阶段的大清帝国，传教与通商日渐成为朝野间谈论很多的话语。尤其是前者，已逐步上升为有关道统维系的举国舆论。这一点不难理解。在西方通过鸦片战争强行打开清帝国的国门后，借助不平等条约的保护，基督教会的活动已深入清帝国的城乡各处，穷乡僻壤，无远弗届。基督教会也在帝国政治、社会舞台中扮演了不可忽视的角色，乃至成为影响中西交往的关键因素。由此也使得晚清以来帝国各阶层都不得不对教会在当地的活动抱有相当重视的态度。光绪末年，为了应付因为此起彼伏的民教冲突而导致的中外交涉事件，清廷甚至专门颁令帝国各级官府必须及时掌握辖区内基督教会的动向，"将境内共有大教堂几处，小教堂几处，属某国某教，各堂是否洋式，抑系华式，教士是何姓名，系属何国之人，是否俱系洋人，堂内有无育婴，施药各事，分别确查，按册申报"总理衙门，以便查照管理。晚清积弱积贫，内外交困，此时期基督教在清帝国的传教活动，因其与大航海以来西方对外扩张纠葛一处的时代背景，早已不可能只是单纯的宗教信仰问题，由此也不难理解为何传教话语会引起清帝国内部如此广泛的关注与讨论了。

在处理传教问题上，清帝国的态度经历过几番变化。清前期国力鼎盛时期，一度优容基督教，体现出帝国文化自信的一面。尤其是康熙帝，不仅接纳传教士在朝中任职，从事天文、舆地、医药、军事等工作，甚至在御前讲席中宣召传教士讲授西学，并给予基督教一定程度的传播空间。然而，雍正以降，随着内外压力增大，清廷开始控制基督教在帝国内的传播，并逐步确立了禁教政策。随着基督教传播转入底层化、隐蔽化，此时期朝野对基督教的看法也发生了很大的转变，康熙时期的一些正面评价逐渐淡化，相反，有关基督教的各种负面评价则渐成帝国知识阶层的主体话语,乾嘉时期甚至将其与冲击帝国秩序的各种"邪教"相提并论,而清代禁教时期所形成的这些关于基督教的种种负面评价,最终在晚清时期演化为民间社会攻击基督教的一个主要缘由。

在西方武力逼迫下,晚清朝廷被迫开放传教,传教士在帝国内部也因之获得前所未有的有利传教环境,信仰基督教的人数也日渐增多。然而,晚清时期,作为帝国中坚力量的士绅阶层却普遍对基督教缺乏好感,一个重要的原因是基督教在大、小传统两个文化层次上都与士绅阶层存在冲突。经过几千年的浸染,儒家价值观已渗透进帝国的社会肌理,士绅间也已形成根深蒂固的维护道统、学脉的群体责任感。作为传统社会秩序的看护者,面对基督教的汹涌来势,士绅阶层自然无不忧虑:"所可虑者,内教不修,外教将仇。出者主之,入者奴之,其机若转圜也。孔孟之教,天下大同之教也。彼外教者流,亦自不敢响议我四业之民,童而习之,至死不背。然无国权以扶其衰,无教权以振其敝,徒尊以空名而不能见诸实事,方外奇褒之士,挟其国权教力,播腾其说,日浸灌于人心,几何不载胥及溺也。"① 在此背景下,晚清时期,士绅阶层往往成为反教的先锋,以士绅为主导的教案此起彼伏,终近代百年都以同样的模式循环上演。

尽管如此,基督教毕竟是西方文明的载体,晚清时期随着传教士与基督教会大规模入华,西方文明也潮涌而来,由此引发了人类历史上一次世所罕见的跨文化接触浪潮。文化史家本特利(J. H. Bentley)在《旧世界相遇》(*Old World Encounters*)一书中已经精彩地呈现出了所谓"旧世界"文明接触与对话的瑰丽篇章②,与之前相比,这场近代的文化相遇则更为复杂多样。来自不同文明背景的形形色色的人,如何因缘际会,卷入这场东西文明大接触过程中,并在塑造帝国文化模式中扮演了自身的作用。这是近代中国社会中十分复杂,同时也是颇为引人关注的一段历史。可以说,以基督教为文化桥梁所建构的近代中西文明接触与对话的历史,已经成为全球史的一个重要部分。

收录本书的十篇文章,是笔者近年来围绕着上述"跨文化接触"议题所开展的初步研究,主要侧重从具体的个案或地区性研究的方法论视角

---

① 张先清、赵蕊娟编:《中国地方志基督教史料辑要》,东方出版中心 2010 年版,第503 页。

② Jerry H. Bentley. *Old World Encounters: Cross-Cultural Contacts and Exchanges in Pre-Modern Times.* New York: Oxford University Press, 1993.

来探讨基督教与近代中国社会文化相遇的问题。由于本人学识有限，加上不少论文是多年前写就，内中一定存在许多不足之处，现在不揣谫陋，将其结集成版，其用意在于抛砖引玉，诚恳地盼望方家给予指正。

第 一 章

交错的世界

——马礼逊时代清廷与天主教的关系(1807—1834)

当清嘉庆十二年（1807）新教入华先驱马礼逊（Robert Morrison）抵达中国时，明末重新来华的天主教传教士已经在中国传教长达两个多世纪了。尽管明末清初天主教会在华有过一段传教高潮，但是，自康熙后期以降，随着形势发生变化及清廷调整宗教政策，清政府逐渐对天主教的传教活动加以限制。雍正继位以后，正式确立了全面禁教政策。此后，天主教在华传播环境每况愈下。嘉庆十二年（1807）至道光十四年（1834）马礼逊在华活动期间，正值大清帝国由盛入衰的转折阶段。处于内乱外患困扰中的清朝统治者进一步加强了对天主教传播的控制力度，先后出台了一系列查禁措施，由此使得清廷与天主教之间的关系发生了一系列值得注意的变化。本章将以清代嘉道年间官方档案文书为基础[1]，结合相关中西文献，针对马礼逊在华时代清廷与天主教的关系及其对新教传教所产生的影响略述己见。[2]

---

① 此处使用的基本史料出自中国第一历史档案馆编《清中前期西洋天主教在华活动档案史料》，中华书局 2003 年版。

② 关于清代嘉道年间天主教在华传教活动的先行研究主要有：[日]矢泽利彦：《嘉庆十年查禁天主教始末》，载《中和月刊史料选集》（一），近代中国史料丛刊，第 60 辑，台北文海出版社 1970 年版，第 406—426 页。Kenneth Scott Latourette, *A History of Christian Missions in China*, New York: The Macmillan Company, 1929, pp. 175 - 184. 于本源：《清王朝的宗教政策》，中国社会科学出版社 1999 年版，第 219—228 页。杨杭军：《走向近代化：清嘉道咸时期中国社会走向》，中州古籍出版社 2001 年版，第 110—122 页。庄吉发：《清朝宗教政策的探讨》，载庄吉发《清史论集》（五），台北文史哲出版社 2003 年版，第 197—207 页。顾卫民：《中国天主教编年史》，上海书店出版社 2003 年版，第 332—352 页。汤开建、赵殿红、罗兰桂：《清朝前期天主教在中国社会的发展及兴衰》，载《国际汉学》，第九辑，大象出版社 2003 年版，第 102—106 页。

一　嘉庆十年(1805)：一个值得注意的前奏

自康熙后期，清廷已逐渐开始限制天主教的传播。雍、乾年间则采取了全面禁教的做法。如雍正元年（1723）清廷下令除保留部分"精通历数及有技能者"在京效用外，不许其余西方传教士在各省居住，并严令各级官员查禁民间传习天主教："其从前曾经内务府给有印票者，尽行查出，送部转送内务府销毁。所有起盖之天主堂，皆令改为公所。凡误入其教者，严行禁谕，令其改易。如有仍前聚众诵经等项，从重治罪。地方官不实心禁饬者，容隐不报者，该督抚查参，交与该部严加议处可也。"[①]乾隆时期更是迭次发生在全国范围内查禁天主教的大教案，使在华天主教会遭受到前所未有的打击。

嘉庆帝即位后，一仍雍、乾时期的禁教做法，不许民间传习天主教。但在嘉庆九年（1804）以前，清廷疲于应付湘黔地区的苗变及牵连楚、川、豫、陕、甘五省的白莲教起事，对于天主教活动并未给予相当重视。即使官府间有查获民间习教活动，也是就案完结，低调处理。如嘉庆五年（1800）查获贵州贵阳府贵筑县川民胡世禄传习天主教案，嘉庆帝于当年五月三十日给贵州巡抚觉罗琅玕的谕旨中就指出："天主教名目由来已久，京城地方向有西洋人建立天主堂，在内居住，与别项邪教稍有区别，但究不应传习，有干例禁。常明将藉称天主洋教敛钱惑众之首从胡世禄等各犯拿获，只须就案完结。其听从传习入伙之徒，未必即止于案内数人，但黔省系苗疆地方，若过事追究，则胥役人等以搜捕为名，从中勒索，转恐别滋事端。着传谕琅玕即将已获各犯按律办理，毋得过事搜求，致有牵连为要。"[②]上引谕旨内容表明嘉庆帝此时尽管仍禁天主教传播，但也无意过事追究民间习教行为，以免因事激变，就如觉罗琅玕指出的，这是嘉庆帝"权宜轻重，绥靖边方之至意"[③]。不仅如此，嘉庆帝也仍然允准钦天监由西方传教士掌管，并先后允准福文高（Domingos Joaquim Ferreira）、李拱宸（José Nunes Ribeiro）、毕学源（Caetano Pires Pereira）、高守谦

---

① 《清中前期西洋天主教在华活动档案史料》，第1册，第57页。
② 《清中前期西洋天主教在华活动档案史料》，第2册，第816—817页。
③ 同上书，第817页。

（Verissimo Monteiro da Serra）等传教士于嘉庆五年至九年间"照例伴送来京效力"①。嘉庆六年朝鲜国王李玙指称天主教徒金有山等人"每因朝京使行传书洋人，潜受邪术等语"，嘉庆帝还为西方传教士辩护："此则非是。京师向设有西洋人住居之所，只因洋人素通算学，令其推测躔度，在钦天监供职，不准与外人交接。而该洋人航海来京，咸知奉公守法，百余年来从无私行传教之事，亦无被诱习教之人。该国王所称邪党金有山等来京传教一节，其为妄供无疑。"②日本学者矢泽利彦据此谕推断嘉庆帝在嘉庆十年前"实未疑及传教士等仍有传教行为也"③。此论尚有可商榷之处。因为嘉庆在此谕中虽否认在京传教士私自传教，但也不能因此就断定嘉庆帝对京城内外天主教活动毫无知觉。谕旨中说"该洋人航海来京，咸知奉公守法，百余年来从无私行传教之事，亦无被诱习教之人"，显然是嘉庆帝为了在藩属国面前保持天朝脸面的托词。乾隆后期教案迭发，朝野震动，其中也有多起涉及京城天主堂传教士。嘉庆其时已经长大成人，并在乾隆三十八年（1773）就已内定为储君，不可能对此一无所知。嘉庆此时期之所以对天主教传习活动未加大查禁力度，主要原因在于其正倾力扑灭苗变及白莲教起事，根本无力顾及。

嘉庆九年（1804）九月，历时九年之久的白莲教起事终被清廷扑灭。④这场民间宗教起事带给清廷的教训是极为深刻的，其直接后果之一是促使清廷加紧防范各类民间宗教与秘密结社活动。传教士德天赐（Adeodato da Santo Agostino）等通过教徒陈若望私寄书信案就是在这样的背景下爆发的。嘉庆九年十二月底，江西峡江县知县和淦督同典史邓潮盘获广东新会县人陈若望一名，"搜有西洋字书信十九封，汉字书信七封，并刻本天主教经卷等项"。江西巡抚秦承恩审讯发现"西洋字书信内夹有直隶广平府至山东登州府海口地图一张，汉字书信内叙有主教患病，商议接顶之人，并赵家庄的东西账本定要烧吊（掉）各字样"。据陈若望招供："向在香山县澳门拜西洋人马诺为师。嘉庆九年八月二十一日澳门掌教金安多呢给伊洋钱四十四圆，令送信至京交钦天监监正索德超查收。九月二十九日到京，十月十二日索德超给伊盘费银十两，西洋字书信十九封，汉

---

①　《清中前期西洋天主教在华活动档案史料》，第 2 册，第 818、823 页。

②　同上书，第 819 页。

③　[日] 矢泽利彦：《嘉庆十年查禁天主教始末》，第 406、423 页，注释（6）。

④　参见喻松青《明清白莲教研究》，四川人民出版社 1987 年版，第 21 页。

字书信七封,嘱交金安多呢分发。并给伊刻本天主教经卷带回自看。"①秦承恩认为陈若望案可疑之处颇多,因此除将陈若望解交刑部,书信经卷咨送军机处外,于九年十二月二十九日具折向嘉庆帝禀报此事。十年(1805)正月十日奏折到京后,嘉庆帝即刻下令处理此事。陈若望在刑部陆续招供出"托带汉字书信赴澳门"在京西洋堂内办事佣工的赵若望、蒋怀仁、张明德三人,并且传到西洋天主堂贺清泰(Louis Antoine Poi-rot)、南弥德(Louis François Marie Lamiot)、德天赐、李拱宸等人,招供传递书信属实。"惟内有路程图样之信,据德天赐承认系伊所寄",原因是"此图内所开地方,俱有民人在我们各堂习教,因各堂规矩不同,恐到京时争论,所以分别标记。……我要寄图与传教正管,使他知道某处住有某堂习教的人,以便来京的人到堂不至争论"。但当问官进一步问讯地图的来历及传教情况时,德天赐"俱不确凿供吐"②,为此被逮下狱,严加审讯。此后德天赐陆续招供出京城天主堂传教情况以及周炳德等一部分传教先生及教徒骨干。这些人被押解到刑部后,供认"在堂讲经传教惑众属实,并据供出近年编造汉字西洋经卷三十一种,流传各处,冀图易于煽惑入教人众,其版片现在天主堂存贮"③。

德天赐案件所牵出的一系列问题引起了清廷的高度重视。首先,早在嘉庆五年十二月清廷已明确规定:"在京西洋人等呈寄广东粤海书信,仍着照旧例官为寄往,交该督转交收领。该国如有来信,亦着该督寄京交往该管西洋四堂事务大臣转交收领,不准私行托寄。"④可是此案显示在京西方传教士仍通过教徒私通书信。其次,此案还暴露出京城天主堂不仅招致民人入堂习传天主教,而且还大量刊刻汉字经卷,四处散发,引人入教。再次,从查获传教地图及部分传教骨干的供词中可知,天主教在华传教活动范围广泛,教徒众多,甚至不少旗人也入堂习教。这些情况不能不引起清廷的警惕。针对此次德天赐案件暴露出的上述问题,清廷逐渐采取了一系列应对措施。

其一,加强对京城天主堂传教士活动的监督、管理。针对御史蔡维钰奏请严禁西洋人刊书传教一事,嘉庆十年四月十八日颁发上谕,命令管理

---

① 《清中前期西洋天主教在华活动档案史料》,第 2 册,第 832—833 页。
② 同上书,第 830 页。
③ 同上书,第 835 页。
④ 同上书,第 820 页。

西洋堂务大臣留心稽查在京传教士活动，"如有西洋人私刊书籍，即行查出销毁，并随时谕知在京之西洋人等务当安分学艺，不得与内地民人往来交结"①。四月三十日针对刑部议奏德天赐案再发上谕，认为此案中"查出所造经卷，俱系刊刻汉字，其居心实不可问"。德天赐"以西洋人来京当差，不知安分守法，妄行刊书传教，实为可恶"，应给予从重处罚。并追缴天主堂书籍、版片，重申严禁西方传教士"刊书传教"②。此外，嘉庆帝还发现管理西洋堂事务大臣及属员在管理上存在很大漏洞，急需整顿，为此于嘉庆十年五月初一日谕令："向来西洋堂事务俱派总管内务府大臣管理，而历任该管之大臣等不能实心经理，其派委之司员亦不常行稽查，大率有名无实。即如近日德天赐等妄行刊书传教，煽惑旗民，此皆由历任该管大臣官员等平日不能认真查察，以致伊等敢于私通书信，往来交结。现在管理西洋堂事务之常福，着无庸兼管，改派禄康、长麟、英和管理，其应如何设立章程，严加管束之处，着禄康等悉心妥议具奏"③。嘉庆十年五月十五日，禄康等人所拟定的管理西洋堂事务十条章程获允准通过。其具体措施包括委派专门官员常行到天主堂轮流稽查。由步军统领衙门派十二名官兵每日轮流在该四堂门前建盖房屋，设岗严密稽查。磨去京城各天主堂匾额碑志中有关"天主堂"字样。除西洋人自奉其教，按日念经，例不禁外，旗民人等概不许私赴西洋堂。西洋人亦不许与旗民交结往来。西洋人出外，委派兵役随行监督。关闭原来四堂附近的女堂。派兵随时稽查海淀地区传教士房屋。西洋人寄信需先报官，指派俄罗斯馆人先译出察看，再行用印由兵部寄往两广总督转交。寄给西洋人信件也先由两广总督拆封看明，连译出之文一并寄京交本管堂官查验后再交西洋人收领，不许私自觅寄，否则从重治罪。将四堂西洋人跟役逐一登记造册，不许增添，如有事故去者，令其报明方准另雇。在四堂门外及京城内外张贴告示，严禁旗民人等习教，否则按例治罪。禁止西洋各堂收买羊草等物，以防"暗配邪药，迷惑愚人"④。这十条章程的制定与实行，表明清廷从制度上加强了对京城天主堂传教士活动的监督、管理。

---

① 《清中前期西洋天主教在华活动档案史料》，第 2 册，第 838 页。
② 同上书，第 839、843 页。
③ 同上书，第 840 页。
④ 同上书，第 852—855 页。

值得注意的是,从嘉庆十年起,清廷以"西洋人进京已敷当差"为由,不仅不再接受西方传教士入京供职,而且开始逐步精减京城天主堂西方传教士人手,将部分传教士遣送回国。如嘉庆十年七月间允准管理西洋堂事务大臣禄康等人所奏"现在钦天监通晓算法者并不乏人,请将西洋外夷苏振生(Jean François Richenet)、马秉乾(Lazare Marius Dumzel)二人仍令回国",致使已经由广东委派官员余照等人伴送到山东德州地方的传教士苏振生、马秉乾二人被就地截留,转而遣送回国。① 嘉庆十年十一月初六日又借准许"患病西洋人慕王化回国"之机,"告知慕王化于调理就痊后,不必再行来京。"由此可以看出,从嘉庆十年起,清廷不仅进一步加强对京城天主堂传教士活动的监督,而且已着手削减在京传教士人数。

其二,在全国范围内查禁天主教活动,严禁旗民人等传习天主教。德天赐案件已披露不少各地传习天主教的活动状况,嘉庆十年五月初二日御史韩鼎晋又奏称"西洋天主教流传川省已久,勾引习教之人,日聚日多,省会郡县亦恬不为怪。凡习教之家,俱有经卷,男妇朝夕念诵,实由在都中西洋堂习教民人,常出外省传道,亦有教师名目。遇贫寒人随便资助银两,诱其入教,并令其转诱,无论贫富人等,一入此教,便情同骨肉。并闻各省类此者亦复不少"②,请求颁旨严禁。为此嘉庆帝于十年五月初二日谕令署四川总督、成都将军德楞泰饬知川省地方官:"查有传习天主教民人,出示恳切晓谕,俾愚民咸知例禁。其所传之经卷,或私自刊刻之书籍版片等一并查出销毁。如有教师等在彼煽诱,或藉此滋事者,一经访获,即按律惩治,以儆其余,愚民自可渐次解散。"此外,谕旨中还要求将查禁天主教一节传谕各省督抚,如"查知各该省有传习天主教者,亦着一体遵照妥办"③。由此继乾隆四十九年、五十年(1784、1785)之后,天主教再一次在全国范围内被查禁。此后,直隶、四川、陕西、山西、广东等地督抚陆续按照嘉庆帝旨意,查拿境内传习天主教的活动。

---

① 参见《清中前期西洋天主教在华活动档案史料》,第2册,第891页。
② 同上书,第841页。
③ 同上书,第842页。

此外，清廷还加重对职官失察传习天主教行为的处分，如失察"德天赐寄信刊书传教等事"的原管理西洋堂事务大臣常福及其属官都被从重处罚。特别是针对德天赐案件中牵连出不少旗人奉教，引起清廷对于八旗兵丁习教行为的审查与防范，并陆续盘获了旗人佟澜、色克舒敏、李庆喜等奉教案。对于失察旗人习教的各旗都统等大小官员，清廷给予各种处分，以示惩戒。

总之，嘉庆十年清廷天主教政策发生了一系列值得注意的变化。不仅逐步从制度上加强对京城天主堂传教士活动的监控，而且再度在全国范围内严查旗人及民人传习天主教。同时，清廷更为明确地将天主教定性为"邪教"，如嘉庆十年十一月十二日的上谕中已直接提到地方官应当"晓谕民人等以西洋邪教例禁綦严，不可受其愚惑，致蹈法网。俾无知愚民，各思近善远罪，则西洋人等自无所肆其簧鼓，即旧设有天主堂之处，亦不禁而自绝"①。可见，与此前相比，清廷查禁天主教转入一个新的阶段。

二 嘉庆十二年至道光十四年间（1807—1834）清廷的禁教举措

自嘉庆十年以后，清廷对在华天主教会的传教活动加强了控制。此期间，各地查拿天主教传教与习教人员的事件屡有发生。如嘉庆十一年（1806）三月因顺天府宛平县桑峪村村民杨文进赴都察院衙门控告同村张文成等传习天主教，引发了一次不小的禁教风波。②而嘉庆十六年（1811）陕西扶风县地方官员查获华籍传教士张铎德在当地传教案件，更是引起清廷重视，再次严令各地清查天主教活动情况。在此背景下，各级地方官府相继查办了一系列传习天主教的案件。为便于直观分析，兹将此时期比较重要的禁教案整理成如下简表（参见表1-1）。

---

① 《清中前期西洋天主教在华活动档案史料》，第2册，第887页。
② 同上书，第892—894页。

表1-1　　　清代嘉庆十二年至道光十四年间查禁天主教案件

案发时间	案发地点	禁教表现	资料来源
嘉庆十五年十一月	四川重庆府	重庆城定远、金汤、太善等坊天主教民颜万寿等呈具悔结,缴交书籍、十字架	巴档(下):443
嘉庆十六年一月	陕西扶风县	拿获传习天主教张铎德,并起出经卷书籍及十字架等项	清档2:896
嘉庆十六年三月	四川顺庆府渠县、川东重庆府属之巴县及其余各厅、州、县	县民周超珑、熊履安、张学圣等一百八十七户到案投悔,践踏十字架,呈缴经卷牌位。……通计悔教者共有二千零六十二户	清档2:908-910
嘉庆十六年七月	直隶宛平县	查得县属近西山一带鹅房、立岱、苇甸三村有西洋人南北西等堂地面、房屋,藏有十字架、经卷等项,拿获种地庄人张宗武等	清档3:934-935
嘉庆十六年七月	四川巴县	习教之陈大洪等二百一十五户陆续赴案具悔	巴档(下):446
嘉庆十六年九月	贵州省城北门外菜园地方	查获周正敖等习教案,于经堂内起获经卷二本,天主牌位一块,又于张大鹏家起获天主牌位一块	清档3:977
嘉庆十七年八月	四川	有从前未曾投悔之人,急赴地方官,陆续呈递悔结,共计二百余户	清档3:986
嘉庆十七年十月	湖北谷城县茶园木盘沟等处	查得该处习天主教民人有尚正国等十二人,并呈缴祖遗经卷、十字牌位、图像	清档3:987—988
嘉庆十七年十一月	湖北京山县	县民刘义等九名先后赴县投案自首,具结改悔,并呈缴祖遗天主教经卷、十字架	清档3:991

续表

案发时间	案发地点	禁教表现	资料来源
嘉庆十八年十一月	京师	盘获左文奎曾入西洋堂天主教，当由该犯家中起获经卷、木架、数珠等物	清档3：994
嘉庆十九年一月	山东新城县	拿获山东新城县民贺锡隆学习天主教，搜出经卷书籍等	清档3：999，1006
嘉庆十九年九月	福建闽侯、侯官	县民何承运、郑朝源等各赴县呈首，缴出经像五幅	清档3：1008
嘉庆十九年十二月	贵州贵筑县、平越直隶县	查获张大鹏、勾先科、康老五、冯添庆、冯乔受等传习天主教	清档3：1013
嘉庆十九年十二月	江苏海门厅	拿获习教袁天佑等九名，起出图像经卷等件	清档3：1017
嘉庆十九年七月	四川南充县	查出谢允清习教案，起获天主教经卷一本	清档3：1018
嘉庆二十年二月	直隶古北口	入习天主教之柴遇春、殷夏氏、殷承业等各带家藏画像、经卷、念珠、十字架等物，自行投首呈请销毁	清档3：1030
嘉庆二十年二月	四川巴县	牌首蒋德魁赴案禀报卢永江父子弟兄聚集传习天主教，呈缴牌位、蜡烛	巴档（下）：447
嘉庆二十年三月	四川宜宾、金堂等县、崇庆、灌县一带地方	宜宾、金堂等县拿获朱荣、童鳌及唐正红等共七十二犯，呈缴及起获经卷、十字架、念珠、图像、教衣、教帽，一并申解来省。……崇庆州、灌县一带地方拿获唐正明等，起出衣帽、经卷、十字架等物	清档3：1032

续表

案发时间	案发地点	禁教表现	资料来源
嘉庆二十年三月	直隶赤峰毛山丹及县属别咧沟地方	拿获赵淳、常安等传习天主教，起获天主图像、经本、十字架等物	清档3：1037—1038；1049
嘉庆二十年六月	四川重庆府綦江县	解到传习天主教之邹大、邹二等到案，俱坚不肯改悔	巴档（下）：447
嘉庆二十年八月	四川彭山县	拿获藏匿彭山县属王文仲家之西洋人徐鉴牧，并起出经卷、教衣、念珠、十字架，一并解省	清档3：1052
嘉庆二十年六月	湖南耒阳、衡阳、清泉县	拿获西洋人兰月旺、民人贺代贵等十一名，起获经卷、图像、十字架、教衣教帽、念珠，委员解省	清档3：1058—1059
嘉庆二十年九月	湖北应城县属康宁、独槐、河阳等团	先后拿获习天主教民人张义盛等十名，起获经卷、图像、字幅、十字架、斋期刊单。正在查讯间，旋据民人张添赐、张石氏等七十八名口赴案自行投首，情愿改悔，并将收藏经卷、图像、十字架一并呈缴	清档3：1063
嘉庆二十年九月	湖北江夏、汉阳、沔阳、天门等县	习教民人张万林等三十三名赴官自首，缴出经卷及十字架等件	清档3：1068
嘉庆二十年十月	陕西城固县小寨村地方	拿获王命举等习教民人，并纠出念经处所，搜获西洋经、十字架、教衣、教帽。又拿获习教发遣嗣经减释回籍之刘西满并习教之张义德等	清档3：1079

案发时间	案发地点	禁教表现	资料来源
嘉庆二十年十月	湖北随州属塌石桥地方	拘获习教民户郭大建，起获十字木架、图像、经卷	清档3：1083
嘉庆二十年十月	山西屯留、凤台、汾阳县	拿获习教李成喜、王升、靳有余、郑根形、郑贵兴等，起获经卷图像等物	清档3：1085—1086
嘉庆二十一年七月	四川合州什邡县	拿获习教袁在德、卢全友等，搜出经卷、铜像、十字架、念珠、教衣、教帽	清档3：1088
嘉庆二十二年	山西阳曲县属涧河、圪料沟等村	村民张成虎等五十二名、村民高汉富等四十九名投称伊等祖父在日曾奉天主教……情愿出教，具结改悔	清档3：1093
嘉庆二十二年一月	山西绛州、忻州、汾阳县、榆次县、太原县各村庄	山西绛州傅照文等三十九名、忻州民人李宪伦等十四名、汾阳县民人张世元等三名、榆次县民王通治等十三名、太原县各村庄民人原进德等一百一名，陆续到案投称伊等祖父在日曾奉天主教，呈缴经卷、图像、十字架到案	清档3：1095—1096
嘉庆二十二年九月	山西祁县、文水县	访获康宁忠、王建安等沿袭天主教等情，查起十字架、经卷等物	清档3：1097
嘉庆二十二年六月	四川德阳县、绵州	访获自号神甫，拜从徐鉴牧习教传徒之刘汉作，搜出经卷、画像、教帽、教衣、念珠、十字架。又访获习教尤二十一名，起获经卷、念珠	清档3：1104

续表

案发时间	案发地点	禁教表现	资料来源
嘉庆 二十二年十二月	湖北均州西南乡	拿获习教刘作斌,起出经卷、十字木架、铜人、图像等物;又查获同教之邓恒开等四名,起出经本、十字架、图像、字单等物	清档3:1110,1173
嘉庆 二十二年九月	山西平遥县	拿获习教县民侯奇太等,并起获天主图像、十字架、数珠、经卷等件	清档3:1117
嘉庆 二十三年五月	湖北枣阳县	向习天主教之傅大才等四十名口携带经卷、牌位、十字架赴官呈缴,具结投悔	清档3:1120
嘉庆 二十三年1—4月	四川永川、邛州、渠县、安岳、大足等州县	先后具报拿获传习天主教罗恺、杨廷荣、曾九思、张以得、李大纪、蒋万源即蒋元相,并起获经卷等物	清档3:1122
嘉庆 二十三年五月	四川巴县	查获民人何深海等习教案	巴档(下):448—449
嘉庆 二十三年八月	四川安岳县属添林场	拿获习教民人李大纪,揭得天主牌位	巴档(下):448
嘉庆二十三年	山西平遥县	拿获沿袭天主教民人任安命、安南阳等,搜获天主经卷、图像、十字架	清档3:1127
嘉庆二十三年	江苏海门厅	习教民人丁驾凡闻拿投首,将经卷、瞻礼单呈缴到案。旋又有徐谨等习教男妇五十名口陆续赴厅具呈投首,并将十字架、经本、瞻礼单尽行缴出	清档3:1131—1132
嘉庆 二十四年闰四月	河南南阳	访获西洋人刘方济各一名,并于容留之靳宁家内搜获十字架及习教书本	清档3:1137

续表

案发时间	案发地点	禁教表现	资料来源
嘉庆二十四年一月	湖北襄阳	拿获天主教犯沈方济各等二十二犯，并搜获经卷等件	清档3：1141，1164，1172
嘉庆二十四年十一月	河南南阳、唐县等县	拿获习教张麦贵、周观等犯，起获十字架、天主图像、天主牌位及收藏经本、数珠等	清档3：1155—1156
嘉庆二十五年七月	京师报子街	拿获习教沈联升、程旭刚、陈庆等，起获十字架牌位、并要理问答书等物	清档3：1173—1174
道光二年十月	四川乐至县	查获刘嗣坤家族习教案，起获图像、经卷、衣物	清档3：1177
道光四年十月	直隶宛平县桑峪村	查获张文浩、杨继武等五十余家习教案，起获铜十字佛像，旧存经卷、西洋教经本	清档3：1180—1181
道光八年六月	直隶宛平县桑峪村	于旧习天主教张文恭之子媳处起获天主教经卷	清档3：1190

表中资料来源说明：巴档（下）：443 指四川大学历史系、四川大学档案馆主编：《清代乾嘉道巴县档案选编》，四川大学出版社 1996 年版，下册，第 443 页。清档 2：896 指中国第一历史档案馆编：《清中前期西洋天主教在华活动档案史料》，中华书局 2003 年版，第二册，第 896 页。余皆类推，不另注。

从表 1 - 1 可见，这一时期清廷查获传习天主教的地区遍及直省内外，尤其是华北、西南及中部省份，都先后查获了多起习教案件。这一方面反映出天主教在这些地区的传教活动相对活跃，另一方面也体现了清廷查禁天主教的力度确实有所增强。在综合各类史料的基础上，可以看出此时期清廷在处理天主教问题上出现了以下几点值得注意的动向。

首先，清廷再度加强了对京城天主堂传教士活动的控制。前已述及，嘉庆十年清廷为了有效监督京城天主堂传教士的活动，曾专门制定了《管理西洋堂事务章程》，希望以此杜绝在京西方传教士私与民间接触传教。然而，嘉庆十六年张铎德传教案发，陕西巡抚董教增等从张铎德的供词中了解到京城天主堂不仅培训华籍传教士，"且令分路传教、主教之人，并有教化皇名目，若不严行查究，无以息邪说而靖民心。查其立教条规，惟司铎等有领体赦罪大权。张铎德传教西路，领有总牧示谕，并于到案时写西洋字一纸，求转查西洋堂，见其并非假冒。是西洋堂乃天主教之根柢，不绝其根，无从铲其萌蘖"，因此请求嘉庆帝继续严查京城天主堂传教士情况。① 清廷随之再次加强对京城天主堂传教士的监督、管理。将京城四天主堂除正门之外的其余后门及旁门都加以堵砌，派兵看守。命令各堂传教士及工役都只从前门出入，以便监督。此外，嘉庆十六年五月二十九日针对陕西道监察御史甘家斌奏请拟定西洋天主教治罪专条，刑部议奏认为："……唯西洋人在京供职应役者，本属无多。其并无职役之人，不应潜留京师。应请敕交该管堂大臣查明现在必须供应职役者酌留数人，仍严加禁约，不许与旗民人等往来交接。其余无职役之人，概不准潜留京师传教煽惑。勒定年限，全行遣回本国。至直省地方并无西洋人应当差役，原不应潜留居住，应令各直省督抚将军等严密访查，如有西洋人在该处居住者，亦勒限全行遣回本国，并咨行沿途地方官及两广闽浙总督一体稽查，毋得任其逗留。倘无西洋人在该处居住，亦限于一年内饬取地方官切实印结，咨报管理西洋堂大臣查核，并报明臣部存案。如逾限不报，奏明参处。并严禁西洋人不许在内地置买产业，以绝根株。再在京西洋堂本有四处，散居各城，防检难周，现在议将无职役之西洋人全行遣回，其所居房舍应否量为归并裁撤之处，并请交该管大臣酌议办理。其留用各堂，亦如该御史所奏，镌刻西洋堂字样以符名实。"② 同日内阁奉上谕："至西洋人现在京师居住者，不过令其在钦天监推步天文，无他技艺足供差使。其不谙天文者，何容任其闲住滋事！着该管大臣等即行查明，除在钦天监有推步天文差使者，仍令供职外，其余西洋人俱着发交两广总督，俟有该国船只到粤，附便遣令归国。其在京当差之西洋人，仍当严加约束，禁绝旗民往来，以杜流弊。"③ 从上引文献可见，清廷此时不仅更为严格限制在京传教士的日常活动，而且再度削减传教士人数，尽量将从事天文历法

---

① 参见《清中前期西洋天主教在华活动档案史料》，第 2 册，第 899 页。
② 同上书，第 921—922 页。
③ 同上书，第 923 页。

以外的传教士遣送回国。此后，除福文高、李拱宸、高守谦、南弥德等四人因为充当钦天监正副职官及内阁翻译差使以及贺清泰、基德明（Jean Joseph Ghislain）二人年老难行外，其余高临渊（C. B. Conforti）、颜诗莫（Anselmo Da Santa Margerita）、王雅各布伯（C. B. Ferretti）、德天赐等四人以"学业未精，止能绘画及修造钟表等事，在京本属无用"，俱被遣送澳门，候船返回欧洲。① 京城天主堂只剩下寥寥数人，此前传教士所置房屋乃至天主堂也被陆续变卖处理。② 清廷此举的用意显然是为了最大限度地防范传教士与民人接触传教，其结果导致北京这个自明末利玛窦入京以后传教士们苦心经营长达两个世纪的中国天主教中心地遭到前所未有的削弱。

其次，严定传习天主教治罪专条。可以说，嘉庆十六年以前清廷在处理传习天主教案件时并没有专门的条例可以依循，通行的做法是遵照成案加以办理。嘉庆十六年四月十九日，陕西道监察御史甘家斌奏请严定传习天主教治罪专条，认为天主教为害与民间宗教无异，但是处罚偏轻，所以不易根除，故应严定治罪专条，以便严惩，同时对失察官员也应制定相应科条，以加强督促："……惟天主教自康熙年间流入内地，曾延及广东、陕西、四川、湖广、山东、山西、直隶等省，以至京师皆被煽惑，历经查办，毫无底止。推原其故，总因该教性最狡黠，巧于避就，又因办案时人数过多，难加深究，故同系邪教惑人，而治罪独轻。且地方官并无处分，不免因循。就令查办，亦不过遵照成案，难以示惩。以致肆无忌惮，任意蔓延，殊为风俗人心之害。并恐积而愈众，滋生事端。查该教不敬天地，不祀祖先，不孝父母，不畏刑罚。种种欺公蔑法，背名畔义，实属以邪害正，情理难容。既经造书煽惑，动致数千户人民，泯蔑纲常，背违法纪，即系妖言惑众。其设立十字架，诱众礼拜，亦与隐匿图像，烧香集众者情节相同，未便治罪独轻，致无顾忌。且闻该教能以符咒蛊惑，诱污妇女，诳取病人目精。律贵诛心，该教既非图财，又非劝善，果何所为而必只身传教，迷人行恶，亦未便任其狡展不实不尽。至内地民人食德服畴，胆敢信从邪教，目无尊亲，不惟转相传授，罪无可逭，即自行学习，亦有应得之罪。虽犯案之后，法难及众，然必严定条例，以杜其渐乃为辟以止辟之

① 参见《清中前期西洋天主教在华活动档案史料》，第 2 册，第 924—925 页。
② 同上书，第 932 页。

道,相应恭折请旨敕下部臣,查照煽惑及众各例,详定科条,以符情罪,并酌定失察职名,务使人知儆畏,稽查认真,……议定之后,行文各省,出示晓谕,以一年为限,自首免罪,地方官并免议处。若逾限不首,未经查拿,均照新例办理。"① 嘉庆十六年五月二十九日,刑部将拟定处理天主教治罪专条覆奏请旨:"……(西洋人)乃缘在堂日久,潜行交结内地民人,并有私至各省地方肆行传习,实为风俗人心之害。节经拿获,从严惩办,仍未能全行洗革。查该教不敬神明,不供祖先,其行事已背正道。所刊书籍经卷,亦系狂妄怪谬,迥异常经,实与左道惑众无异。所有入教愚民,易惑难晓,皆由传教匪徒多方煽诱所致。政贵清源,自应将辗转传教之人尽法严惩,以杜煽惑。臣等公同酌议,应请嗣后西洋人有私自刊刻经卷,倡立讲会,蛊惑多人,并旗民人等向西洋人转为传习,诵经立会,煽惑及众,确有指实者,其为首之人,即照左道异端,煽惑人民为首律,拟绞监候。为从及被诱入教之人,照煽惑人民为例,发黑龙江给索伦达呼尔为奴。旗人销除旗档。如有妄布邪言,关系重大,或符咒蛊惑,诱污妇女并诳取病人目睛等事,仍临时酌量,各从其重者论。至此等被诱入教之人,蔓延既众,传染亦深,势难比户搜查,应请敕下步军统领衙门,都察院、顺天府暨直省各督抚,将现定新例,恳切遍示,正其趋向,予以自新。能于一年限内翻然改悔,情愿出教者,概予免罪。如已过定限,尚未出教,到官后始行悔悟者,于遣罪上减一等,杖一百,徒三年。倘始终执迷不悟,即照新例发遣,仍令地方官严禁胥役人等,毋得藉搜捕为名,需索扰累,致酿事端。"② 此外,条例中还提出严格控制在京西方传教士的日常活动,并尽量将"无职役之人"遣回本国。禁止西方传教士私赴京城以外地方逗留、传教。不得在内地置买产业等。

同日嘉庆帝针对刑部拟定治罪专条颁布上谕:"……(传教士)诳惑内地民人,甚至私立神甫等项名号,蔓延各省,实属大干法纪。而内地民人安心被其诱惑,递相传授,迷惘不解,岂不荒悖。试思其教不敬神明,不奉祖先,显叛正道。内地民人听从传习,受其诡立名号,此与悖逆何异!若不严定科条,大加惩创,何以杜邪术而正人心!嗣后西洋人有私自刊刻经卷,倡立讲会,蛊惑多人及旗民人等向西洋人转为传习并私设名号

---

① 参见《清中前期西洋天主教在华活动档案史料》,第 2 册,第 911—912 页。
② 同上书,第 919—920 页。

煽惑及众，确有实据，为首者竟当定为绞决。其传教煽惑而人数不多，亦
无名号者，着定为绞候。其仅止听从入教，不知悛改者，着发往黑龙江给
索伦达呼尔为奴，旗人销去旗档。"如前所述，谕旨中亦严令约束京城天
主堂传教士的活动，将一部分传教士遣送回国。并责令地方官府加强稽查
西方传教士私入内地传教行为："至直省地方，更无西洋人应当差役，岂
得容其潜住，传习邪教。着各该督抚等实力严查，如有在境逗留者，立即
查拿，分别办理，以净根株。"①

　　清廷亦逐步制定了一系列处理查办天主教不力文武官员的处分意
见②，督促各省官员要加强对本地西洋人传教活动的查办，"如地方官查
办不力，致令传教惑众，照新定条例严参重处。若内地民人私习其教，复
影射传惑者，着地方官一律查拿，按律治罪"③。此后，嘉庆十六年有关
传习天主教治罪专条也被正式写入大清律例中："西洋人有在内地传习天
主教，私自刊刻经卷，倡立讲会，蛊惑多人，及旗民人等向西洋人转为传
习，并私立名号，煽惑及众，确有实据，为首者，拟绞立决。其传教煽
惑，而人数不多亦无名号者，拟绞监候。仅止听从入教不知悛改者，改发
回城给大小伯克及力能管束之回子为奴。旗人销除旗档。如有妄布邪言，
关系重大，或符咒蛊惑，诱污妇女，并诳取病人目睛等事，仍临时酌量，
各从其重者论。如能悔悟赴官首明出教，及被获到官情愿出教，当堂跨越
十字木架真心改悔者，概免治罪。倘始终执迷不悟，即照例问拟，并严禁
西洋人在内地置买产业。其失察西洋人潜住境内，并传教惑众之该管文武
各官，交部议处。"④

　　清廷制定天主教治罪专条，反映其加强查处天主教传教活动的举措。
值得注意的是，尽管刑部在定罪时已经比照左道惑众律，将传教士等为首
传教者定为前所未有的绞监候重刑，但嘉庆帝还是将绞监候改为绞立决，
由此可见其惩治力度大大加重。至于将处理天主教治罪专条写入大清律例
中，更是此前数朝所未见。如此一来，天主教在此时期已完全被视同为与
白莲教等民间宗教一样具有极大危害性的一类"邪教"而遭查禁。嘉庆

---

① 参见《清中前期西洋天主教在华活动档案史料》，第 2 册，第 922—923 页。

② 同上书，第 928—930 页。

③ 同上书，第 931 页。

④ 张荣铮、刘勇强、金懋初点校：《大清律例》卷十六《礼律·禁止师巫邪术》，天津古
籍出版社 1993 年版，第 282 页。

二十年（1815），湖北学政朱士彦撰《辟西洋天主教说》，就是清廷将天主教比同邪教的很好体现。①

最后，清廷此时期还注重借编造保甲以查禁天主教。保甲制度是封建统治者用以控制基层社会的重要手段，宋、明时代都曾经大力推行。清初也采取编查保甲的方式以巩固统治。然而到了清代中叶，保甲体系日渐松弛。随着民间宗教及秘密会社不断起事，清统治者重新加强了保甲制，试图发挥保甲制度的社会控制功能，并以之作为查禁包括天主教在内的民间习教活动的有效措施。乾隆年间清廷已经开始注意发挥保甲制度在查禁天主教方面的作用，如乾隆十二年（1747）湖南长沙等十三府州"按照保甲烟户册，逐一挨查"境内习教活动。② 乾隆四十九年湖南巡抚陆耀亦下令"州县官于因公下乡并清查保甲之便，随时随地留心觉察"境内传习天主教活动。③ 嘉庆十年以后，清廷更加重视推行保甲法以禁教，如嘉庆十七年（1812）间湖广地区"责成各属实力奉行保甲之法，互为稽查"④，特别是嘉庆十八年十月颁布谕旨要求各督抚遵照前湖南藩司叶佩荪的《保甲章程》，分饬各州县地方官"亲历村庄，逐户编造"，借此查办民间习教行为。⑤ 尽管清中叶吏治已坏，难保各级官府应付搪塞，但毕竟对一些地方官府查究辖境内民间宗教与秘密结社活动起到一定的督促作用，从而也在查禁天主教活动上起到了一定的成效。此期间相当一部分禁教案是地方官府在编查保甲过程中发现的，如嘉庆十七年湖北地区京山县刘义等教徒，就是在地方官府编查保甲时，"见示谕投案自首，具结悔改"⑥。嘉庆十八年（1813）北京地区也是因"奉旨编查保甲"，从而"盘出左文奎曾入西洋堂天主教"⑦。嘉庆十九年（1814）山东新城县地方官"于境内周历，逐户编查，查出有该县民贺锡澧学习天主教情事"⑧。同年福建闽侯、侯官地方教徒何承运等也是在官府编查保甲之际"赴县呈首"⑨。嘉

① 参见《清中前期西洋天主教在华活动档案史料》，第 3 册，第 1075—1078 页。
② 参见《清中前期西洋天主教在华活动档案史料》，第 1 册，第 146 页。
③ 参见《清中前期西洋天主教在华活动档案史料》，第 2 册，第 428 页。
④ 参见《清中前期西洋天主教在华活动档案史料》，第 3 册，第 990 页。
⑤ 参见上书，第 1008 页。
⑥ 同上书，第 991 页。
⑦ 同上书，第 994 页。
⑧ 同上书，第 999 页。
⑨ 同上书，第 1008 页。

庆二十二年（1817）山西督抚"檄饬各州县于因公下乡之时，传齐乡保牌甲人等，尽心化导。并于委员抽查保甲侦缉逆匪之便，经过村庄，随处明白晓谕"。此后即有阳曲县属涧河、圪料沟等村"祖父传习天主教"的村民张成虎、高汉富等一百余名，绛州、忻州、汾阳、榆次、太原等州县各地傅照文、李宪伦等一百三十余名，"先后投首到县"，"情愿出教，具结改悔。"并呈缴经卷、图像、十字架等习教物品。① 嘉庆二十三年（1818）湖北枣阳县官员"遵奉于编查保甲之便，亲赴四乡，面谕绅耆保甲，详加开导，并令辗转传示，互相劝悔"。即有"向习天主教之傅大才等四十名口携带经卷、牌位、十字架赴官呈缴，具结投悔"②。由于"凡系习教之人，早晚必念诵经咒，平时不供奉祖先。牌甲内如有此等习教民户，断不能掩人耳目，不致漫无觉察，亦不致徇隐不举"③，因此保长、牌首（头）等乡保人员在举报本地习教情况方面发挥了重要作用。如嘉庆十五年十二月四川巴县牌头欧生彩禀报："情因蚁等甲内陈美玉，伊系奉天主教，前恩宪奉文□查□有十家连牌，蚁等遵奉恩示，劝伊改教，赴案具结。□如陈美玉硬不改教，称□伊系李义顺之客，有伊教□李义顺在城与伊抵挡，至今硬然不悔。蚁等□□牌之责，是以据实禀明仁恩赏唤到案，具结改教，免后□□。"④ 保甲制规定保甲内民户互相监督，承担纠举连坐之责，对清廷此时期查禁天主教活动无疑起到一定成效。

三　清廷禁教对新教传教的影响

当马礼逊抵达华南澳门、广州时，他所面临的就是上述清廷的禁教态势。在这种背景下，新教在华早期的传教工作无疑受到了影响。

长期以来，澳门是西方天主教传教士入华的第一站，澳门—广州路线是西方传教士进入内地传教的主要通道。清政府对此早有认识，如乾隆四十九年蔡伯多禄接引方济各会传教士私入内地传教被发觉后，两广总督富勒浑等就指出："查粤东广潮琼廉等处，皆系沿海口岸，而澳门大关一

---

① 参见《清中前期西洋天主教在华活动档案史料》，第 3 册，第 1093—1096 页。
② 同上书，第 1119—1120 页。
③ 四川大学历史系、四川大学档案馆主编：《清代乾嘉道巴县档案选编》，四川大学出版社1996 年版，下册，第 447 页。
④ 《清代乾嘉道巴县档案选编》，下册，第 443 页。

带，尤为现在夷船聚集之区。西洋人吧地哩映等大约多系假托贸易，附搭洋船进口，至粤之澳门、黄埔等处停泊。投行取保，卸货之后，仍归原投之行歇寓，办理一切。是以内地奸民接引各犯，往往在此。"① 故此清廷在历次禁教时期，无不严令加强对粤、澳两地的缉查、监控。如嘉庆十年十一月上谕中援引乾隆四十九年谕旨 "西洋人蔓延数省，皆由广东地方官未能稽查防范所致"，指出 "粤省澳门地方洋舶往来，该国人等自因赴广贸易，与内地民人勾结，始能惑众传教。如果粤省稽查严密，何至私越内地乎？……嗣后着该督抚等饬知地方官于澳门地方严查，西洋人等除贸易而外，如有私行逗留讲经传教等事，即随时饬禁，勿任潜赴他省，致滋煽诱。其有内地民人暗为接引者，即当访拿惩办，庶知儆惧②。马礼逊在澳门、广州活动时，自然感受到了清廷的禁教举动，如1812年（嘉庆十七年）他在广州写信给伦敦传教会时就谈到了清廷禁教情况："现在我附寄一份清朝谕旨英译本给你，使你们知道印发中文的基督教书籍是要被判死刑的。但无论如何，我必须依靠上帝继续做这项圣工。我们将审慎地服从中国政府的命令，只要不违背上帝的旨意，我会非常小心，不引起官方的注意。"③ 从马礼逊的译稿内容可见④，此处他翻译的正是前文所提到的嘉庆十六年五月颁布的严禁传习天主教谕旨。现存马礼逊书信、日记中还有多处提到清廷查禁天主教的情况，如1813年11月13日提到天理教起事被镇压后，因为 "有一个叛乱分子说他是信奉天主教的，说此次叛乱是由罗马天主教的神父们策划的，因此在广州的中国总督相信此次叛乱可能是由罗马天主教神父们鼓动的，他便派遣下属官员前往澳门进行秘密调查葡萄牙人和天主教主教和神父的行径"⑤。1814年3月12日提到 "澳门中国县官发布告示，禁止中国人皈依洋教"⑥。1816年1月1日写给伦敦传教会书记柏德牧师的书信中，也提到发生在1815年四川省大规模查禁天主教的情况，并谈到清政府禁教对他传教的影响："告诉你以上发生的事件，是帮助你可以判断在中国传教的实际困难。我仍在礼拜日在家里

---

① 参见《清中前期西洋天主教在华活动档案史料》，第2册，第761页。
② 同上书，第887页。
③ 〔英〕马礼逊夫人编：《马礼逊回忆录》，顾长声译，广西师范大学出版社2004年版，第78页。
④ 同上书，第79页。
⑤ 同上书，第93页。
⑥ 同上书，第107页。

证道，但来听道的中国人不敢在公共场所承认他们信仰基督教。去年我也受到不少阻挠，为《华英字典》所制作的刻版已被中国官府抄走，余下来的圣经刻版已自动销毁，以免官府发现。"① 1820 年的一封书信中则说："去年我无法在中国散发任何部分的圣经。中国的嘉庆皇帝在登基之初就颁发谕旨宣布传播基督教是违法的。他在去年去世后，这项禁令也就失效。继他登基的道光皇帝是否对基督教存敌意，必须要等待一段时间才分晓。"② 马礼逊显然不久之后就认识到道光帝仍然采取严厉禁教政策，因为在接下来的书信中，他又多次提到了发生在中国的禁教事件，如1829 年 11 月 23 日信件中谈道"最近有四位派往中国内地的天主教神父被官府斩首示众"。同年 12 月 9 日的信中再次谈道"一年前，有三位罗马天主教传教士潜入中国内地，一个是意大利人，一个是法国人，另一个是西班牙人。我猜想，他们是中国天主教徒秘密带他们潜入内地的，如被中国政府发现，他们定将被处死刑"③。从上引书信内容可知，清廷的禁教政策显然引起了马礼逊的极大关注，并在一定程度上影响了他的传教与译书活动。在这样的情形下，马礼逊不得不谨慎地掩盖自己来华传教的目的。

尽管马礼逊居留澳门和广州时得到中国天主教徒的帮助，但其早期传教活动却屡遭澳门罗马天主教会的排挤，如澳门天主教主教曾经严厉责备那些与马礼逊接触并接受其所赠书籍的中国天主教徒④，认为马礼逊所译刻中文《路加福音》《教义问答》等新教书籍是邪书，要求教徒们加以烧毁。⑤ 罗马天主教排挤马礼逊在华传教，其中的一个重要原因是新、旧教之间存在的教义与传教区域之争，这一点早为学者所共知。⑥ 此外，也不能排除受到清廷禁教的间接影响。因为此时期的清政府尚不能区分新教与罗马公教之间的区别，因此，当满怀信心的马礼逊等新教传教士广为散发新教书籍，希图吸引民人入教时，已经在华传教几个世纪、此时又正饱受清政府禁教困扰的罗马天主教会，自然不愿看到因为这些新来者可能存在

① 《马礼逊回忆录》，第 122 页。
② 同上书，第 164—165 页。
③ 同上书，第 267 页。
④ 参见上书，第 82 页。
⑤ 参见上书，第 87 页。
⑥ 参见谭树林《马礼逊与中西文化交流》，中国美术学院出版社 2004 年版，第 143—145页。

的任何不小心的传教做法而招致清廷掀起更激烈的禁教举动。这与1815年英国东印度公司因为担心马礼逊翻译、散发中文《新约全书》以及其他新教书籍会触怒清廷的天主教政策而影响到公司对华贸易利益而决定辞退他的做法出发点基本一致。① 实际上,罗马天主教会产生这种担心也是情理之中,如道光十五年(1815),就在马礼逊逝世不久,因为新教传教士在福州洋面散发新教中文书籍,就引发清廷掀起一次较大规模禁教举动。当道光帝将福州将军乐善呈送的两种"夷书"转交两广总督卢坤细阅时,卢坤发现"词句鄙俚,以劝人崇信其教主耶律苏为主,似即系历次查办之西洋天主教内书本,混将内地经书语句割裂掺杂,冀惑中华士民之听,诞妄已极"②。由此可见,在道光帝及乐善、卢坤等人眼中,这似乎是两本朝廷严厉查禁的"西洋天主教"书籍。在历经多年的查禁后,竟然还有西洋人勾结内地民人刊刻"天主教"禁书,自然引起道光君臣的重视,以致下令严密稽查,以杜传播。

此后,广州地方官员终于在澳门地方"访拿刻字匠屈亚熙一名,并于澳门夷楼查起夷书八种"。内中就有《救世主耶稣基督行论之要略》、《传正道之论》二书,"均与奉发闽省进呈夷书文字板片相同。"其余六种书籍分别为《赎罪之道传》、《诚崇拜类函》、《赌博明论略讲》、《救世主坐山教训》、《圣书日课》、《圣书袖珍》。③ 在官府的严究下,屈亚熙招供:"伊随父屈亚昂学习刻字,不通文意。现蒙查获各书系道光十二、三、四等年英吉利国住澳夷人吗吼唁雇请伊父同伙梁亚发到澳刊刻,伊亦随父帮刻两次。其底本不知来历。刻成后,即交吗吼唁收去了,不知如何分散。伊并无勾串夷人刊刻传教之事。吗吼唁于十四年六月病故,伊仍在澳觅工,致被访获。伊父及梁亚发闻拿避匿,不知逃往何处。"④

从屈亚熙上引供词可知,福州将军乐善所获《救世主耶稣基督行论之要略》《传正道之论》二书,正是马礼逊雇用屈亚熙与其父屈亚昂及梁亚发在澳门刊刻的布道小册子。清政府此时尚未意识到新教与天主教之间的差别,仍然把此次福州经卷案视为查禁天主教案例。其后,广东省官员

---

① 参见《马礼逊回忆录》,第114页。
② 参见《清中前期西洋天主教在华活动档案史料》,第3册,第1200—1201页。
③ 参见上书,第1205—1206页。
④ 同上书,第1200—1201页。

援引该省此前办理天主教成案审理了此次新教书籍事件，并做出判决，马礼逊"在澳雇匠刊印夷书，即与内地犯禁无异，殊属不法，应照乾隆、嘉庆年间为首传教拟绞成案，量减一等，发遣伊犁给额鲁特为奴，业已病故，应毋用议"。盘获的刻字匠屈亚熙则因"听从其父屈亚昂并梁亚发受雇代刊夷书……照违制律杖一百，加枷号两个月"，因为屈亚昂及梁亚发尚未抓获，得以暂行监禁。清政府官员并命令马礼逊子马儒翰（央马礼信，John Robert Morrison）"将其父刊存违禁书本、板片尽行呈缴、销毁"。与此同时，亦颁发告示，要求民人铺户"如有收存天主教夷书，限半年自行首缴，免议。如再有收存，查出从重治罪。以正风俗而绝异端"①。恰巧马礼逊此前一年已经辞别人世，否则他这位新教入华传教先驱极有可能被清廷以传播天主教的罪名加以缉拿、惩处了。

四　简短的结论

清中叶中西形势的变化及此伏彼起、牵连数省的民间宗教结社起事，极大地影响了嘉庆、道光前期天主教在华传教命运，促使清廷进一步加强了对天主教在华传习活动的控制与查禁。尤其是嘉庆十年以后，清廷逐步从制度上防范民间传习天主教行为，不仅制定了管理京城天主堂事务的专门章程，而且订立处理传习天主教的治罪专条，并以律例条文的形式加以规范化。此外，清廷此时也已完全将天主教视同为严重危害其社会统治基础的一类"邪教"，极大地加重了惩处程度。这些都是此前天主教会所未曾遇到的新变化。清廷天主教政策的这些新变化，不仅使中国天主教会面临着严峻的态势，同时也在一定程度上影响了马礼逊等新教传教士在华南的早期传教活动。

① 参见《清中前期西洋天主教在华活动档案史料》，第 3 册，第 1209—1210 页。

第二章

被遗忘的历史

——1910 年的晚清朝廷与利玛窦
逝世 300 周年纪念会

　　万历三十八年（1610）利玛窦逝世后，位于北京阜成门外滕公栅栏的利氏墓地逐渐成为帝京一景，吸引了不少士子前往观瞻，并留下了不少歌吟诗词。在诸多描摹墓地景致、感怀斯人已逝的诗文中，清初江南才子尤侗（1618—1704）的《欧罗巴》诗最为触人心弦，其诗曰："天主堂开天籁齐，钟鸣琴响自高低。阜城门外玫瑰发，杯酒还浇利泰西。"①《清史稿》评论尤侗"天才富赡，诗多新警之思，杂以谐谑，每一篇出，传诵遍人口"②。前贤的这一评语果不我欺。尤侗咏利玛窦的诗虽然只有寥寥数句，却已道尽浮华如梦，人世沧桑，让人诵读之下，顿生"麦秀黍离"之感。2010 年，恰逢利玛窦逝世四百周年，一系列纪念活动陆续开展。本章介绍一宗关于晚清朝廷派代表参加 1910 年在利玛窦故乡意大利马切拉塔城（Macerata）召开利玛窦逝世三百周年纪念会的档案，并在此基础上，结合相关中西文献，勾勒这份档案中涉及的一个世纪前近代著名的江南昆山赵氏家族成员参与利玛窦逝世三百周年纪念会的一段鲜为人知的往事，借此寄托对利玛窦这位中西文化交流先哲的缅怀之情。

----

　　① 尤侗：《西堂全集·外国竹枝词》，载《续修四库全书》集部，第 1407 册，上海古籍出版社 2002 年版，第 111 页。
　　② 《清史稿文苑传》，上海古籍出版社 1992 年版，第 1525 页。

一 一宗档案

中国第一历史档案馆保存有一宗涉及明末来华耶稣会士利玛窦逝世三百周年纪念会的档案，该档案标示为外务部第18全宗1603卷，封面题有如下数行文字："外务部·中义关系·交聘往来。义公使巴厘纳理为义马哆拉达城举行利玛窦三百年纪念会请派员入会事与外务部来往照会宣统二年七月。"卷内共有四件档案，其内容如下：

第一件：
外务部收
义巴使照会一件
义国马哆拉达城为利玛窦开三百年纪念盛会，请派员入会由 附洋文
宣统二年七月二十六日方字六百八十一号

第二件：
堂批阅七月二十八日

为照复事。宣统二年七月二十六日接准照称本国名士利玛窦曾在中华传教，所编汉文数卷，概为中国文人所深佩。该员于万历三十八年物故，现已届三百年之期。其所生处马哆拉达城之绅民提倡藉此年期，大开盛会，以追念本地名哲。特请亚东之国熟悉言语文字诸位于西历本年九月二十五、二十六、二十七等日，在义国马哆拉达城开纪念会，用表扬利玛窦之盛绩。请行知驻义使馆派员前往入会，以表同情等由前来。除由本部电达驻扎贵国吴大臣届时派员与会外，相应照复贵大臣查照可也。须至照会者。

照复义巴使，义国名士利玛窦三百年纪念会已电驻义吴大臣届时派员与会由。

第三件：
照会
大义国钦差驻京便宜行事全权大臣巴 为照会事。本国名士利玛窦于

大明时曾在中华传教，其学识超轶，蒙神宗皇帝恩礼优隆。利玛窦所编汉文数卷，概为中国文人所深佩，谅必贵爵所深悉者也。该员于万历三十八年物故，现已届三百年之期，其所生马哆拉达城之绅民，提倡藉此年期，大开盛会，用以追念本地名哲之恩荣，特请亚东之国熟悉言语文字诸位，于西历本年九月二十五、二十六、二十七等日，在义国马哆拉达城开纪念会，用表扬利玛窦之盛绩。今查该名士所著之图籍，均系中国收存；所得之恩荣，亦系中国赏赐。于该员殁后，明神宗皇帝恩礼有加，深表爱慕之意。本大臣务请贵爵费神行知驻义吴钦使，以便贵使馆员前往入会，用表中国同情，以弗忘三百年前名臣之劳绩，则曷胜感谢也。特此照知贵爵查照，须至照会者。

右照会

大清钦命总理外务部事务和硕庆亲王

大清宣统二年七月二十五日

大义一千八百十年八月二十九日

第四件：

榷算司　宴会类

宣统二年七月廿九日发　平字柒拾玖号

照复义巴使。义国名士利玛窦三百年纪念会已电驻义吴大臣届时派员与会由。

榷算司

呈为照复事。宣统二年七月二十六日接准照称本国名士利玛窦曾在中华传教，所编汉文数卷，概为中国文人所深佩。该员于万历三十八年物故。现已届三百年之期。其所生处马哆拉达城之绅民提倡藉此年期，大开盛会，以追念本地名哲。特请亚东之国熟悉言语文字诸位，于西历本年九月二十五、二十六、二十七等日，在义国马哆拉达城开纪念会，用表扬利玛窦之盛绩。请行知义使馆派员前往入会，以表同情等因前来。除由本部电达驻扎贵国吴大臣届时派员与会外，相应照复贵大臣查照可也。须至照会者。义巴使宣统二年七月

此外，中研院近代史研究所档案馆也保存有上述第二、第三件档案的

抄档。① 从档案内容可以推断，这是一份 1910 年意大利政府给清政府的
照会，主旨是邀请清政府派代表参加利玛窦逝世三百周年纪念会。随后
所附的是清政府的照复。关于档案牵涉的内容，笔者会在后面的文字中
再作分析。这里笔者想先谈谈与这份档案有关的一些意大利文档案。在
看到第一历史档案馆中的这份档案后，笔者对 1910 年在马切拉塔召开
的利玛窦逝世三百周年纪念会产生了浓厚的兴趣，笔者想意大利方面一
定保留有一些关于这次纪念会的档案文献，因此笔者写信向意中友好协
会的梁作禄先生（Angelo Lazzarotto）求助，请他帮忙查找马切拉塔城档
案馆的相关记载。果然，梁先生不久就从马切拉塔档案部门查到了两份
关于 1910 年利玛窦逝世三百周年纪念会的档案文献：一份是 1910 年发布
的，标题为"利玛窦神父逝世三百周年（1610—1910）全国性纪念会公
报"②；另一份是 1911 年由马切拉塔当地出版机构印刷出版的题为"［利
玛窦神父，中国宗徒及地理学家全国性纪念（1610—1910）］，1910 年 9
月 25、26、27 日在马切拉塔召开之东方地理学家会议公报及文件"③。这
两份意大利方面的档案对于解读上述中国第一历史档案馆的档案无疑提供
了重要的佐证。

二 一次盛会

很显然，1910 年在马切拉塔城召开的这次会议无疑是历史上第一次
纪念利玛窦的国际性会议。根据意大利马切拉塔方面的记载，在 1910 年
之前，马切拉塔城也曾举办过一些纪念利玛窦的活动，包括小型会议及出
版有关利玛窦与意大利中国地理知识方面的书籍。④ 但其规模都很小，影
响也不大。而 1910 年的这次会议则规模空前，正如上述意大利照会中提

① 中央研究院近代史研究所档案馆："外务部各国赛会公会，典礼，义国马哆拉达城开利
玛窦名士三百年纪念会请派员入会由"，馆藏号：02 - 20 - 003 - 03 - 035 - 036。

② *Bollettino delle Onoranze Nazionali al P. Matteo Ricci nel Terzo Centenario dalla Morte（1610 - 1910）*.

③ *Onoranze Nazionali al P. Matteo Ricci, Apostolo e Geografo della Cina（1610 - 1910）, Atti e Memorie del Convegno di Geografi-Orientalisti tenuto in Macerata il 25, 26, 27 Settembre 1910*, Macerata, 1911. 笔者感谢梁作禄先生及梅欧金教授（Prof. Eugenio Menegon）帮助翻译这两份意大利文档案中的部分内容。

④ *Editoria su Matteo Ricci e celebrazioni a Macerata*. p. 1.

到的：“其所生马哆拉达城之绅民，提倡藉此年期，大开盛会，用以追念本地名哲之恩荣。特请亚东之国，熟悉言语文学诸位，于西历本年九月二十五、二十六、二十七等日，在义国马哆拉达城开纪念会，用表扬利玛窦之盛绩。”这次会议不仅是意大利本国极其隆重的一次纪念会，而且也是一次邀请欧洲及远东国家派代表参加的国际性会议。这一点从会议的组织者及出席代表的身份不难看出。该次会议的组委会成员包括当时意大利的外交部长 Antonino Marquis Di San Giuliano、海军大臣 Pasquale Leonardi Cattolica、教育部部长 Luigi Credaro 以及一大批欧洲各地的政界与宗教界人士。①

从上述档案可知，这份照会是意大利通过驻华使节呈递给清政府外务部的。1901 年《辛丑条约》订立后，清政府改总理各国事务衙门为外务部，负责掌管对外交涉事务。照会中提到的“巴使”，乃是时任意大利驻华公使巴厘纳理（Federico Barilari）②。他将该照会呈给总理外务部事务和硕庆亲王奕劻后，外务部答复将“电达驻扎贵国吴大臣届时派员与会”。确实，在接到巴厘纳理照会的第二天，即宣统二年（1910）七月二十八日，清政府外务部就已迅速致电驻意使馆知会此事，现存的一份外务部档案记载了其时清政府发给驻意使馆的电文：“宣统二年七月二十八日发驻义国吴大臣电称，义使照称西九月二十五、六、七等日在义国马哆拉达城为名士利玛窦开三百年纪念会，请派员入会等语，希届时就近派员与会外勘。”③ 清政府外务部照会及电文中提到的“吴大臣”，即为时任驻意钦差大臣吴宗濂（1856—1933）。吴宗濂，字挹清，号景周，江苏嘉定人。清监生，1876 年入上海广方言馆，次年入北京同文馆学法语和俄语。毕业后任京汉铁路局法文翻译。后调入外务部。1885 年起任驻英和驻俄使馆翻译。1890 年任驻英钦差龚心湛随员。1897 年回国，就职于芦汉铁路稽查部。1901 年在上海广方言馆任法语教习，次年任驻法使馆秘书。1903 年任驻西班牙使馆代办，旋任英、法、比、意、德五国留学生监督。1904

---

① *Bollettino delle Onoranze Nazionali al P. Matteo Ricci nel Terzo Centenario dalla Morte* (1610 - 1910).

② 参见故宫博物院明清档案部、福建师范大学历史系合编《清季中外使领年表》，中华书局 1985 年版，第 50 页。

③ 中央研究院近代史研究所档案馆：“外务部各国赛会公会，典礼，利玛窦纪念会希就近派员与会由”，馆藏号：02 - 20 - 003 - 03 - 037。

年改驻奥地利代办。1905 年回国，1908 年署外务部左参议、右丞。1909
年奉派出任驻意大利钦差大臣。1912 年改称外交代表。1913 年 12 月辞去
驻意代表职务。次年回国后任北京大总统府外交咨议，晚年退居上海。[①]
吴宗濂长期使欧，是晚清时期著名的西学派官员，其名字经常出现在晚清
旅欧国人的各类载记中。除著有《随轺笔记》外，他还曾译著《罗马尼
亚国志》、《德国陆军考》、《法语锦囊》、《桉谱》等书。

从意大利方面的档案中我们发现吴宗濂特意向利玛窦逝世三百周年纪
念会的主办方发去了一封贺电，电文如下：

> 中国政府以利玛窦曾居华为荣，亦感念应邀参加庆祝利玛窦神父
> 的盛会并通过我请阁下代为转达对与会学者的问候，祝愿由这位伟人
> 荣耀地开启的事业得到富于成效的发展。钦使吴宗濂（Ou-Tsong-
> Lieu）[②]

依照中文档案，我们只知道外务部确认已电告驻意钦差大臣吴宗濂派
员与会，但究竟是谁代表当时的清政府出席了这次在马切拉塔城召开的纪
念利玛窦逝世三百周年纪念会呢？中文档案并没有留下任何记载。可喜的
是，我们从当时意大利方面的档案中可以追踪到一些关于中国代表参会的
珍贵信息。

上述意大利方两份公报中都提到了中国代表参加会议的情况。在
1910 年发布的标题为"利玛窦神父逝世三百周年（1610—1910）全国性
纪念会公报"的正中位置上醒目地标注了一条要闻：中国代表参加马切
拉塔东方学家会议，秘书 Tchao-Hi-Tchiou 先生，代表中国驻罗马的钦使
吴宗濂（Ou-Tsong-Lieu）先生。同样，在 1911 年由马切拉塔当地出版机
构印刷出版的题为"［利玛窦神父，中国宗徒及地理学家全国性纪念
（1610—1910）］，1910 年 9 月 25、26、27 日在马切拉塔召开之东方地理
学家会议公报及文件"中也提到了一位秘书 Tchao Hi Tchiou 作为清政府
的代表，受吴宗濂委派参加会议。那么，这位秘书 Tchao Hi Tchiou 是谁

---

① 关于吴宗濂，可参见李盛平主编《中国近现代人名大词典》，中国国际广播出版社 1989
年版，第 297 页。

② Onoranze Nazionali al P. Matteo Ricci, *Apostolo e Geografo della Cina*（*1610 – 1910*），Atti e
Memorie del Convegno di Geografi-Orientalisti tenuto in Macerata il 25，26，27 Settembre 1910，XXXI.

呢？查对当时清政府驻意大利使馆官员名录后，我们可以确定，他就是时任驻意使馆二等通译官赵诒琦。关于赵诒琦，现在的人知者不多，但在近现代欧洲华人圈里，他却是一个很活跃的人物。赵诒琦生于 1869 年，字颂南，江苏新阳县人。其父亲即为近代著名学者及译书家赵元益。赵元益（1840—1902），字静涵，少时随母华氏寓居无锡荡口华家，与表兄弟华蘅芳、华世芳共学。1869 年，应华蘅芳邀进入上海制造局翻译馆，与傅兰雅（John Fryer）、金楷理（Carl T. Kreyer）等西人合作翻译了大量西书。[①] 1890 年，随薛福成出使英、法、比、意四国。1897 年，与恽积勋、董康等在上海发起成立上海译书公会，并曾掌格致书院院务。1902 年底病逝于北京寓所。[②] 赵诒琦是赵元益次子，其兄长赵诒琛亦为近代知名学者及藏书家。而赵诒琦夫人则出自赵元益曾经长期在上海制造局共事的近代著名学者无锡徐寿之家，是徐寿的孙女，徐建寅的长女。赵诒琦少时就读于张焕纶在上海所办的梅溪学堂，1896 年，"由监生……遵新海防事例报捐候选县丞"[③]，是年秋，赵诒琦被福州将军裕禄委任为福建船政局提调文案。1897 年，"改派船政出洋肄业局翻译兼文案委员。旋进法国农科实习学校肄业"。1902 年，由湖广总督张之洞"电调委办湖北农务总局试验场兼总理农务学堂事"，次年，调任清政府驻意使馆翻译。赵诒琦很早就介入了清政府在欧洲的外交事务。例如，1905 年，为了"预备立宪"，清廷派出了以载泽和戴鸿慈为首的五大臣出洋考察政治。赵诒琦被"调充考察义国政治随员"。戴鸿慈在《出使九国日记》一书中曾提到当年 6 月 14 日，当他率领考察团从瑞士游历到罗马时，前来迎接的清朝驻意使馆成员中就有赵诒琦："二十三日，阴，小雨。早十时，到罗马，陈篆、王继曾、赵诒琦及使馆随员黄谦凤、恭宝、龚豫奎、黄恩尧、李鸿宾、学生苏曾贻等来接，入寓高等客店。"[④] 6 月 20 日，戴氏在离开意大利返国前，忙里偷闲前往意大利著名的旅游胜地维苏威火山和庞贝古城作一日

① 参见王扬宗《江南制造局翻译书目新考》，载《中国科技史料》1995 年第 2 期；王红霞：《傅兰雅的西书中译事业》，复旦大学历史系未刊博士论文，2006 年，第 31 页。

② 台北中研院近代史研究所档案馆："外务部，出使设领，本馆二等通译赵诒琦丁父忧现在使署公事较繁忙应暂留原差由"，馆藏号：02 - 12 - 036 - 02 - 014。

③ 台北中研院近代史研究所档案馆："外务部，出使设领，本馆二等通译赵诒琦何年试署期满咨送履历施行由"，馆藏号：02 - 12 - 038 - 01 - 016。

④ 戴鸿慈：《出使九国日记》，载钟叔和编《走向世界丛书》，第 9 册，岳麓书社 2008 年版，第 505 页。

游，当日傍晚返回拿波里旅店后，前来话别的人员中也有赵诒琦在列：
"（二十九日）五时出城，乘火车返奈波里客寓。时黄宣廷、李木斋两星
使及翻译徐伯申、翟青松均到寓，因邀晚膳。又是时，冯祥光留学德京，
岳昭燏为荷使挽留，高而谦、魏子京留欧考察，学生王继曾、陈箓、赵诒
琦襄理事讫，均邀同叙。海天于役，数月于兹，饯别临歧，弥为惓惓
也。"① 1907 年，海牙和会（即保和会，Hague Peace Conference）召开，
为了顺应国际形势的变化，此次清政府一反此前在国际舞台上的自闭行
止，派出了由陆征祥担任特命全权专使的代表团参加，以希望能够融入国
际事务，在西方列强把持的国际舞台上发出中国微弱的声音，勉为维护国
家权益。赵诒琦"派充保和会议员"，得以中国使团副使（Assistant Dele-
gate）的身份，列名中国代表团名单中。在十一名出席和会的中国代表
中，他位列第六位，排在特命全权专使陆征祥、聘使以及前美国国务卿、
时任中国驻美使馆顾问福士德（John W. Foster）、特命全权公使钱洵、军
务专使丁士源、副使张庆桐之后。② 在随后出版的记录此次海牙和会的一
些西文档案中，提到赵诒琦的背景时，都说他是"中华帝国驻巴黎和罗
马使馆前任秘书"。③ 同年，调任清政府驻荷兰使馆二等通译官。1908 年
6 月，调充驻意使馆二等通译官。④

　　赵诒琦之所以被吴宗濂指派、代表清政府出席这次利玛窦逝世三百周
年纪念会，其原因除了赵诒琦本职便利之外，可能还有多方面的因素。首
先，赵诒琦长期留欧，先后在意大利、荷兰使馆任职，通晓西文，又出席
过海牙和会这样重要的国际性大会，有着比较丰富的外交经验，"平日办
公勤慎，才识通敏"，深得吴宗濂的信任。⑤ 其次，1903 年，赵诒琦曾因

　　① 戴鸿慈：《出使九国日记》，第 514—515 页。

　　② "Final Act and Conventions of the Second Peace Conference, Signed, October 18, 1907", in
The American Journal of International Law, Vol. 2, No. 1/2, Supplement: Official Documents（Jan. -
Apr., 1908），p. 7.

　　③ "ex-Secretary of the Imperial Chinese Mission and Legation at Paris and Rome", see "Final Act
and Conventions of the Second Peace Conference, Signed, October 18, 1907", p. 8.

　　④ 参见台北中研院近代史研究所档案馆："外务部，出使设领，本馆二等通译赵诒琦何年
试署期满咨送履历施行由"，馆藏号：02 - 12 - 038 - 01 - 016。

　　⑤ 参见台北中研院近代史研究所档案馆："外务部，出使设领，赵诒琦补制期满回任请准
实授二等通译官由"，馆藏号：02 - 12 - 038 - 03 - 011。

父亲去世而短暂离职，此期间，"经义国学部聘充那浦利东文大学教员"①。该大学的前身即为清前期入华传教士马国贤（Matteo Ripa）所办的著名的中国书院（又名圣家书院），与天主教在华活动有着千丝万缕的联系。最后，赵诒璹与吴宗濂有通家之谊，吴宗濂与赵诒璹的父亲赵元益都是近代上海西学圈中的知名人物，两人曾经合作翻译过《澳大利亚新志》、《英法义比志译略》等多种西书，此外，吴宗濂曾在上海广方言馆求学与任教，与徐寿父子关系十分密切。派遣自己信得过的故人之子去参加国际盛会，既是一种历练，同时也为其今后仕途上的擢升增添资历。考虑到上述因素，吴宗濂顺理成章地指派赵诒璹参加 1910 年在马切拉塔城召开的利玛窦逝世三百周年纪念会。无独有偶，1911 年，万国渔业会第五届大会在罗马召开，吴宗濂也是指派赵诒璹作为清政府的代表，出席该会。② 一年后，大清国倒台，赵诒璹继续留在欧洲，担任中华民国驻欧洲比利时、荷兰、法国等国的外交官。1921 年 3 月，他调署驻比利时昂维斯领事。1922 年 12 月，任驻巴黎总领事，直至 1929 年去职。③

作为近代中国第一代的职业外交官，赵诒璹的一生颇值得细细研究。他在欧洲数十年的任官经历，浓缩了晚清、民国两朝在欧洲外交国际舞台上的历史，而他与胡适、周恩来、徐悲鸿这三位中国近现代历史上赫赫有名的人物间的关系，则更是为其个人生涯增添了几分传奇色彩。胡适也入过上海梅溪学堂，因此按辈分赵诒璹算是他的学长。1926 年，胡适经西伯利亚去英国出席中英庚款会议，是年八九月间两度赴巴黎国家图书馆访敦煌卷子。就在这段日子里，他数度与时任驻巴黎总领事的赵诒璹见面，宾主相谈甚欢，后来胡适在日记中较为详细地记下了这段他乡相遇的故事：

　　　晚间显章约我吃饭，会见巴黎总领事赵颂南先生（诒璹）。他是苏州荡口人④……1897 年来法国留学，与吴稚晖、李石曾最相知。此

---

① 参见台北中研院近代史研究所档案馆："外务部，出使设领，本馆二等通译赵诒璹何年试署期满咨送履历施行由"，馆藏号：02 - 12 - 038 - 01 - 016。

② 参见台北中研院近代史研究所档案馆："外务部，出使设领，万国渔业会派通译官赵诒璹与会会务情形缮折呈核由"，馆藏号：02 - 13 - 006 - 01 - 017。

③ 参见徐友春主编《民国人物大辞典》（增订本），河北人民出版社 2007 年版，下册，第 2291 页。

④ 胡适此处所记有误，赵元益及赵诒璹都自署为新阳人。

君是一个怪人，最近于稚晖先生，见解几乎是一个吴稚晖第二。他在二十年前就主张废汉文，改白话，改用罗马字。曾有一次到日本，想劝康有为先生及梁任公先生出来提倡此事。他先见康先生，康大不以为然。他很扫兴，就不去见任公了。

他极崇拜西洋文明；故终身情愿浮沉领馆，不愿回去。

…………

访赵颂南先生，他邀我到他的乡间避暑处游玩。其地去城市不远，而有森林甚幽静，地高四百 meter。见着他的夫人。她是徐雪村（寿）之孙女，徐仲虎（建寅）之女。

颂南为我说无锡徐家与中国新文化的关系。……赵颂南先生之父元益先生也是一个名士，助傅兰雅译书三十年之久，译本可以等身。……徐仲虎是德州兵工厂的创办者。……他辞去德国技师而自己管无烟火药的制造。……后来作大份量的实验，火药炸发，肢体炸裂而死，肚肠皆炸出了。他是第一个为科学的牺牲者。（颂南亲见此事）……赵夫人今年五十六岁，是最早的实行放脚的。

……颂南为张经甫先生的最得意的学生。他在梅溪书院很久，最受经甫先生的感化。经甫先生教人，每说："千万不要做个自了汉。"经甫先生最佩服先父铁花先生，有一天带了颂南去见先父，他还记得先父的黑面与威棱的目光。二哥、三哥在梅溪时，他还见着他们。①

1960 年 7 月 1 日，胡适还在日记中回忆了三十四年前的这段往事，并在当日给赵诒璹写了两张字，"一张是两句诗，另一张是，三十四年前，颂南先生在巴黎给我谈张经甫先生一生教人千万莫作一个自了汉，我至今记得。"并注"1960 年 6 月胡适问安好"②。7 月 3 日，赵诒璹的儿子赵武登门拜访胡适。③ 这是否说明，到 1960 年时赵诒璹尚在人世，如果真是如此的话，那么赵诒璹可说是高寿之人。1920—1924 年间，周恩来在法国勤工俭学时，曾因从事政治活动遭到法国政府的驱逐，赵诒璹为其购

---

① 曹伯言整理：《胡适日记全集》，第 4 册，台北联经出版社 2004 年版，第 355、373—375 页。

② 胡颂平编著：《胡适之先生年谱长编初稿》（校订版），第 9 册，台北联经出版社 1990 年版，第 3306 页。

③ 参见程巢父《〈胡适未刊日记〉整理记事》，《文汇读书周报》，2008 年 9 月 26 日。

买船票，离法暂避风头。当周恩来悄然返回后，身为领事的他又佯装不知。① 20 世纪 20 年代徐悲鸿留学法国学画期间，生活一度陷入困境，也是赵诒琦及时慷慨解囊，帮助他渡过难关。后来，徐悲鸿妻子廖静文在所著《徐悲鸿一生》一书中记载了这段故事："然而，天无绝人之路。当时，我国驻巴黎总领事赵颂南先生是江苏人，与悲鸿有同乡之谊，虽未曾谋面，但他听说了悲鸿的穷困和刻苦努力，忽然给悲鸿写了一封信，并寄赠五百法郎。真是雪中送炭！悲鸿怀着感激的心情拜望了赵颂南先生，并为赵夫人画了一幅油画肖像。"②

现在让我们通过当时的意大利档案来看看赵诒琦参加这次利玛窦逝世三百周年纪念会的一些具体情况。1910 年 9 月 25 日，马切拉塔城市政大厅名流云集，上午 10 时，皇家市政专员 Giovanni D'Aloe 代表马切拉塔市欢迎来宾，出席纪念会的贵宾有"中国代表赵诒琦先生，他代表中国驻罗马钦使吴宗濂；Angelo de Gubernatis 教授，他代表罗马大学；意大利地理学会的代表以及许多研究机构、学院的代表，会议成员，此外还有一干当地教会及世俗、军界显要等"③。11 时，纪念典礼仪式在利氏广场正式开始，会场主席台左边悬挂着利玛窦身着传统儒装的巨幅油画像，右边则张挂着意中两国国旗。整个会议大厅挤满了政界、宗教界及学界代表。从上述意大利方面的安排看，此次纪念会给予中国方面特殊的礼遇，不仅在介绍出席贵宾时将中国代表排在首位，而且在会场悬挂象征友好的意中两国国旗。此外，意方还着重强调了中国代表赵诒琦出席会议得到的隆重接待及意义：

> 在场的有赵诒琦先生，作为中国的代表以及从遥远的东方来的最尊贵的客人，他在出席的数个小时内都受到了利玛窦故乡极大的礼遇，他备受欢迎，并且被安排在极其尊贵的位置。坐在他旁边的是皇家长官 Ildebrando Merlo 博士，首相的代表；Gianiacopo Agostini 教授，外务部的代表以及其他罗马大学及意大利地理学会的代表；Raniero

---

① 参见傅宁军《吞吐大荒：徐悲鸿寻踪》，人民文学出版社 2006 年版，第 45 页。

② 廖静文：《徐悲鸿一生》，中国青年出版社 1982 年版，第 65 页。

③ Onoranze Nazionali al P. Matteo Ricci, *Apostolo e Geografo della Cina* (1610 – 1910), Atti e Memorie del Convegno di Geografi-Orientalisti tenuto in Macerata il 25, 26, 27 Settembre 1910, XX.

Sarnari 蒙席，教区主教……①

在意大利方面看来，尽管利玛窦是意大利人，但这位名士"所著之图籍，均系中国收存；所得之恩荣，亦系中国赏赐。于该员殁后，明神宗皇帝恩礼有加，深表爱慕之意"。中国可以说是利玛窦的第二故乡。因此，我们也就不难理解为何此次纪念会要给予中国代表如此隆重的礼遇了。

在1910年马切拉塔当地发布的"利玛窦神父逝世三百周年（1610—1910）全国性纪念会公报"中，我们发现内中醒目地标注了"东方学家会议"（el Congresso degli Orientalisti）字样。由此可知，这次纪念会还是一次国际东方学家会议。确实，这次会议的主要参加者当中就有考狄（Henri Cordier）、汾屠立（Tacchi Venturi）等当时欧洲顶尖的一批东方学家。所谓东方学是指在近代西方学术界中兴起的主要以研究亚洲及北非历史、语言和文明的综合学科。其最初起源于大航海以后传教士和商人对北非近东及亚洲各国风土人情的记载。随着西方向外殖民扩张运动的加强，与东方世界的接触日益密切，从16世纪以降，欧洲逐渐出版了许多介绍东方语言与历史文化的书籍，并开办了教授东方语言的学校，在大学及研究机构中也逐渐出现专门研究东方的学者。进入19世纪，西方各国相继成立了研究性的学会。1873年，在法国东方学家 Leon de Rosny 的极力推动下，第一届国际东方学家会议（The International Congress of Orientalists）在法国巴黎举行，超过1000位代表参加了这次大会。② 大会宣扬其主旨是在西方国家中推广关于东方人民的历史、语言及文明等方面的知识，显示了西方世界对东方的广泛关注。从此以后，国际东方学家会议逐渐成为定期召开的学术大会，以迄于今。毫无疑问，欧洲东方学的成长，基本上是从传教士东方学孕育而来的。自16世纪以来，大批的传教士深入东方各国，在经年累月的传教生涯中不忘研习东方各国语言文字，考察民俗风情，撰写出版了大量的介绍东方世界的论著。这些论著在西方出版后，极大地推动了西方人对于西方之外世界的了解。作为传教士东方学的一个先

---

① Onoranze Nazionali al P. Matteo Ricci, *Apostolo e Geografo della Cina* (1610–1910), Atti e Memorie del Convegno di Geografi-Orientalisti tenuto in Macerata il 25, 26, 27 Settembre 1910, XX.

② Chun Hae-Jong, "History of the International Congress of Orientalists and its 28th Congress", In *Korea Journal*, Vol. 11, No. 4, April 1971, p. 20.

驱,利玛窦在欧洲东方学的发展历史上扮演了重要的角色。在其逝世三百周年之际,国际东方学家们在其故乡召开这次纪念会,显然是对利玛窦历史功绩的一种肯定。也是在这次会议上,汾屠立等东方学家发表了《利玛窦神父的历史著作》等论著,开始揭开利玛窦研究的序幕,因此,这次会议对于利玛窦及中国天主教历史研究具有里程碑式的意义。这在当时皇家地理学会(Royal Geographical Society)的会刊《地理杂志》关于该次会议的报道中得到充分的评价:

> 值此著名的入华耶稣会士利玛窦逝世三百周年之期,1910年秋举办了一系列活动以纪念这个时刻,包括近期在马切拉塔召开的东方学家会议以及利玛窦回忆录及中国书信的"国家版"的出版。这些资料的原始手稿晚近由汾屠立神父在罗马发现,然后由其负责承担编辑整理工作。该著分两大册,预计将在明年于罗马召开的国际地理学会上出版发布。①

在早期阶段,国际东方学家会议基本上是西方学者主导的会议,例如,从1873年成立,到1912年第一次世界大战爆发前,国际东方学家会议一共召开了16次,但除了1905年在北非阿尔及利亚召开的第14届会议是唯一的例外之外,其余的十余次会议都是在欧洲召开,会议也很少邀请非西方学者参加。但此次在马切拉塔召开的东方学家会议却出现了一些新情况。我们注意到意大利方面给予清政府的照会中就特别注明"特请亚东之国,熟悉言语文字诸位"参加,这也可能是欧洲国家第一次郑重邀请中国派代表参加东方学术界的活动。

尽管风雨飘摇中的晚清政府此次破天荒地派出官方代表去参加一个明朝时来华传教的意大利人的逝世纪念会,表明身处困境的中华帝国并没有忘记这位沟通中西的一代伟人,由此也给予利玛窦及其故乡马切拉塔城一份厚重的慰藉,但还是留下一些遗憾。作为一次国际东方学者云集的会议,我们竟然没有看到中国学术界参与。赵诒琦并不是学者,而是一位职业外交官,他的出场,从某种程度上说,只是体现出一种象征性的意义。

---

① "Commemoration of Matteo Ricci", in *The Geographical Journal*, Vol. 37, No. 1(Jan., 1911), p. 100.

从前述意方照会中注明"特请亚东之国，熟悉言语文字诸位"参加会议这样的内容可知，纪念会主办者似乎颇为希望能够有中国学者出席。但对于清末的中国学术界来说，要他们远涉重洋，在泰西国际会议上发表高见，不啻天方夜谭。像罗振玉、王国维这样的大师级人物，也只是在斯坦因、伯希和的刺激下才关注国际东方学的进展。迟至 1923 年，罗振玉、王国维、柯劭忞、辜鸿铭等人才筹划成立东方学会，希图与国际学术界接轨、对话①，而其研究重心也是在殷墟甲骨与流沙坠简。至于利玛窦及明清时期来华传教士在沟通中西文化交流上的贡献，则相当长时期养在深闺无人识，要等到梁启超、陈垣等人介入后，这个领域才逐渐受到国人关注。

三　一份遗产

正是借助上述中西档案中透露出的信息，我们得以重新认识一个世纪前著名的江南昆山赵氏家族成员受晚清政府委派出席利玛窦逝世三百周年纪念会的那段被遗忘的历史往事。斗转星移，如今距离 1910 年赵诒琛出席马切拉塔城纪念利玛窦逝世三百周年国际会议已过去整整一个世纪。在利玛窦逝世四百周年来临之际，世界各地正加紧推出相关的纪念活动。利玛窦的故乡、意大利马切拉塔城从 2009 年起就已陆续开展系列文化活动，以纪念这位文化巨人。除了召开专题研讨会外，这次意大利方面还计划将利玛窦的所有中文著作翻译成意大利文出版。"利玛窦——欧洲人在中国"的主题展览也将在 2010 年 5 月与 10 月分别在意大利罗马和中国北京隆重举办。由意方制作的一部名为《利玛窦，龙之国度的耶稣会士》(Matteo Ricci, Un Gesuita rel Regno rel Drago) 的影片也已经在 2009 年的威尼斯国际电影节上亮相，引起强烈反响。2010 年 1 月 12 日至 4 月 10日，美国国会图书馆还专门展出一幅 1602 年刊刻的利玛窦世界地图。作为利玛窦的第二故乡，近年来中国也高度认可了这位西学东渐第一人的贡献。1998 年 5 月 18 日，时任全国政协主席的李瑞环在访问意大利期间，在意大利总理府与普罗迪总理会见时就明确指出："利玛窦等人把欧洲的

---

① 参见王若《新发现罗振玉〈东方学会简〉手稿跋》，《中华读书报》2008 年 9 月 5 日。

天文、数学、地理等知识传播到中国，给中华文化注入了新鲜血液。"①
这是很深刻的见解。进入 21 世纪，利玛窦的名字也已永久地镌刻在中华
世纪坛上。2006 年，经国务院批准，利玛窦与外国传教士墓地被列为全
国重点文物保护单位。2010 年 4 月，辅仁大学也召开专门的学术会议，
纪念利玛窦逝世四百周年。与一百年前赵诒琦孤身一人出席马切拉塔纪念
会相比，我们无疑将看到数量众多的中国学者在各个国际学术会议上畅论
利玛窦的贡献。

　　写到这里，人们不禁要问，究竟利玛窦这个人具有什么样的神奇力量
能够使得不同文明背景的人们可以跨越地域、语言、文化及宗教信仰的隔
阂而走到一起？答案可能见仁见智，但有一点是不容置疑的，从文化交流
的角度来看，他开创并实践了不同文明间平等对话的"利玛窦规矩"。这
种"利玛窦规矩"讲究的是对他者文化的一种善意尊重，一种理性包涵，
一种平等沟通。正是这个利玛窦精神的核心部分，使得无论是与他同时代
的大明王朝，还是他逝世几百年后的当代中国，都能视他为友朋。即使到
了信息高度发达的今天，中欧之间的相互理解及建立在这种理解基础上的
友谊与协作，仍然离不开像利玛窦这样的文化中间人。为此我们要深深感
激那些穿梭于中欧之间为中西方这两大文明的接触与对话牵线搭桥的人
们，他们所做的一切，正是利玛窦文化遗产的体现。

---

① 《人民日报·海外版》1998 年 5 月 20 日。

第 三 章

在族权与神权之间

——晚清乡族势力与基督宗教在华传播

一般而言，传统中国社会的组织结构是由以祠堂为中心的宗族组织及以村社为单元而形成的乡里组织这两大部分所构成的，前者即为通常所说的血缘组织，而后者则相应地可视为一种地缘组织。由于历史上沿袭下来的聚族而居的传统，在相当一部分地区，特别是东南中国，这种血缘关系与地缘关系又是常常纠缠在一起的，宗族组织往往兼备了基层村社的功能与作用，成为操纵基层社会的一个主导力量。傅衣凌先生曾将这种由血缘扩大到地缘的宗族权势称作"乡族势力"，视之为"封建政权的一种补充工具"①。晚清时期，在众多的民教冲突中，乡族势力曾在其中起到了组织者与领导者的作用，是抵抗教会进入基层社区的重要一环，弥足引起研究者重视。然而，迄今为止，有关这方面的专门论述却不多见。② 因此，本章选取《教务教案档》中所记载的发生于东南部地区的晚清民教冲突案件作为考察对象，以探讨这种充当了官方基层政权补充工具的乡族势力，究竟在晚清频发的民教冲突中扮演了何种角色？ 在此基础上，本章亦尝试对晚清中国基层社会权力结构与基督宗教在华传播的互动作用略作评述。

---

① 傅衣凌：《明清社会经济变迁论》，人民出版社 1982 年版，第 55 页。
② 笔者所见涉及相关主题的研究主要有：Paul A. Cohen, *China and Christianity：The Missionary Movement and The Growth of Chinese Antiforeignism* (1860 – 1870), pp. 77 – 109；吕实强：《中国官绅反教的原因 (1860—1874)》，(台) 中央研究院近代史所，1985 年版；陈支平、李少明：《基督教与福建民间社会》，厦门大学出版社 1992 年版；程啸、张鸣：《晚清教案中的习俗冲突》，《历史档案》1996 年第 4 期。

一　社区空间秩序与宗族权势

吴文藻先生曾指出，社区即指"一定人民的实际生活而言"，它至少应包括这三个要素，即人民、人民所居住的地域、人民生活的方式或是文化①。所谓的社区空间秩序则可理解为一定区域内长期保有的习惯认同，如对历史上该地域文化传统的继承、对村民的行为方式的普遍认可、对当地既有权力分配的维护等。这种社区空间秩序构成了一定地域内较为稳定的社会生活面貌。

众所周知，在中国东南地区，许多基层社区是由一姓或数姓构成的村落。在这些"宗族社区"里，代表国家政权的乡里组织是与当地的乡族组织重叠在一起的。可以说，在民国新的村政改革之前，这种乡族组织一直是维持基层社区运转的主导力量，充当着国家权力在乡村的代理人角色，并对当地社区秩序负有维护责任。它们以祠堂、民间神庙在当地营造了一个从物质到精神的权势系统，并且通过制定宗族法规、乡规民约，约束着当地人民的日常活动。

鸦片战争后，在不平等条约的保护下，基督教会对传统中国基层社会的渗透日益增强，随着这种外来信仰深入乡村，传统乡族势力面临着一种挑战。由于这种西方宗教教义与传统宗法制度存在着不易调和的矛盾，传教士及教徒的出现，对一定社区的乡族组织来说，意味着是形成了对既有社区秩序进行破坏的潜在者，一份清末广东顺德水口地方民间揭帖开首清楚地道出了乡族势力对教会势力渗入的这种忧虑：

群居聚族，在十四乡。一向以来，风俗纯良。无人入教，更无教堂。今有烂仔，创设教堂。坏我风水，侵我地方。个的无赖，甚属猖狂。言同禽兽，行类豺狼。狎污孔孟，毁谤禹汤。专请耶稣，得意忘形。我固深恕，你亦心伤。这班契弟，法网难亡。久恨未泄，苦楚非常。

双方之间的"渗入"与"反渗入"，可以说是对这种社区秩序所展开的冲击与维护之战。由于受到外国列强势力的保护，晚清时期的教会所依靠的"神权"已不仅是精神上的力量，因此，晚清基层社会这种族权与

---

① 参见吴文藻《导言》，载王同惠、费孝通《花篮瑶社会组织》，江苏人民出版社1988年版，第5页。

神权之争，有时愈演愈烈，以致酿成事关中外交涉的"教案"。笔者在阅读《教务教案档》有关咸丰十年（1860）到光绪二十五年（1899）东南地方民教冲突事件中，就检索出约有41件较有代表性的、涉及乡族势力的案例。根据案件的内容，笔者将其略加分类，制成表3-1。

表3-1

性质	件数	百分比
宗教传统伦理	8	19.5%
社区神庙祭典	7	17.1%
宗族地产租售	15	36.6%
其他	11	26.8%
总数	41	100%

由表3-1可见，乡族势力作为社区空间秩序的维护者，在晚清民教冲突中扮演了重要的角色。而其中冲突的具体性质，也是多种多样的，下面，笔者即对此展开论述。

二　宗族传统伦理的冲突与维护

明中叶以降，东南地区的宗族内整合活动逐渐普遍化，乡族组织希望以之约束、凝聚族人，增强宗教在当地社区的力量。这种整合带来的一个后果是宗族伦理被极度地强化了。在"敬宗收族"的原则下，乡族组织要求族内成员恪守一系列的宗法伦理秩序，如定期祭祀祖先、保持宗族内外的长幼尊卑、维护宗族各种既有习俗仪式等，并通过制定详细的宗族法规来保证这类伦理秩序的正常运行。这些宗族法规包括家训、族规、祠规、乡约等多种形式，通常明载于宗族谱牒中，强制乡族成员禀遵恪守。如福建省东部山区福安大留村，当地大族张氏家族成员张江澜在乾隆三十四年（1769）为张氏族谱所写的序言中就明确规定了家族成员必须恪守的宗族伦理：

今遵先祖之格言以为后人之法守：凡我族属或读或耕，各治一业。又须尊祖先、睦宗族、守礼法、怀刑宪、尚节俭、禁奢华，毋以

贵虐贱、毋以下犯上。春祀墓,宜序其尊;秋祭祖,当明其昭穆。能
如是斯有以浚其源而流益远,培其根而叶愈茂,而家声克振,可光前
即可裕后,则将世复世矣。①

这种家族规训言简意赅地表达出宗族对其成员的日常生活要求与规
范,并且用严格的族法宗规来加以约束,如果宗族成员有所冒犯,则将被
带到祠堂公罚。

很显然,这种严密的宗族伦理秩序对带有很强扩张性的西方教会来
说,是一种挑战。首先,在宗族伦理的核心——宗族祭祀问题上,乡族势
力与教会教民冲突不断。作为一种排他性很强的宗教,无论天主教或是新
教,对教民的信仰通常给予了很强的约束力,要求教民只崇拜天主、上
帝,不准其崇拜其他神祇,包括教民祖先。而在传统宗族社会里,祭祀祖
先是家族成员最基本的要求。所谓"祭祖祀宗,人伦之本"。这样一来,
双方在祭祀祖先层面上的冲突就在所难免了。实际上,晚清民教冲突有相
当部分是针对"祀先"问题而发的。在这类中西伦理冲突事件中,乡族
势力作为祖先崇拜的民间维护者,往往对入教家族成员不祭祖先的行为加
以干涉,要求其按时参与祭祀,如果教民不遵,宗族势力则运用宗族法对
其加以惩罚,严重时甚至将其驱逐出所居住地域。

一个典型的例子是光绪七年福建省漳州府属诏安县民人林平被族人驱
逐案件。林氏宗族聚居于诏安县四都西张乡地方,林平为族人林水河养
子,林氏入教后,因为"忘亲灭祖,不肯拜祭",乃至毁坏神像,遭到以
族长林长泰为首的宗族成员的怨恨,光绪七年闰七月十一日,林平带家人
住附近林头乡地方会同教友礼拜后欲归家,为林氏族人聚众拦阻,"不容
仍住西张本村"。林平想同其妻入屋内取衣物家具,也遭到拒绝。随后,
林氏族人还授意林平之妹胡林氏返家,托词说已故的林水河托梦给她,因
为林平"不事生业,赌荡败产,弃毁祖先木牌,年节不肯祭祀祖先",导
到其"无祀苦楚",故而回家省祀。在遭到林平辱骂后,胡林氏就将林平
家中小牛一只、猪一只以及粟一担、屋一间交由族中房亲以为轮值祭祀之
费②。在这起案件中,以族长林长泰为首的林氏乡族势力所持的一个理由

---

① 《大留张祠宗谱志》,1996 年大留张氏宗祠油印本,第 87 页。
② 参见《教务教案档》,第四辑,第二册,第 1297—1304 页。

就是，"因林平等不从俗例祭拜祖先神明"，所以要驱逐出乡。如果林平等肯从俗祭祖，则准其回乡，并复还家业。林长泰后来还扬言"凡有不遵旧俗之人，俱不准其在乡居住"①。很显然，林氏乡族势力在宗族祭祀祖先这一宗族伦理秩序上是着力维护的，不容入教族人对其加以侵犯。

在一个宗族社区里，宗祠与族属神庙一样，既是当地社区的权力核心，同时也是家族神灵栖居之所。族中各房支往往将故去祖先成员木牌神位摆放于祠堂中，以便春秋祭祀，俗称"进主"、"题主"。然而，当家族成员入教后，限于教义，大多不立故去祖先木主。教徒的这种举措，在宗族组织看来，也是一种对祖先不敬的行为，是对既有宗族秩序的违背，因此，乡族势力常常起来反对，引起双方冲突。光绪五年福建省福清县陈氏族人向教民陈玉德追索进主费用案，就很能说明这一点。离福清县城六十里的岩兜地方，是陈氏家族聚居地。光绪五年十一月冬至日，陈氏家族举行宗祠进主仪式。族中权威陈尔赠等人因已故族人陈季金、陈季享、陈季银兄弟三人无嗣，公议将陈季银名下七分二厘园地作价卖给族中陈秀才，所得钱币用做陈氏兄弟进主费用。教民陈玉德及其系奉教之人，"无祖先木主"，拒不进主及缴纳进主费，并向县衙反控陈秀才占产强买园地。陈玉德此举遭到了族房陈尔赠等人的反对，陈尔赠率领族人陈克楚、陈汝宝等将出面干涉的当地传道员陈荣瑞"推入教堂之中，掳殴勒息，抢去大桌经书等件，并将各教民山场地瓜五谷剿灭"，酿成民教冲突事端②。这种因乡族信徒不遵从宗族进主习俗而引起宗族势力反对的现象，在东南以外的其他地区也有出现。例如，光绪八年，四川巴县地区，就曾出现过类似问题。光绪七年七月，巴县朱氏族人朱贤礼、朱贤文祖父去世，其胞叔朱德荣逃荒在外未回，家中留有胞婶赵氏在家，朱贤礼、朱贤文等因已奉教，遵从教规，不肯为祖父题主。八年二月二十七日夜，其八叔祖朱光喜认为"其兄一生辛苦，无主奉祀"，心有不甘，因此带同其子朱德洪以及同族多人，到朱贤礼家中理论，并要赵氏抱了承祧，双方为此争论不休，互相讦告③。

对宗祠祖厅的使用维护，一般也有严格的规定，不允许违反。如福建

---

① 参见《教务教案档》，第四辑，第二册，第1300页。
② 同上书，第1097页。
③ 同上书，第891、896页。

漳州后坂严氏家族就把本祖祠的日常维护写进本家族规约中，勒石以诚："祠内定期洒扫洁净，以光先灵。不许堆积五谷诸件及农具器械……违者罚戏一台。"① 但是一些宗族信徒却不顾族法规定，将宗祠祖厅用做礼拜场所，由此触犯族规，引起民教争端。这从光绪二十一年浙江温州永嘉县徐氏宗族反教案中可以看出。永嘉县徐林地方，居住有徐姓一族二十八家，其中，只有徐定鳌、徐象武、徐象龙三家入教。以往徐定鳌等教民都是到岩头教堂做礼拜，但是年五月，徐定鳌等却招引教众，在宗族"公共正厅"做礼拜，族中非教徒往劝，徐定鳌声称"有英领事官作主，定要在家礼拜"，由此招致族中势力的围攻。

其次，某些宗族传统礼俗遭到侵犯后，乡族势力也会起而反对。传统中国宗族成员去世后，往往要举行一系列超度亡灵仪式。在东南地区，民间丧葬礼俗一般带有浓厚的佛道色彩，如闽北一带民间丧事，"俗尚浮屠，昏则延僧道诵经燃灯，每七设斋供拜忏施食。……葬而行，扬幡鸣铙，导以鼓吹"。闽东一带也是如此，人死后，"延僧念经一日，俗称'看经'"，富贵人家逢七之数，还要"广延僧众拜十王水忏，玉皇大悲等忏，俗称'做功德'"②。可以说，丧事用佛道念经超度已是家族间认可的习俗惯例，属于宗族伦理的一部分。但是，一些宗族成员入教后，却采用教会礼仪来办理故去亲族丧事，由此招致宗族势力的反对。光绪七年福建福安地区李氏族人与族中教徒冲突案，就是这类事件的典型范例。

福安坑源地方是李氏族人聚居地。这里离闽东天主教老据点溪东不远，但因历史上李氏族人笃信佛教，因此，尽管从17世纪初天主教就已在溪东等地较为广泛传播，坑源一地却一直少有人入教。直至19世纪后期，当地李姓族人中只有李光照及李金树一家奉教。光绪七年正月二十日，曾经充任当地家族祭祀头人的李光照兄长李光华病故，教徒李光照做主邀请传教士来家念经，其弟则以长兄并未入教，认为不应请传教士，而应请僧道来家做超度法事，双方为此发生争执。李氏族人认为"李光华

① 严氏《崇本堂规约》碑，该碑目前仍存于后坂严氏祠堂中；后坂严氏是中国天主教史上应该引起注意的家族之一，明末清初，严氏家族中的严赞化、严谟就曾介入中国礼仪之争中。如今的后坂严家，一直是漳州天主教活跃的地方，当地严氏族人信徒目前近2000人。有关后坂严氏家族与天主教的关系，笔者另文探讨。

② 嘉庆《南平县志》，民国《霞浦县志》，《中国地方志民俗资料汇编》，华东卷，下册，书目文献出版社1995年版，第1263—1276页；下引简称《汇编》。

生前并未入教，不应请教士念经，尤不合在公共祖厅念经"，因此"纷争不已"。李光华之女亦以其父落得非教非民，死无所归，转而埋怨李光照。李光照恃强殴打其侄女，引起族中公愤。以李应瑞为首的族人扭住李光照殴打。传教士王褒礼认为李应瑞等当面殴打教民，是对其教不敬，双方为此发生争执，李应瑞等人遂将教士祭衣撕破，祭器打坏，并扬言"若犹奉教不改，俱要赶出村外"①。此后，教会与李氏族人互控不休，酿成教案。

　　再次，宗族既有利益分配的规定也是不容族人违反的，否则，将遭到族权的惩治。例如，宗族间一般置有祀产，用以支持本宗族的公告祭祀事务开支。宗族成员参与这类祭祀活动，按人头分得谱饼、丁饼、柑果等胙物。在宗族成员看来，这类胙物不仅是承认其宗族成员身份的标志，而且也是一种吉祥食物。因此，对这种胙物的颁发有专门的规定，不参加祭祀、触犯族规者，往往被剥夺获得颁胙的权利。如江西东乡地方，"元旦至祠堂祀祖，鼓吹莅事。祭毕，计丁给饼，谓之'胙饼'，有犯族规者不给，故各族恒重其事"②。福建漳州后坂严氏家族于乾隆年间所制定的《崇本堂规约》，其第一条也规定"冬至祭祖务宜整肃衣冠，序昭穆，行礼致祭，以彰诚敬。无与祭者，不分柑果。违者公罚"③。但是，一些宗族成员入教后，尽管不参加宗族间的公共事务如祭祀活动等，却要求按房分给胙物以及其他公产。这种要求无疑是与宗族法规原则不相符合的，故而常常引发民教争端。如同治十三年江西崇仁秋溪墟地方，就曾因族中教民争要丁饼引起乡族与教会之争。秋溪墟为曾姓族人聚居地，同治十三年，该族中曾罗发等人因为已奉教，不再祭祖，就将族中祭田、会田按股分散，经族中众人议定，每年宗族祭祀采取按丁派谷生息的方式，以办理祭祀，分发丁饼。后来，族人曾士薰因为曾罗发等人以奉教为由，不肯缴纳派谷，就不向曾罗发等教民分发祭祀丁饼。曾罗发等以此上告，引发族中民教冲突④。

　　同治十三年江西安仁县邓家埠教案也是与族中教民争要谱饼有关。当地十三都为王姓族人聚居地。同治十三年二月清明，王氏家族族人赴宗祠

　　① 参见《教务教案档》，第四辑，第二册，第1219—1244页。
　　② 同治《东乡县志》，《汇编》，华东卷，下册，第1126页。
　　③ 严氏《崇本堂规约》碑文。
　　④ 参见《教务教案档》，第三辑，第二册，第688页。

祭祖，并照族规分发谱饼，天主教徒王开秀也往领谱饼，但族长王长生以其系教徒，不拜祖宗，不能分给谱饼。双方为此发生争执。在此之前，王开秀因为妻子被族人王交大踢伤而死，欲与王交大索钱私和，王长生以事关人命，出面斥阻。双方已有矛盾，此时王长生又不肯分发谱饼，因此，王开秀更是怀恨在心。是年三月间，王开秀往邓家埠天主教堂礼拜，闲谈间向教友孔连发、桂圆堂等人谈起族长王长生阻和命案以及不给谱饼的事，孔连发平日为人凶横，听了后要为王开秀打抱不平。三月十九日，王长生路过邓家埠地方，被孔连发看见，就与王石仔、吴兆方等人将王长生捉住，用绳子捆吊在教堂中，诬告王长生灭教。此日，又将王长生游街示众，百般折辱。然后押回教堂看守，勒令王长生写信回家，交付赎金五十千文才肯放回。王妻刘氏赶至教堂，向孔连发央求以田二亩作抵，遭到孔氏拒绝。刘氏就回家告知族人，是月二十日，王长生堂兄王明生就纠集了族人王发生、王丙生、王连生等奔赴教堂要人。双方发生争斗，教堂在一片混乱中被烧毁，教徒吴连生也跌倒身亡，由此引起中法间交涉案。

最后，宗族成员品行不端、籍教为非，亦能激起组内势力的反抗，进而引发民教争端。如同治七年江西瑞州府新昌县新安乡二十都沙塘村晏氏家族成员晏秉彝一家为族人驱逐案。晏秉彝"素不务正"，与其子晏怡等在当地行窃村民牲畜、修桥石灰等物，族长晏元舍等处令晏氏赔钱，晏氏抗拒不交，遭族人痛恨；其儿媳妇周氏"夫故守节，不愿再醮"，晏氏夫妇"屡次打骂，逼令改嫁"，周氏投诉于族，族人认为"周氏守节可嘉，与族有光"，于是，是年二月二十五日，在贡生晏齐贤、晏善卿与族长晏元舍等族中头面人物的操持下，晏氏宗族以"晏秉彝屡行不端，目无族长……开祠鸣鼓，集众公议。晏较敦并把晏秉彝父子平日偷窃各事，在祠诉说。适有族人晏射，盗砍他人山竹，被人扭送投祠，族众议把晏射用家法惩治，并要把晏秉彝一并以家法责惩。晏秉彝知悔求饶……（其子）晏科来以父年老，求免家法，情愿罚钱一百千文，捐入宗祠，并写改悔犯约，族众应允"①。对晏秉彝进行族权审判、惩罚。后来晏秉彝投诉于县官，认为族人打教，并在状子中附上了他被逼写的犯约：

　　　立犯约人嘉德父子公孙等，愿与戊辰正月，为邪匪煽惑，误入邪

----

① 参见《教务教案档》，第二辑，第二册，第916—917页。

教，大伤风化，贻害地方事。今蒙乡族诸公开导，始知改悔，嗣后如敢再蹈其中，情愿将嘉德名下产业，尽行充公，并任乡族从重惩治无悔，恐口无凭，立此犯约为据[①]。

这一案例形象地反映出了族权对宗族教徒信仰的强力干涉。

三 民间神会：与祀还是不与祀？

在一个宗族社区里，乡族组织在当地民间各种社祭活动中充当的是核心组织者的作用，通过由乡族成员组成的各种"会"来引导当地年节迎神赛会等民间习俗活动的顺利进行[②]。组织方式可能因地而异，如在东南地区，普遍采用的方式是采取轮值制，即排列家族成员名单，按序列承担每年组织者的角色。这种组织者的称号通常名目繁多，仅从《教务教案档》中就可见有"祭祀头人"、"会首"、"福首"、"头家"等多种。如前述福安坑源乡李氏家族成员李光华，去世前就是充当当地"祭祀头人"，后来福安地方官员还根据李光华的这种特殊身份批驳了法国驻华使领妄指李氏为天主教徒欲加勒索的企图。当地社区神会的开支，除了部分由族产支付外，通常还沿例向乡族成员征收捐纳，这种工作也是历年神会组织者的任务之一。对于家族成员来说，参加这种社区活动内的民间神会活动，有时是一种沿袭传统不容推辞的义务。所摊派的费用，好比民间的"正项差徭"，必须如期支付。乡族组织或者当地神会组织还通过制定民间规章，以保障这类社区民间神会活动能正常有序地进行，对违反者通常处以公罚。

从进入中国传教之日起，无论天主教或基督教，都把民间神会视为异端。从纯洁教义出发，通常要求教民不参加这类民间神会活动。在宗族组织看来，教民入教，但却仍然是家族成员，仍然居住在当地村落。因此，以入教为借口，不参加民间神会，既是对当地神祇的不敬，也是对传统惯例的侵犯与破坏，故而极力反对。晚清时期，这种因迎神赛会引起的民教

①　参见《教务教案档》，第二辑，第二册，第881页。
②　相关研究请参见陈支平《明清福建的民间宗教信仰与乡族组织》，《厦门大学学报》1991年第1期。

冲突有相当比例①。到同治元年，总理衙门还专门为此颁发章程，禁止向教民强行摊派迎神赛会费用②。尽管有了此类官方条规，但一些地区乡族势力的看法却少有改变。而且，对于乡族教民以条规为后盾，在民间神会上的态度比以往更加强硬的做法，乡族势力更加反感，由此引发的乡族教民与民间神会的组织者乡族势力之间的冲突仍然普遍存在，下面就是几个典型例子。

江西卢临县陂头墟地方，村中俗例，每年正月、八月、十月，要唱三次平安戏，所需戏钱，通常是向村内各姓住户摊派。同治七年八月，村中梁氏族人梁唐化充当会首收钱。该村有萧姓族人萧全钧、萧全铭、萧全锡等，祖上从明末时起加入天主教，迄今已有十代，属于天主教老家庭。当梁唐化向这些萧姓教民收取会钱时，萧全钧等人以上头已有晓谕，"凡入天主教者，一切迎神演戏赛会等费，免其摊派"，故而不肯出八月会钱。梁唐化认为，萧姓众人以前均有摊派，此次不可推诿。萧全钧等坚持不允，梁唐化就自己动手，打开萧家钱柜，拿走会钱一吊。萧全钧等后来向传教士傅儒翰谈起这件事，傅氏就向法国主教安理格报告，由后者向地方官交涉，导致梁唐化等遭受责罚。③

光绪二年，福建罗源县下际洋中村教民陈道道被勒任福首案，也是因为族中教民不参与迎神赛会祀事而起争端。洋中地方为陈氏族人聚族而居场所，村中素来供奉临水夫人，作为陈氏家族家神。每年临水夫人诞辰来临时，族中都要公捐演戏赛神。"值年之人向系陈氏族中公轮。"光绪二年，轮到陈道道等出任福首，因为诞辰将届，正月初八日，陈泉金率族人陈为进、陈六六、陈乾灼、陈玉环等前往陈道道家，催促陈道道出面承办，并指派陈道道为迎神之神前皂班，命其缴纳会钱。陈道道以已入教、迎神之事与教规相反为由，拒绝承担福首义务。陈泉金等人为陈道道不参与祀事，违反族规，因此强迫陈道道出任，"竟勒遵派"，陈道道执意不从，双方发生争执。到二十二日，陈氏族人将陈道道山栽桐茶树七百余棵尽行砍伐，并不许陈道道挑饮村中井水，将陈道道一家母弟驱逐出村。陈道道只好向罗源教堂传道员陈集投诉，最后由英公使威妥玛照会总理衙

① 参见陈银坤《清季民教冲突的量化分析（1860—1899）》，台北台湾商务印书馆1991年版，第105页表格。
② 参见上海广学会编《传教定例》，美华书馆1893年版，第4—5页。
③ 参见《教务教案档》，第二辑，第二册，第925—926页。

门，压迫罗源县作出裁决，判罚陈氏族人赔偿陈道道损失①。

相同的例子还有光绪十九年福建惠安蔡姓族人与族中教徒冲突案。距惠安县城约四十里有一村落，名山后乡，蔡姓族人聚族而居。当地凡有迎神赛会等事，惯例由会首按户派捐钱文。蔡姓族人蔡送来入教后，最初仍按旧例缴纳会钱，到了光绪十八年十月间，蔡姓族人援例演戏赛会，当年首事蔡红狗又向蔡送来派捐会钱，此时蔡送来以自己是教民，拒绝出钱。蔡氏此举引起族中士绅蔡邦光及蔡红狗等人的愤恨，蔡红狗即将蔡送来的田园毁坏。蔡送来赴县告官，县令李氏就派差役前往阻止。不久，蔡送来又发展了族中蔡懿之子等七八人入教。次年正月初四日，山后乡地方蔡氏族人设醮驱疫，值年首事蔡歉及蔡红狗等人因为公费不敷开支，又向教民蔡送来、蔡懿等派钱，遭到拒绝。彼此之间发生口角争斗。当时华人传道员张镇忠恰在教民蔡懿家为其妻蔡陈氏看病，就与另一传道陈敬诚及其子陈天救一同往蔡送来家帮同理论斗殴。蔡姓族人在士绅蔡邦光、蔡学海以及蔡红狗带领下，将蔡姓族中教民蔡送来等以及张镇忠、陈敬诚等扣押，围攻殴打。英国传教士卢度量闻知此事后，率众前往干预，并将蔡邦光等扣押。由此民教双方争斗愈演愈烈，最终闹成中外交涉事件。②

光绪二年台湾淡水新店地方民教冲突案也与族中教民不参加宗族神会活动有关。台湾为移民社会，到清中叶以后，由闽粤两地移居的民人占据了岛上民人总数的绝大部分。这些闽粤移民移居台湾后，按地域组成各种移民社区。随着人口数量增加，在某些地区，同姓聚居的街庄也开始出现。这些同姓聚居街庄，一般保留着本土的各种风俗习惯。但是，一些教民入教后，不愿出随缘会钱，因此常常引发双方之间的冲突。台湾淡水新店街，是一个以林姓闽南人为主的移民社区。当地一直流行着中元普度习惯。光绪二年七月，普度头人林四全挨门逐户收取会钱，街庄教民林瑶、林甘兄弟等人拒绝出钱，激起林四全等人的愤怒。八月初，林四全率领族众，前往青潭街会饮，声言要打教。是月十六日至二十六日，林四全等又在青潭街聚会，讨论此事。到十月间，林四全、林基等即率众追打林瑶、林甘一家，酿成民教冲突案件。③

---

① 参见《教务教案档》，第三辑，第三册，第1452—1456页。
② 参见《教务教案档》，第五辑，第三册，第1959—1989页。
③ 参见《教务教案档》，第三辑，第三册，第1481—1483页。

乡族教民不出会钱,不参加社区神会活动,在乡族势力看来,是对固有社区习俗的破坏,不仅关系到乡族组织的权威,同时也直接威胁到这种传统能否延续下去。有关这类忧虑,在文献资料中已有反映。如同治四年,江西广信府铅山县河口镇居民倡议捐修当地主祀神庙三官殿,当首事人韩宗瀛等向教民黄懋泰等收取庙捐时,黄懋泰等教民以尊奉天主教向免捐修为由拒绝。韩宗瀛等即将教民"捏控拘押,勒令悔教"。在韩宗瀛看来,黄姓教民对于庙会神事"非但不捐,竟至恃教阻捐,以致各捐户观望",对当地神会操办不利,他甚至向地方官员呈递诉状,"恳请饬捐"①。因此每当乡族教民不愿承担社区神会活动时,乡族势力一般都会加以干预,以保证当地神会能正常举行。

四　族产公地,岂容图占

宗族一般拥有大小不一的公共财产,这些财产以多种多样的形式存在,其中较主要的是田地房屋类,如祠堂、公共墓地、族田、房屋、山林公地等,这些族产公地,是以家族成员共有的形式代代相传下来的,其使用权属于整个宗族,并且主要用于宗族公益事业。对这些族产公地的管理、经营,一般要经过合族协议,立有专门章程。为了防止族内外的侵占,宗族组织还在族谱中明列各种宗族法规,以保障其宗族公有归属性质。

鸦片战争后,教会通过不平等条约逐渐取得了在华置产权。当时的清政府与法国等列强曾就中外双方土地房产的租售交易行为订有协议,如租、买方要在契约中写明为"天主教公产"字样,并且要征得租、卖对象的同意,所租、买土地房产要"无碍方向",最后,双方所订契约要向当地政府过税,确认其合法性②。无疑,清政府这类规定,是为了杜绝因交易行为不当而引起的争端。然而,当传教士以教会名义出面租、买民间土地房产时,民间社会因为对教会势力的进入抱有戒心,认为会扰乱当地传统秩序,故常常拒绝租、卖土地、房产给对方。传教士无奈之下,一般委托当地民人(通常是教民)出面承担租、买交易,而且在契约中又不

---

①　参见《教务教案档》,第一辑,第二册,第978—979页。
②　关于清代教会契约,笔者将专文探讨。

敢直接写明用于教会公产等字样，这种私买、私租行为，给民间盗卖私售那些宗族公地房产以可乘之机。"内地奸民，每将祖尝官地盗卖私售"①。同时，晚清时期，也有一些传教士、教民倚仗教会势力，恃横强买族产公地，由此招致了乡族势力的抵抗。"乃近日教士并不自行承租，皆使教民出名私买来历不明屋地，以致乡民不服，动辄生端，且教民又多与人不洽，恃教横行，易滋众念。"② 可以说，晚清东南地区乡族势力与教会的冲突，很大一部分即是因族产公地的私买、图占而引起的。例如，同治十年，英国圣公会马姓传教士前往福建古田安洋村，欲在该村购地建造教堂。当地林氏家族成员林希镇，私自将本家族公共山地一块卖给教会。当教会雇用工匠，准备在所购山地起造教堂时，为林氏宗族发现，该家族成员即聚集多人，前往阻挠，将墙基毁坏，引起民教争端。在林姓族房林喜铨、林为发等人看来，林希镇所卖山地系属公山，葬有祖坟，"有关合族庇荫"，不得私卖，应该退还③。相同的例子还有光绪九年福建龙岩州倪显廷私租公业案。是年，传教士布茂林等到该州传教，欲在当地租屋传教。该地倪姓族人倪显廷私自将本家族公有房屋出租给布茂林，倪姓族长倪占先等人知道后，即出具本族公众产业簿据，向地方官证明倪显廷所盗租之屋系公有产业，认为教士"私租公屋，合族不允"，并要求倪显廷退屋归管。龙岩州地方官令倪显廷前往布茂林处商请退还，遭到布茂林拒绝。其后，倪显廷被倪氏族人解到宗祠中治以家法。而教士的强硬态度也引起了当地乡族势力的极大反感，当地方官召集绅耆商议租屋一事时，"该绅等金称，州中地瘠民贫，公众祖祠十居八九，一祠之内聚族而居，其余则三椽小屋，连床接榻，同住数家，大约房屋率多公业，人心不一，劝导难齐……均称一时无屋可租"，搪塞了事④。

教会买地，害怕遭拒绝，通常让教民出面，并不明说是用于建造教堂等，等交易完成后，即在当地建造教堂，由此引起乡族反对。光绪八年三月间，教民刘继赐到安徽亳州，通过中人徐立民，向当地赵氏族人赵希珠购买该族公宅草房十八间，作价三百一十千文，在交付了订金洋钱三十元后，当地赵氏家族闻知该地系用于建造教堂，即群起反对，以该地为族中

① 参见《教务教案档》，第四辑，第三册，第1505页。
② 参见《教务教案档》，第五辑，第三册，第2000页。
③ 参见《教务教案档》，第三辑，第三册，第1390—1391页。
④ 参见《教务教案档》，第四辑，第二册，第1392—1330页。

公产，不愿售卖，让中人将订金退还刘继赐。刘继赐却谎称契约丢失，不久随同法国传教士德怀璋带领数人，前来强行讹买，遭到赵氏族人拒绝①。

在传统中国，民间私产买卖，一般都要求有同宗族成员参与见证担保，这既是履行亲族互助义务，同时也表明本宗族对该项交易的认可。此外，对房产、土地的买卖、典质等亲族拥有优先权。至于宗族公产的交易，更是必须获得宗族绝大多数成员的同意，方能进行。这些都反映了宗族在经济生活中的作用，并且形成了一种民间俗例，是民间的习惯法。晚清时期，一些地方的乡族势力即利用这种干预权力，阻止了教会私买公产的行为。如光绪十八年，福建建阳水东地方陈氏家族族人陈佛奴有房屋与堂叔陈咕老住房相连。陈佛奴很早就将属于自己的一半出典本村盖竹庙，以为社庙公产。陈咕老病故后，因继嗣未定，由陈佛奴暂时管业。陈佛奴因为家贫，"未向族人及盖竹庙首事言明，将屋全所私卖与程信祈（教民——引者注），议价二百四十元，族人均无列押，价亦尚未全收，契照寻常写法。"陈佛奴私卖公产，没有征得族人同意，很快被族人陈宗藩、耆老赵林奴等告发，要求其退还。而程信祈买得屋后，马上从县城招工匠前来翻修建堂，当地村众上前干预，教民苏求恩加以斥责，激怒了当地村民，将苏求恩及工匠押送县衙，引发民教冲突②。很显然，陈佛奴私卖公产，所立契约中"族人均无列押"，本身就是对宗族产业买卖俗例的破坏，因此乡族势力以此将其上告，致使其"盗卖不成"③。

五　余论：族权、神权与晚清村政

本章分析了晚清东南地区乡族势力与基督教会冲突的几个方面，从中不难看出，在晚清时期东南地区的民教冲突中，传统的乡族势力一直十分活跃。作为当地社区既有旧秩序的维护者，乡族势力往往对教会在当地的活动进行干预，而这种干预常常是引发民教冲突的一个重要原因。同时，在这些民教冲突案件中，最后由乡族势力出面解决争端又占有相当比例。

① 参见《教务教案档》，第四辑，第一册，第393—398页。
② 参见《教务教案档》，第五辑，第三册，第1998—2000页。
③ 同上书，第2001页。

由此可见，尽管已处于一种"转型期"的社会，传统的族权仍然是操弄基层村政的主要力量，在解决社区民间事务中发挥着重要作用，这一点在乡族势力发达的东南地区尤为明显。

但是，我们也注意到，与鸦片战争以前的传统中国社会不同，东南地区的乡村基层社会权力网络已不再如以往那样一元化，作为长期控制社区权力的乡族势力，此时也开始面临着另外一种组织结构、信仰性质截然有别的"权力"的挑战，这就是以乡村教民为组成基础、以教会堂口为据点、以外国教会势力为后盾的教民社团。这些大大小小的教民社团分布于乡村各地，基于共同的信仰、共同的利益，它们有时也组织起来，参与社区权力的分配。相对于宗族族长、耆老等乡族权威，这些教民社团也拥有自己的首事人物，如俗称的"教头"、"教首"等。故而我们可视之为一种与族权相对的"神权"。这些教民社团有时也起来与乡族势力对抗。这一点从光绪二年福建光泽县民教冲突案中可以看出。该县旧宿坑地方，聚居着丁姓族人二十九家。教民王宗贤有山一片，与当地丁姓族人丁崇节等人的田界相连。光绪二年，王宗贤借山图占丁姓田产，遭到丁姓族人的控告而未遂。王氏心有不甘，屡向丁姓寻衅，因为无隙可乘，就捏造反教告白，妄指生员丁克忠所作，然后鼓弄陈姓教头，于是年六月初九日，先令教民熊细汝往丁家通知丁克忠准备烛炮赔礼道歉。王宗贤自率教民三十六人住宿在邻近的鳌头村，初十日用过早饭后，一齐拥到丁克忠家，扬言来调查丁克忠作反教告白事，要罚丁克忠白蜡数百斛，洋银两百元。丁克忠见势头不对，早已远避。王宗贤等教民勒索未得，于次日退回。十二日，陈姓教头亲率教民百余人，奔赴丁姓家族，声称要拿丁克忠等人，由教头审问。因为未找到丁克忠，王宗贤等人就将丁克忠家中财物一抢而空，宰杀猪牛，并将丁氏族人丁崇胜、丁振邦掳走，丁氏族人丁崇节、丁龚氏出面阻拦，或被推跌，或被香火烧伤。丁家寡妇丁张氏被强行奸污①。从这些记载可见，王宗贤等教民已俨然自成一种"权力体系"，其教头甚至可以私拿村民审问。这与传统乡族势力是何等的相似！尽管当地丁姓家族不久即依靠办"联甲"的时机，联合合都之力，展开反攻，拆毁教堂，但此前教民的力量不容忽视却是不争的事实。

另外一个应该注意的现象是，晚清时期，作为肩负着管理基层社会的

---

① 参见《教务教案档》，第三辑，第三册，第1496—1497页。

国家权力代表——地方政府，在解决东南地方的乡族势力与教会之争时，往往处于非常尴尬的处境。乡族势力是政府在基层社会最终依靠的力量，当然不能过分压迫；同样，教民、教会有外国势力撑腰，也是不能轻易得罪。总之，"百姓之怒固不可犯，教士之意亦不可违"①。在这样的背景下，相当多的地方官府只好在"抚夷"与"抚民"之间做摇摆动作，这既反映了晚清基层社会权力网络的复杂化，同时也投射出了国家政权在基层治理中的功能日益萎缩化的征候。

---

① 参见《教务教案档》，第四辑，第二册，第1452页。

第 四 章

传教与施善

——明清时期天主教在华慈善事业研究
（1582—1911）

一 前言

只要顺便给一点小小的施舍，就可以争取一些人成为基督教徒或在一个村庄留下宗教的种子。

——马若瑟

宗教的一个基本特征是它具有社会功能性。宗教的社会功能是多样化的，社会调节就是其中一项重要的功能。它指的是宗教对于社会某些失衡现象的弥补，这种弥补包括精神世界与现实物质世界两方面。前者主要通过信仰上的引导来达到精神抚慰，后者则往往采取具体的服务社会的各项措施，以力求从某种程度上达到消解社会失衡的目的，宗教团体的慈善事业就是一种典型的反映。

历史上的主要宗教团体一般都比较重视参与社会慈善事业，在日常生活中给予社会弱势群体各种救助，在特殊灾难时期积极投入救济活动。如佛、道教在传统中国曾经热心参与养老、济贫、赈饥、医疗、设义冢等公益事业。① 同样，自天主教诞生后，慈善活动也是天主教会服

① 参见黄敏枝《宋代佛教寺院与地方公益事业》，载林富士主编《礼俗与宗教》，中国大百科全书出版社 2005 年版，第 271—282 页；林富士：《东汉晚期的疾疫与宗教》，《中央研究院历史语言研究所集刊》，66：3，1995，第 695—745 页。

务社会的一项主要工作以及借以传播信仰的一个重要手段。在早期天主教传播过程中,天主教会在社会慈善事业上扮演了重要角色。天主教义宣扬对受难的人们及时伸出援手,赋予不幸者兄弟姊妹般的爱护和慈善之举。实际上,欧洲早期天主教会获得的捐献很大程度上是用于慈善事业的:

> 因为它们（奉献的钱）不是捐赠来用于宴乐、醉酒与吃喝的,而是用来赡养和埋葬穷人的,用来资助那些丧失双亲和没有能力供养自己的孤儿的需要,还有那些只能在屋子里待着的老人,还用来帮助那些遭遇海难的人;如果有一些被留在矿井下的、被遗弃在岛上的或者被关在监狱里的人,他们虽一无所有但他们若承认自己的罪,因着他们对上帝教会的忠诚,教会就会照顾他们。①

在天主教慈善观念感召下,传教士及教徒们在救济贫弱,赈济灾民,收养孤儿,解除病患者的病痛等方面做了许多工作。

当明清之际天主教重新传入中国后,天主教的慈善观念也随之传入。天主教会逐步投入在华慈善事业,并随着时代的演进而得到发展。特别是晚清时期,随着天主教传教规模扩大及天主教传教环境的改善,天主教会成为中国社会慈善事业中的一支重要力量。其慈善活动也逐渐系统化,不仅开办了育婴堂、孤儿院、安老院等慈幼机构,而且创办了医院、诊所、麻风院等医治疾病的医疗机构。此外,天主教会还积极投身到救助灾荒、赈济难民的工作中,从而形成了一套相对完整的救助体系,成为近代中国社会慈善事业的重要补充。很显然,如果要比较清晰地认识天主教会在近代中国社会中的角色,了解这一阶段天主教会在华的慈善活动是一个不可或缺的重要前提。然而,令人遗憾的是,迄今为止学术界有关近代天主教

---

① ［美］罗德尼·斯塔克（Rodney Stark）:《基督教的兴起,一个社会学家对历史的反思》,黄剑波、高民贵译,上海古籍出版社2005年版,第225页。

会在华慈善活动的研究仍然十分有限。① 有鉴于此，本章即拟运用收集到的中西文献史料，针对明万历十年（1582）到清宣统三年（1911）间天主教会在华慈善事业进行专门的探讨。

二　明末清前期天主教在华慈善事业的兴起

明中叶以后，天主教传教士追随西欧向外殖民扩张的脚步来到东方，并且进入中国。以罗明坚（Michel Ruggieri）、利玛窦为首的耶稣会传教士采取适应中国社会文化的策略，逐渐在中国站稳了脚跟。此后，其他天主教修会也相继进入中国，在各地区展开积极的传教活动，由此使得天主教在明末清初中国的传播达到一个高潮时期。②

此时期的传教士在入华传教之初，就已注意通过救济社会底层群体而传播信仰，如明万历十二年（1584），刚刚进入中国不久的天主教耶稣会士罗明坚等人在广东肇庆城所施洗的一位早期教徒，就是一个为社会所抛弃的贫病交加的普通百姓：

> 中国第一个公开信仰基督教的人来自最底层的百姓。上帝显然选择了地上微小的东西来挫败巨大的东西。此人害了不治之症，医生认为无救，他的家人无力再支援他，便残酷地把他抛到室外，于是他被抛弃在大路上。神父们听说这事，就出去找到那个人，告诉他说，治疗肉体疾病已无希望，但仍有办法照顾他的灵魂，引他得到解脱和极

---

① 目前似乎没有比较全面探讨明清时期天主教在华慈善事业的专文。笔者所见的相关文章主要有天主教香港教区神父夏其龙博士所撰《慈善与仇恨——十九世纪中国的育婴堂》一文，该文的主题是分析 19 世纪天主教会在华的育婴事业及其引发的中西教案冲突。然而，作者并没有对 19 世纪天主教在华的育婴事业进行通盘的检视，而是主要偏重分析天主教会将收容弃婴作为传教的一种方式，以及由此导致的民众反教行为，特别是探讨民众仇恨天主教育婴事业的原因。夏文载香港教区圣神研究中心等编《义和团运动与中国基督宗教》，台北辅仁大学出版社 2004 年版，第 23—42 页。此外，刘继同博士所撰《生存战略或文化交流：近代中国基督教会慈善福利事业概览》一文也对包括天主教在内的近代基督宗教在华慈善事业进行了扼要的探讨，但该文偏重的是理论上的宏观概括而非具体史实的钩稽整理。刘文载中国人民大学基督教文化研究所主编《信仰的伦理》（基督教文化学刊）第 9 辑，2003 年春，宗教文化出版社 2003 年版，第 85—103 页。

② 关于明末清初天主教在华传播概况，请参见 Nicolas Standaert, ed., *Handbook of Christianity in China*: *Volume One 635 - 1800*, Brill, 2001, pp. 113 - 906。

乐。……他们把他带回家里，叫中国仆人替他搭一间干净的小茅屋，靠近布道的房子，他们在那里照看他，并把基督教的基本真理教给他。当他做了充分准备之后，他成为这个大帝国中第一个接受洗礼的人。①

很显然，由于受到欧洲天主教服务社会的慈善观念影响，这些进入明末中国的第一批天主教传教士自然而然地在入华之初就继承了本会在欧洲社会的一贯做法，把救济孤苦群体当作传播信仰的有效手段。实际上，这也成为此后在华天主教会普遍秉持的一种基本传教策略。即使其后耶稣会认识到与中国文化阶层交往更有利于拓展传教局面，从而逐渐确立起了知识传教策略，但在具体的传教过程中也仍然没有放弃这种借助救济以传教的方式。至于随后入华的天主教多明我会与方济各会等托钵修会，因该会创立之初就已确定底层传教性质，更是把社会底层穷苦百姓作为主要传教对象，积极参与社会慈善事业。因此，明末清前期天主教会在华开展了一些慈善活动，其主要表现在收养弃婴、救治疾病、赈济灾民等几个方面。

（一）收养弃婴

弃、溺婴儿是明清时期中国社会中存在的一个严重社会问题。由于生育率的提高，社会上男尊女卑的观念盛行，贫穷家庭不堪生养带来的经济负担，遭遇天灾人祸等多种原因，除了一些家庭在女婴出生时就将其溺毙外，不少家庭还采取了将初生婴儿弃置路边、街区等公共场所听天由命的做法。在明清时期的地方志书中，有关各地弃、溺婴儿的恶习记载比比皆是。如山西荣河县，"溺女之习，合邑皆然，近时更有溺男者，草菅人命，莫此为甚"②。当罗明坚、利玛窦等入华后，也注意到中国社会存在的溺婴与弃婴陋习："中国有一种更为严重的罪恶是某些省份溺毙女婴的做法。这样做的原因据说是她们的父母无力养活她们。有时候这样做的人并不是赤贫，他们是怕以后不能照料孩子而不得不把孩子卖给不认识的凶狠的奴隶主。这样说来，他们是为了孩子着想而不得不狠心。由于他们相

---

① 利玛窦、金尼阁：《利玛窦中国札记》，何高济译，广西师范大学出版社 2001 年版，第118 页。

② （光绪）《荣河县志》卷2。

信灵魂转生或者轮回，这种野蛮行径就可能变得不那样恶劣了。因为相信灵魂从这人的身上会转移到另一个初生的人的身上，他们就为这种骇人的暴行披上了善良的外衣，认为他们把孩子杀死是对孩子做了件好事。"① 身处城乡各地传教的天主教传教士们，一方面不忍对发生在周围的弃婴现象置之不理，另一方面认为给弃婴施洗是责无旁贷的任务，因此展开了收养弃婴的工作。这方面典型的例子很多，早在 1569 年，天主教会就已经在澳门设立了从事慈善事业的机构——仁慈堂，该堂的一个主要慈善活动就是收养社会上的孤儿和弃儿。② 当明泰昌元年（1620）耶稣会士史惟贞（Pierre Van Spiere）在南京传教时，他曾经致力于收养弃儿："惟贞德行最著者，莫过于收养弃儿一事。华人或因贫苦，或因迷信，或因其他原因，不欲留养婴儿者，若不毙之，即弃于道。……惟贞命本区教民诸弃儿收养，由是弃儿得活者甚众。"③ 同样，崇祯七年（1634）山西绛州饥荒大发，素有山西宗徒之称的耶稣会士高一志（Alphonse Vagnoni）巡视州境，"尽力救助灾民"，又立育婴堂收养弃儿，"未久得三百人，诸儿饥半死，获生者鲜，然皆受洗礼而终。官民见其慈善济众，甚德之。妇女争施首饰以助。有信教官吏段衮者，为圣母会监督，中有会士四十人，感一志之行谊，曾以其房屋施贫民，施食食之，导之入教。或拾弃儿，或卑躬助人。闻活埋婴儿者辄驰往救之"④。同年，陕西也发生大饥荒，耶稣会士郭玛诺（Emmanuel Gomez）在该地传教，"收养孤儿甚众，并任诊治看护之责，因之染疾，几濒于死"⑤。明末多明我会传教士黎玉范（Juan Bautista de Morales）在闽东传教时也设法救助弃婴，他曾经命令当地的天主教徒们在看到弃婴时，必须尽早通知他，以便他能及时给予救助及施洗。⑥ 以上都是天主教会在明末时期收养弃婴的典型例子。

入清以后，传教士收养弃婴的活动持续未止。在耶稣会士傅圣泽（Jean-François Foucquet）的一封书简中谈到清初北京的弃婴旧习以及传教

---

① 利玛窦、金尼阁：《利玛窦中国札记》，何高济译，第 64 页。

② 参见［瑞典］龙思泰《早期澳门史》，吴义雄、郭德焱、沈正邦译，东方出版社 1997 年版，第 52 页。

③ 费赖之：《在华耶稣会士列传及书目》，冯承钧译，中华书局 1995 年版，第 150 页。

④ 同上书，第 93、208 页。

⑤ 同上书，第 203 页。

⑥ Victorio Riccio, *Hechos de la Orden de predicadores en el Imperio de China*, Manila, 1667, Libro Primero, Capítulo X, 2.

士为此所作的努力："在北京每年被人遗弃的孩子的数目非常巨大，简直使人难以相信。我们几乎每天都要为一些这样的孩子施洗，这是我们在这个国家能够获得的最为可靠的成果之一。因为成年人皈依宗教后，有可能中途放弃或发生变化，太多的人不能保持他们对所受到的恩典的忠诚。相反，被遗弃的孩子在他们受洗后不久便告别人世，必然升入天堂，在天上，他们必然为那些给他带来无限幸福的人们祈祷。"① 同样，耶稣会士卫方济（François Noël）康熙四十二年（1703）所写的一份报告中也很清楚地反映出北京地区类似的情况："至于孩子，我们施洗的人数多得多，尤其是那些每天早上被遗弃街头的孩子。弃婴行为发生在中国这样一个文明的国度里，人们能够容忍如此明显的紊乱，真令人惊讶。由于北京人口众多，那些自认为无法养活孩子的人肆无忌惮将孩子丢在大街上和广场上，使得一些孩子悲惨地死去，另一些孩子被野兽吞噬，所以我们首要关心的一件事就是每天早上派传教员到城市各个街区为所有他们在路上遇到的、还活着的孩子施洗。每年人们遗弃的孩子达二三万，我们传教员施洗数约3000人。如果我们能有二三十名传教员专门从事这一工作，那么只有很少的孩子得不到我们的关怀。1694 年，我们为3400 个孩子施行了洗礼。1695 年有 2639 人，1696 年 3663 人，接着这一年和上年差不多。"② 耶稣会士巴多明（Dominique Parrenin）的一封书简中也提到康熙后期传教士在北京收养弃婴的活动："今年有 139 个成年人及 829 个孩子在我们教堂受了洗，这些孩子多数曾被弃于街头。传教会的神父们还在各城门附近为 3000 多名孩子施了洗，因为那里有许多弃儿。"③ 在北京之外的其他城市，传教士也同样注意收养弃婴。如清初耶稣会士张貌理（Maurice de Baudory）于康熙五十八年（1719）至雍正五年（1727）间在广州传教，他就曾在日常传教时注重从街口道边收养弃婴："其最爱之事业盖为婴儿领洗。常亲赴寻常遗弃婴儿之所，以所拾得之婴儿，雇乳母哺之，然后托之于教民，授以艺业，俾其成立。……由是每年婴儿受洗者约三百人，多于领圣事后夭殇。其尚存者记其名，常遣一讲说教义人往训导之。迨其年

---

① 杜赫德编：《耶稣会士中国书简集》，郑德弟译，第 1 册，大象出版社 2001 年版，第 227 页。

② 同上书，第 232—233 页。

③ 杜赫德编：《耶稣会士中国书简集》，郑德弟译，第 2 册，大象出版社 2001 年版，第 49 页。

长能自立时则领之出院，托付于可靠之教民为之位置。"①　康熙六十一年
（1722）耶稣会士杨嘉禄（J. B. Charles Jacques）在一封发给欧洲修道院
的书信中，谈到同会传教士朱耶芮（Philippe Cazier）在广州地方收养城
中弃婴的情况："正是这位传教士在这座教堂里创立了一种旨在拯救生灵
的方法，据我看，此举导致了人们力所能及的最大的善行，这就是精心收
养被其父母抛弃的婴儿。这种婴儿可在街上见到，有时甚至已被狗和其他
动物咬伤，我到广州后就见过这种事。给这些垂死的孩子立即施洗照样能
造就预定灵魂得救的人。传教士死后，人们以当初推动传教士从事此事的
同样的虔诚继续着这项善举。这项活动在中国其他城市里也有收获，因为
可诅咒的弃婴恶习到处都有。只要有钱支付讲授教理者（他们每天一大
早就要走街串巷为临终的孩子施洗）的工资，收获就会是丰盛的。有人
肯定地告诉我，人们每年在北京要把三四千名孩子送上天堂。"②　雍正七
年（1729），天主教会在澳门设置了一个临时性的基金会，拨款救助 30
名寡妇和孤女，使她们能够得到基本的生活费用。到乾隆四十七年
（1782），由于获得澳门议事会的大力资助，当地正式建起了一所孤女
院——圣罗撒培幼院，收养了不少社会上的孤女。③

　　北京、广州、南京等大城市由于人口众多，因此弃婴现象也特别明显。
而在其他省份，弃婴现象也普遍存在于城乡之间。在这些地方传教的传教
士也采取了相类似的收养弃婴措施。此时期传教士收养弃婴的做法通常是
由教会支付微薄报酬的方式给一些讲授教理者，请他们专门到城乡各地巡
视、察看，如果发现有弃婴，给那些仍然存活者施洗并将其抱回。此外，
人们有时也直接将弃婴送到教堂。由于婴儿一般是在刚出生不久就被抛弃，
短时间内已经奄奄一息，因此能够存活下来的弃婴并不多，大多是在接受
洗礼后就死去。对于那些能够存活下来的婴儿，天主教会如何处理呢？

　　从现有资料中可知，除了将一部分弃婴送到地方官府办理的育婴机构
外，为了避免新受洗的弃婴荒废信仰，传教士们通常采用的做法是将弃婴
送给天主教徒家庭抚养。例如，耶稣会士宋君荣（Antoine Gaubil）在北

---

① 费赖之：《在华耶稣会士列传及书目》，冯承钧译，中华书局 1995 年版，第 641—642 页。
② 杜赫德编：《耶稣会士中国书简集》，郑德弟译，第 2 册，大象出版社 2001 年版，第 274 页。
③ ［瑞典］龙思泰：《早期澳门史》，吴义雄、郭德焱、沈正邦译，东方出版社 1997 年版，第 53—54 页。

京传教时，就谈到传教士处理弃婴的这种方式："倘若受过洗的孩子中有人恢复了健康，我们就通知收容所的庶务不要将其交给收容所领养孩子的非基督徒，而由我们将其领出来安置在基督徒家里。这需要新的费用，但却是必不可少的。此举可以确保这些孩子获得拯救，上帝的事业也可无虑且无所顾忌地进行了。人们给我们送来的弃婴不怎么多，但供养他们的必要费用却很昂贵。去年我在我们教堂里为 45 名这样的孩子施了洗，获得圣宠数天后他们就去世了。今年我在十个月中为 30 名孩子施了洗。"[①] 除此之外，清前期传教士还计划在中国设立育婴堂机构，以能更有效地救助那些数量庞大的被弃婴儿。如耶稣会士马若瑟（Joseph Marie de Prémare）在一封书简中就这样谈道："在多种必要的、因给宗教带来荣誉而推动基督教发展的机构中，我和不少传教士都特别关注其中一种，这就是在帝国最大的五六个省的省会城市设立抚育弃儿的济贫院，以便使弃儿免遭死亡而且不要永远与上帝分离。这将是一项特别符合夫人太太们虔诚之心的事业，因此您要向她们解释这一计划。因为这些济贫院主要收容女孩；当一个家庭的父母担心孩子过多时，她们最容易被遗弃；父母对她们的怜悯比对男孩更少，因为他们认为女孩更难打发、更难让她们自食其力。因此，我们将按宗教准则抚育她们到一定年龄，同时教她们适合自身条件、适合其性别的当地技艺。到了十四五岁，我们就像在法国一样把她们安置于某位喜欢使唤她们而不喜欢崇拜偶像者当仆人的信奉基督教的太太，或是让她们进修道院祈祷和工作。毋庸置疑，有了第一批社团的榜样，由更专门人员组成的其他团体也会像在欧洲修道院里那样建立起来……"[②]

除了传教士外，明清时期的一些天主教教徒也开展过收养弃婴的活动。典型的例子如清初江南地区著名的女教徒徐太夫人，她曾经吩咐其子许缵曾"呈请苏州抚台，准买巨厦一所。收养遗弃婴孩"。该育婴堂"所收婴儿不知其数"。对于收来的弃婴，徐氏"先教人给他们付洗，又雇乳母勤勤哺养。年中夭殇的不下二百，太夫人便以私资棺殓埋葬。又购得坟地一方，请神师祝圣，命名曰：'圣洗重生婴儿冢'"。[③]

---

① 杜赫德编：《耶稣会士中国书简集》，郑德弟译，第 2 册，大象出版社 2001 年版，第 283 页。

② 杜赫德编：《耶稣会士中国书简集》，郑德弟译，第 1 册，大象出版社 2001 年版，第152—154 页。

③ 柏应理：《一位中国奉教太太——许母徐太夫人甘第大传略》，徐允希译，台北光启出版社 1965 年版，第 52—53 页。

（二）救治疾疫

除了收容弃婴外，明末清前期天主教会所致力的另一项社会慈善事业是救治疾疫。在传统中国社会，疾病直接关系到人们的生存。身处社会底层的人群一旦患病，常常无法得到应有的救助，只能坐以待毙。此外，当大规模传染病发生时，病患者增多，也难以给予必要的救治，因此成为一个严重的社会问题。此时期传教士在传教过程中，对于那些无力治病的穷苦人群，采取了施医济药的做法，以力图减轻病患者的痛苦，并给予那些身患险恶疾病者人道关怀。在大规模疾疫发生期间，天主教传教士与教徒也参与救治遭难人群。这方面的例子不少。早在明末清初时期，天主教会在澳门创办了一所贫民医院，该院分男女病区，由一道高墙隔开，收治社会上的患病者，"不仅对被遗弃的染病的基督教徒是这样，对异教徒也是如此。他们被接收进院，得到照料，如果可能的话，还由医院的医生进行医治。基督教徒还可以在'小教堂'中倾听祈祷而得到安慰。这间医院男女病人都收，拥有 40 个床位。为了设立这所医院，慈善兄弟会委员会未加犹豫，采取了一个新方法。租金、救济金、遗赠以及海上风险收益钱款的分配，都定期汇报"①。康熙十一年（1672），方济各会传教士艾脑爵（Blasius García）在澳门也设了一处药房，利用自己的医术在当地行医治病，救治了不少病人，其中许多是那些"最贫穷的人"。他还利用前往达官贵人家中看病的机会，为那些穷苦的病人求取施舍。1678 年，当方济各会在广州城外杨仁里地方买地建堂后，上述艾脑爵的澳门药房随之迁移到这里，并组建成了一个医护所。此外，艾脑爵等方济各会传教士又在教堂内设立了一个门诊部，专门负责接待前来求医的各类民众，为他们提供免费的医疗服务。② 清代康熙、雍正年间，耶稣会士罗怀忠（Jean-Joseph da Costa）曾经在北京城中开办一处诊所，"日日对来诊者赠药裹疡。常被延至王公贵人邸治疾，然彼尤愿为寒苦人治疾。贫病之人来就诊者，则赠以善言、财物、药剂；不能来诊者则自赴病者家，有时为之诊治终日。……怀忠生前曾以所得布施购田数区，以其息供施诊所药室经费，俾

---

① ［瑞典］龙思泰：《早期澳门史》，吴义雄、郭德焱、沈正邦译，东方出版社 1997 年版，第 56 页。

② 参见崔维孝《明清之际西班牙方济会在华传教研究（1579—1732）》，中华书局 2006 年版，第 208—214 页。

使此慈善事业不致中辍"①。同样,康乾年间,耶稣会士安泰（Etienne Rousset）充任宫廷医师,也曾多次以医术救治病人:"其人以热心治病而著名,被治者病辄愈,受其惠者咸称之为慈善大夫。教内外人皆重其医术,每日午前午后求治者盈门。泰——为之裹疡施药"②。乾隆年间耶稣会士马德昭（Antoine Gomes）在北京传教,他"曾肄习执行外科医术,遂在京以其术救济贫苦无告之人"③。

麻风病是一种恶性的传染病,一旦染上,不仅为社会所不容,甚至其亲属也不敢接近。但天主教会则把救治麻风病人视为对基督爱德的继承,是天主教慈爱精神的表现。明末清前期,在华天主教传教士就曾经给予麻风病人一定程度的救治。例如,早在明万历二十五年（1597）,天主教会已在澳门设立了一所麻风院,收容为社会所遗弃的麻风病人。清道光十三年（1833）,该院收治的病人有69名。④ 17世纪天主教多明我会也在闽东开设了多处专门收容麻风病人的麻风病院。该会传教士黎玉范等曾经将当地一些将要被活埋的麻风病人接到教堂附近,专门建造房屋,收养、照顾他们。⑤ 一些传教士甚至因为照顾病人受到感染而失去生命。如康熙六十一年（1722）,耶稣会士储斐理（Philippe Cazier）在广州传教时,就曾因为进入当地麻风病院抚慰病者而受感染致死。⑥

大规模传染病暴发往往会给人民带来灾难性的后果,导致大批民众死亡。传教士与天主教徒在明末清前期也投入抗疫的行列。如万历三十三年（1605）,北京曾经暴发了一次传染病,抵达北京传教不久的利玛窦等耶稣会士就与天主教徒们一起尽力救助患者。在利玛窦写给耶稣会总会会长的一封书信中留下了此次慈善行动的珍贵记载:"今年,北京暴发了一种病,就像是瘟疫一样传播开来。这给了我们的教友展示基督信仰爱德的机会。我们竭尽全力帮助那些染了病的人,教友们的表现也非常出色,努力照顾病人,其中有一名二十二岁的青年,每天顶着烈日走到离我们会院三里地

① 费赖之:《在华耶稣会士列传及书目》,冯承钧译,中华书局1995年版,第651—652页。

② 同上书,第678页。

③ 同上书,第848页。

④ ［瑞典］龙思泰《早期澳门史》,吴义雄、郭德焱、沈正邦译,东方出版社1997年版,第55—56页。

⑤ Victorio Riccio 前引书,第一册,第十章,第3段。

⑥ 费赖之《在华耶稣会士列传及书目》,冯承钧译,中华书局1995年版,第636页。

以外的地方，去看望一位重病在身的教友。在大家的精心照顾下，这名教友已经痊愈了。"① 18 世纪初耶稣会士殷弘绪（François-Xavier d'Entrecolles）在江西传教时，也记载了当地天主教徒在鼠疫发生期间救治病者的事迹："［江西］入教之教民慈善过人。某年患鼠疫，传染者众，患疫者家属皆不敢近之。教民悯之，遍临病者之家省视病者，不畏传染，然诸人得主佑，竟无一人染疫者。"② 此外，康熙四十年（1701）至康熙四十五年（1706）间，耶稣会士隆盛（Guillaume Melon）在江苏无锡地区传教。当地发生瘟疫，隆盛致力救治染疾的患者，以致自身受到感染而死："［隆盛］管理无锡教区四年有余。首先在无锡建筑教堂一所，传教所及，至于太湖沿岸。……已而瘟疫流行，盛热心救助，亦被传染，于 1706 年 6 月殁"③。

（三）赈济灾民

明末清前期的天主教会也曾在战乱与饥荒时期参与过救助难民。例如，康熙四十三年（1704），山东大水，饥民多逃京师。康熙帝拨付白银两千两，命令耶稣会士苏霖（Joseph Suarez）与巴多明二神甫在北京设厂施粥。苏霖、巴多明二人自捐五百两，"施放时布置有序，来领者鱼贯而入，食毕各退。施粥凡四月，每日领粥者千余人，秩序井然，碗箸清洁，朝官内监观者莫不惊叹"④。据教会文献记载，当时北京"城内最重要的基督徒们轮流来为穷人提供感人的服务：他们收拾餐具，维持秩序，而且对每个穷人都要安慰几句"⑤，由此博得了人们的赞誉。同样的例子还有不少，如乾隆四十六年（1781）江南饥荒爆发期间，华籍耶稣会士姚若翰在崇明岛赈灾，救助灾民，"散施甚巨"⑥。除此之外，传教士在日常生活中也本着仁爱之心进行各种各样的济贫活动。如雍乾年间耶稣会士戴进贤（Ignace Kögler）任职钦天监，他常常以所得俸银，救济贫穷教民。⑦

参与社会慈善事业，自然需要一定的经费来源。据现有资料来看，明

---

① ［意］利玛窦：《利玛窦中国书札》，P. Antonio Sergianni P. I. M. E 编、芸娸译，宗教文化出版社 2006 年版，第 164 页。

② 费赖之：《在华耶稣会士列传及书目》，冯承钧译，中华书局 1995 年版，第 549 页。

③ 同上书，第 397 页。

④ 同上书，第 401 页。

⑤ 杜赫德编：《耶稣会士中国书简集》，郑德弟译，第 2 册，大象出版社 2001 年版，第 10 页。

⑥ 费赖之：《在华耶稣会士列传及书目》，冯承钧译，中华书局 1995 年版，第 961 页。

⑦ 同上书，第 657 页。

末清前期天主教会用于慈善事业的经费来源比较复杂，主要包含欧洲社会的捐赠、明清官府的赏赐以及地方天主教团体的捐献等几个部分。在明末清前期，天主教会在华从事慈善活动的经费，很大一部分来自欧洲社会的捐赠，例如，当时收养弃婴的不少费用，就是来自欧洲虔诚教徒的捐款。在传教士书信中，我们可以看到不少信件是写给欧洲社会的一些捐助人，特别是一些妇女关于捐款开支的报告，内中就谈到许多善款被用于雇人救济弃婴。典型的例子如 1720 年 10 月 19 日耶稣会士殷弘绪发自北京的一封信，称赞"一位英国太太多年来慷慨地供养着一批讲授教理者，他们的主要职责是每天寻找被弃置路边的大批婴儿并为之施洗。这些婴儿因父母贫困，几乎一生下来就被判了死刑"[1]。明末清前期，一部分传教士由于服务宫廷，有时会获得较为优厚的赏赐，这些官府赏赐的一部分也用于支付从事慈善事业的款项。此外，善款中的一部分则来自地方教徒的捐献。例如，耶稣会士卫方济在康熙四十二年（1703）的一份关于中国传教会现状的报告中，就谈到地方教徒的日常捐献在支持教会开展慈善事业及传教活动中所起到的重要作用："尽管大部分的基督教徒是工匠和农夫，他们在集会上向老的信徒学习，捐献出财物。我们用这些捐献去资助病人和极端贫困的人，去印刷用于皈依异教徒和感化信徒的、外面又无处可买的宗教书籍。"[2] 康熙五十四年（1715）耶稣会士殷弘绪一封写于江西饶州的书信中也透露出了类似的信息。由于正值圣诞节庆典，当地的天主教团体"已经凑了点钱准备请一个民乐队。我劝告他们，如果把用于双簧管、笛子、鼓、喇叭的钱分给穷人，这将是对清贫的耶稣的更好纪念。他们照办了，许多人都受了感化"[3]。由上可见，明末清前期天主教会用于慈善事业的经费来源是比较多样的。

　　总之，由于传教环境的限制，此时期天主教会的慈善活动还处于开创阶段。各个修会传教士所开展的慈善活动，基本上还停留在孤立、零散的状态。天主教会受到自身力量的局限，基本上无法进行较大规模的慈善活动，而只能充当明清官私之间社会救济力量的一种有限度的补充。直到晚清以后，天主教在华的慈善事业才进入一个新阶段。

---

　　① 杜赫德编:《耶稣会士中国书简集》，郑德弟译，第 2 册，大象出版社 2001 年版，第 218 页。
　　② 杜赫德编:《耶稣会士中国书简集》，郑德弟译，第 1 册，大象出版社 2001 年版，第 234 页。
　　③ 杜赫德编:《耶稣会士中国书简集》，郑德弟译，第 2 册，大象出版社 2001 年版，第 137 页。

三 晚清天主教在华慈善事业的发展与系统化

鸦片战争以后，清政府逐渐开放禁教。在列强的武力胁迫下，天主教会获得了前所未有的传教便利。特别是道光二十四年（1844），法使剌莩尼（Théodose-Marie de Lagrené）与清两广总督兼钦差大臣耆英签订了中法《黄埔条约》，其第二十二款中对于天主教在华传教做出了如下规定："凡佛兰西人按照第二款至五口地方居住。无论人数多寡，听其租赁房屋及行栈贮货，或租地自行建屋建行。佛兰西人亦一体可以建造礼拜堂、医人院、周济院、学房、坟地各项。地方官会同领事官酌议定佛兰西人宜居住宜建造之地。……倘有中国人将佛兰西礼拜堂、坟地触犯毁坏，地方官照例严拘重惩。"① 咸丰十年（1860），在英法联军的武力胁迫下，清政府又被迫与法国签订了中法《北京条约》，法国天主教传教士私自在该条约第六款有关传教规定中添加了"并任法国传教士在各省租买田地，建造自便"的字句，从而为天主教会由五口扩展到内地提供了条约保护："1860 年的条约为我们在中国的传教士开辟了新纪元。现在我们能自由地深入久闭的中国内地，在那里可以讲道、造堂、建设慈善机构。"② 上述中法《黄埔条约》和中法《北京条约》有关天主教会在华传教的条款规定，无疑有利于天主教会在中国开办育婴堂、医院、救济院等各种社会慈善事业组织，从事社会服务。可以说，晚清半个多世纪里，天主教在华社会慈善事业相比清前期有了更大的发展，其主要表现有如下几个方面。

（一）慈幼恤孤

进入晚清时期，收养弃婴、救助孤寡老人仍然是天主教会在华最为重要的慈善事业之一。这一时期，天主教会收养弃婴的活动相比之前规模更大。各地收养弃婴行为十分普遍，如江南崇明岛地区，"教友们往往不顾自己的贫穷，出钱收买被弃的孩子。假如小孩领洗后活了下来，那就成为该家庭的一员。教友们也知道，送一个小孩去付洗，是比做任何一件好事

---

① 王铁崖：《中外旧约章汇编》，第 1 册，生活·读书·新知三联书店 1957 年版，第 62 页。

② ［法］史式徽：《江南传教史》，第二卷，上海译文出版社 1983 年版，第 196 页。

更能使葛神父感到快慰,而且也肯定会从神父那里得到一个圣牌、一串念珠或一张圣像。这种虔诚的交易在不断发展着。人们把孩子从五六里路外送来,被送来的孩子的额上,有的还留有为了敬鬼而燃烧过的纸符灰迹。有时,还有教外父母亲自把孩子送来的"①。在崇明岛,天主教会极力鼓励当地的天主教徒收养那些被遗弃的婴儿:"付洗被遗弃的孩童并把他们抚养大,在崇明是一桩特别偏爱的事业。教友中连最穷苦的工人、贞女,虽然他们只是做一天活一天的,但也不惜从微薄的收入中节约些钱来收买被人抛弃等死的婴孩。如果有幸孩子养活了,还得负责把他们抚养大。"②尽管由于缺少资金,当时天主教会还不能在崇明岛创办一所中心孤儿院。但是天主教会将那些"从教外人处收来或买来的一些孩童,就安排在教友家里,这些人家大多数又是很穷苦的困难户,一般是由贞女们负责教养,大部分费用也由她们承担。圣婴善会的捐助,往往只用于收买遗弃的婴孩和资助经济特别困难的那些行善的贞女。这些领养的儿童和本家的孩子都享受同等待遇,而且往往还更受到爱护"③。现存一份《江南育婴堂记》文献为我们披露了不少晚清时期上海地区一处天主教育婴堂的创办情况:

> 育婴堂迁至徐家汇,时在 1864 年即同治三年春。江南耶稣会会长神父鄂因沪城小南门内所租郁家典当房子一座尚嫌狭隘,斯时所收孤儿人数过多,非特易致疾病,兼亦诸多未便,故决意将育婴堂自城内搬至西门外十余里。徐家汇大堂外朝南约二百步有楼房一座,大约七上七下,其时堂门前楼房惟此一座,育婴堂中孩之大者,暂且居此,小者在河东之平屋十五间内暂居。其在楼房者,派汇学生李春华因托其管理诸事。④

从上文可见,当时上海天主教会育婴堂收养的孤儿人数很多。在灾荒与动乱发生年代,社会上经常发生大量遗弃婴儿的现象,此时天主教会也十分注意收养弃婴。例如,道光二十九、三十年(1849—1850)间,江南

---

① 〔法〕史式徽:《江南传教史》,第一卷,上海译文出版社 1983 年版,第 147 页。
② 同上书,第 245 页。
③ 同上。
④ 佚名:《江南育婴堂记》,载钟鸣旦等编《徐家汇藏书楼明清天主教文献》,第 5 册,台北方济出版社 1996 年版,第 2490—2491 页。

地区曾经暴发大洪灾，受灾民众很多，由于缺衣少食，许多家庭被迫丢弃孩子，上海天主教会竭力收养那些可怜的弃婴。当时法国驻上海领事敏体尼（de Montigny）就曾于1851年6月12日专门致信赵方济主教（F. Xavier Maresca）表彰教会的善举："得悉在去年一年中，有一万多个穷苦孩子被惨无人道的父母所抛弃，在你的照料之下幸免于死。我又获悉一千五百多个儿童至今还在你大德关怀下，用你的基金加以教养培育。"① 此外，扬州地方，耶稣会士金式玉（Joseph Seckinger）曾经来此传教，当他看到当地"溺婴的惨事特别多……就在1866年的圣诞瞻礼开办了一所育婴堂，救活了成千上万个婴孩"②。以上所反映的是江南地区的情况。实际上，晚清时期天主教会在中国各地建立的育婴堂、孤儿院机构，所在皆有，表4-1是一些见于文献记载的天主教会创办的育婴堂及孤儿院机构。

表4-1　　　　　　　　　天主教会创办的育婴堂及孤儿院机构

名称	地点	创建年代	备注
孤儿院	北京栅栏	1861	1885年北京仁爱会继续在栅栏设立一所圣婴女孤儿院。1893年抵达北京的圣母会接管男孤儿院
孤儿院	北京马尾沟	1870	
西湾子教区孤儿院	河北西湾子	1836	1846年收养孤儿223名。1877年另在高家营、南壕堑、兴和县均设有婴儿院
献县教区孤儿院	河北献县	1863	又称婴儿院。1906年收容孤儿达百名以上
保定教区孤儿院	河北安肃县安家庄	1882	主要收养被弃女婴。1910年迁往保定西关
卢龙总堂孤儿院	河北卢龙	1907	1937年有孤儿20多名，多为女婴
宣化教区孤儿院	河北宣化	1901	最初有孤儿30余人
正定教区仁慈堂婴儿院	河北正定城内天主教总堂	1858	收养孤儿最多时达到500—600人

① ［法］史式徽：《江南传教史》，第一卷，上海译文出版社1983年版，第211页，注释（10）。
② ［法］史式徽：《江南传教史》，上海译文出版社1983年版，第二卷，第156页。

续表

名称	地点	创建年代	备注
育婴堂	河南武安县	1886	米兰外方传教会创办,1886 年收容有婴孩四十余名
育婴堂	内蒙古包头城郊	1874	1887 年关闭
育婴院	内蒙古二十四顷地	1886	1907 年,因收容婴儿过多,旧院不能容纳,扩建育婴院,添设房舍数十间,内同时可容 400 余人
仁慈堂育婴院	天津天主堂	1864	1868—1869 年收容照顾了 196 位弃婴。1870 年时收养男女幼童 150 余名
仁慈堂孤儿院	天津天主堂	1864	1868—1869 年收容了 179 位孤儿
育婴院	山东武城县十二里庄	清末	常年收养婴儿百余名
育婴院	山东阳谷县城北坡里庄	1882	由圣言会创办
孤儿院	山东兖州	1899	由圣言会创办
孤儿院	山东胶州	1911	由圣言会创办
育婴堂	陕西汉中	1886	米兰外方传教会创办
育婴堂	江苏无锡市郊区观音巷	1853	1891 年停办
土山湾孤儿院	上海徐家汇土山湾	1864	1847 年初建于松江横塘,次年迁到青浦蔡家湾。1851 年有男女孤儿 60 余人。1864 年迁到土山湾
徐家汇圣母院育婴堂	上海肇嘉滨东岸	1869	1913 年收养孤儿总数约 550 人
孤儿院	上海浦东唐墓桥	1859	1859 年该孤儿院收养女孩一百六十名。1861—1862 年间由于太平军的进逼而撤走,1864 年该孤儿院迁移到邻近徐家汇的王家堂村
育婴堂	江苏崇明岛	1844	1925 年前由献堂会修女管理,此后改由加拿大始胎会修女掌管

续表

名称	地点	创建年代	备注
上智孤儿院	江苏崇明岛	1855	
育婴堂	江苏扬州	1866	该育婴堂由法国耶稣会士金式玉创办，由一位徐家汇圣母院所派贞女负责管理
育婴堂	江苏镇江	1866	
仁慈堂孤儿院	浙江杭州	1868	
孤儿院	浙江温州周宅祠堂	1882	
孤儿院	浙江衢州	1876	
圣婴院	四川成都平安桥	1903	收容婴儿、孤苦无告者
育婴分堂	四川成都北门外	1908	
圣婴堂	贵州遵义	1870 年前	1870 年遵义教案中被毁
衡阳育婴堂	湖南衡阳黄河湾侯家塘	1860	该堂是天主教在湖南创办的第一所育婴堂。1869 年又在永州窝家冲、常宁烟竹镇建小型育婴所，将幼婴抚养至 4—5 岁后，送往衡阳育婴堂集中收养。1900 年衡阳教案中被毁，后重建
澧县幼婴堂	湖南澧县	1896	
长沙育婴堂	湖南长沙长春巷	1906	1910 年长沙抢米风潮期间被毁。1916 年重建
育婴堂	湖北宜昌府城	1892 年以前	设于圣母堂内。1892 年宜昌教案爆发时堂中收养幼孩及妇媪六十五名。内瞽目者三名，眼珠仍在瞽一目者一名，皆系原来因病成瞽，均系其父母自愿送养
孤儿院	江西赣州	1901	
育婴堂	江西南昌筷子巷	1862	法传教士罗安当在南昌天主堂附设育婴机构，初有女婴孩十余口，续又自饶州带到男女婴孩十余口，分住省城内外，不许外人进堂

名称	地点	创建年代	备注
育婴堂	江西抚州	1862	法传教士罗安当所建
育婴堂	江西贵溪县所属岗背地方	1865	内有女婴孩二十余口
澳尾巷仁慈堂孤儿院	福建福州	1889	
马尾营盘仁慈堂孤儿院	福建福州	1889	
仁慈堂	福建漳州后坂	1845	天主教多明我会创办
仁慈堂	福建漳州港尾梅市	1893	天主教多明我会创办
育婴堂	广东番禺县	1889 年前	法国天主教会创办
育婴堂	香港	1848	此为天主教会在香港所成立的第一间育婴堂,由法国圣保禄修女建设,在最初的六年时间里收养了 1360 个婴孩
育婴堂	香港	1873 年以前	由意大利嘉诺撒修女成立,在 1873—1889 年间,收容的婴孩达到一千人
北海涠洲岛孤儿院	广西北海涠洲岛	1877	收养岛上孤儿甚多
南宁天主堂孤儿院	广西南宁天主堂	1903	收容社会上的孤儿和弃婴

　　在这些天主教会所办的育婴堂和孤儿院中,往往收养着数量众多的孩子。如上海土山湾孤儿院,同治六年(1867)间该院收养的孤儿达到 342 名。其中 133 名分别在各个工场,80 名务农,20 名从事园艺。而其他 109 名则因为年龄太小不能参加体力劳动而留在小学里读书读经。[1] 同样,同治九年(1870)间天津一座法国天主堂所办的仁慈堂中,也收养有男女幼童 150 多名。[2] 光绪三十一年(1905),内蒙古教区天主教所办育婴堂达到 19 所之多,所收女婴超过 2466 名。其中,东蒙古教区有 6 所育婴

　　① [法]史式徽:《江南传教史》,第二卷,上海译文出版社 1983 年版,第 293 页。
　　② 中国第一历史档案馆、福建师范大学历史系合编:《清末教案》,中华书局 1996 年版,第 1 册,第 809 页。

堂，收养女婴 390 余名。中蒙古教区有育婴堂 9 所，收养女婴 1620 名。
西南蒙古教区有育婴堂 4 所，收养女婴 456 名。① 总之，晚清时期天主教
会在华开办的育婴机构远远超过了明末清前期，收养的婴孩数量十分庞
大。在《中华归主》一书中记载天主教会"在中国大约有一百五十到二
百所孤儿院（其中收容女孩的占多数），共收容着一万五千到两万个孩
子"②。尽管这个数据是民国初年所记，但我们从中也可以略窥晚清时期
的情况。

　　除了收养弃婴、孤儿的育婴堂及孤儿院外，此时期天主教会还在中国
各地开办了不少救助孤寡老人的机构。这些机构的名称不一，有的称为养
老院，有的称为安老院，有的称为婆婆亭。各省都有数量不等的这类慈善
机构，收养着为数不少的孤寡老人。如河北地区天主教会创办了不少养老
机构，典型者如河北西湾子教区高家营养老院，由一位女教徒和其女儿在
清代光绪三十四年（1908）创办，母女二人均在养老院内服务。最初该
院有孤寡老人 50 名。③ 清咸丰八年（1858），河北正定教区第二任主教董
若翰在正定城内天主教总堂创办了仁慈堂，该堂除了开设前述婴儿院之
外，也创建有养老院与残疾院等附属机构。主要收养社会上无依无靠的孤
寡老人以及失去生活能力的残疾老人。④ 上海地方，同治六年（1867），
在富裕天主教徒的捐助下，天主教耶稣会士伏日章（Antoine Femiani）在
上海老天主堂附近购买了一所房屋，将其改建成一座老人堂，专门收容社
会上无依无靠的孤寡老人。天主教徒每月捐款维持老人们的生活。在同治
十二年（1873）到同治十三年（1874）间，该老人堂收养了三十七名老
头和三十五名老太，大多数是非天主教徒。⑤ 光绪三十二年（1906）法国
安老会修女在董家渡天主堂创办了安老院，收容 27 名孤寡老人。其后迁
到机厂街 39 号新址，第一年就收养了男女老人 250 人。该安老院常年收
养的老人维持在 300 人左右⑥，是清末民初上海地区著名的养老机构之

---

　　① 参见李杕《拳匪祸教记》，上海土山湾印书馆 1932 年版，第 275、295、318 页；王学
明：《内蒙天主教传教简史》，1984 年油印稿，第 14 页。
　　② 《中华归主：中国基督教事业统计（1901—1920）》，下册，中国社会科学出版社 1987 年
版，第 1066 页。
　　③ 参见《河北省志·宗教志》，中国书籍出版社 1995 年版，第 298 页。
　　④ 同上。
　　⑤ 参见［法］史式徽《江南传教史》，第二卷，上海译文出版社 1983 年版，第 213 页。
　　⑥ 参见《上海宗教志》，上海社会科学院出版社 2001 年版，第 376 页。

一。湖南地区,清光绪三十一年(1905)衡阳天主堂在北门外神农殿旁开办了婆婆亭一所,收养孤老婆婆10多人。其后,意大利传教士翁德明在黄河湾百步蹬下修建房屋一栋,将婆婆亭改为安老院,最多时收容孤寡老人超过60多人。[①]《中华归主》一书曾经对清末民初天主教在华的养老机构有过估计:"在十个省内我们发现有三十七所养老院,平均每所养老院收容三十五人。"[②] 这个数字表明晚清时期天主教会的养老活动有了较大的发展。

(二) 医疗服务

中法《黄埔条约》、《北京条约》陆续签订之后,天主教会依靠西方列强的武力胁迫,逐步从清政府那里获得了在华买地建堂、兴办各种教会附属机构的许可。医疗活动一直是欧洲天主教会借以在社会中传播信仰的重要手段。既然天主教已经获准在华设立医疗机构,在华天主教会自然不会放过这个大好机会,因此,晚清以后,天主教各修会陆续在中国各地兴建了许多大大小小的医院及诊所。在为民众提供医疗服务,解除其身体上的病患的同时,也借此扩大了天主教信仰在中国社会的传播。

由于资料有限,我们无法得知晚清时期天主教在华具体开办了多少所医疗机构,但其数量应当不少。仅设施比较齐全的医院数量应当在五十所以上,民国初年《中华归主》一书已经指出"为中国人开办的天主教会医院约有五十到六十所,也可能更多"[③],而小型诊所和施药处的数量则无可计算。如据民国年间天主教神父徐宗泽的统计,1934年间全国各地由天主教会创办的施医所已有744所。[④] 这些施医所中,创建于晚清时期的应当不在少数。可以说,这一时期,一些主要的天主教传教区都开办有专门的公教医院、诊所。如上海地方,早在咸丰三年(1853)小刀会起义时,耶稣会传教士就在董家渡地方创办了一所医院,为附近贫苦的百姓

---

①   参见《湖南省志·宗教志》,湖南人民出版社1999年版,第383页。

②   《中华归主:中国基督教事业统计(1901—1920)》,中国社会科学出版社1987年版,第1068页。

③   同上。

④   参见徐宗泽《近十年来天主教在我国之状况》,《圣教杂志》第24卷第8期,1935年,第459页。

提供施医济药等各类医疗服务。在医院中工作的石怀德修士（Jules Saguez）为解除贫民病痛做了不少工作："这位相公对任何来者，总是诚恳、和蔼可亲的。他耐心接待病人，仔细倾听病家的叙述，并好言抚慰，以减轻他们的痛苦。"① 在咸丰五年（1855）时，这个医院收治的住院病人达到三十人，每天另有上百个病人前来看门诊或换药。由于频繁出诊，劳累过度，石怀德修士不幸患上伤寒病死去。② 同治三年（1864），原来耶稣会士潘奥定（Auguste Bernard）设在上海的施诊所开始定期开放，内中雇用有五位中国医师协助诊疗。③ 同治九年（1870）至同治十年（1871）间，耶稣会又在上海老天主堂附近修建了一座医院，专门救治那些从外地来上海谋生而感染了高烧或霍乱，陷入困境的穷苦病人。此外，耶稣会还在南门外教士公墓圣墓堂附近修建了一所专门收治乞丐的医院。④ 清光绪三十四年（1908），天主教会又在上海设立了广慈医院，救治贫苦病人。⑤ 河北地区，同治三年（1864）时，仁爱会在天津修建了一所医院、一所诊疗所，为患病者提供医疗服务。⑥ 清光绪二十五年（1899）天主教会在崇礼县西湾子村设立了诊疗所，不久就扩大为一座具有一定规模的医院——西湾子教区公教医院。医院的医务人员基本上是仁爱会的修女，经费由教区供给。该医院除接收门诊就诊病人外，还为教会学校的学生及育婴堂的孤儿看病。医护人员也经常出外为当地的患者免费诊治各种疾病。⑦ 同治六年（1867），法国遣使会传教士在河北保定南关买房，开设了一处"圣婴诊疗所"⑧。同样，清光绪三十年（1904），天主教会在河北邢台创办了顺德教区公教医院，又称仁慈医院。尽管最初该院只是一座仅有两间房屋的简陋小门诊部，但为当地居民提供了便利的医疗服务。⑨ 山东地方，光绪三十一年（1905），天主教圣言会在青岛建起了一座专门收

① ［法］史式徽：《江南传教史》，第一卷，上海译文出版社 1983 年版，第 353 页。
② 同上。
③ ［法］史式徽：《江南传教史》，第二卷，上海译文出版社 1983 年版，第 83 页。
④ 参见上书，第 213 页。
⑤ 参见《上海广慈医院 25 周银庆纪念》，《圣教杂志》第 23 卷第 6 期，1933 年版，第 379 页。
⑥ 参见黄玲燕《圣文生的仁爱会修女们在华福传简史及省思》，载《纪念六位国籍主教祝圣七十周年学术研讨会议手册》，台北辅仁大学天主教史研究中心，1997 年，第 164 页。
⑦ 参见《河北省志·宗教志》，中国书籍出版社 1995 年版，第 293 页。
⑧ 解成：《河北省天主教历史编年》，内部发行，1994 年，第 155 页。
⑨ 《河北省志·宗教志》，中国书籍出版社 1995 年版，第 296 页。

治穷苦百姓的医院。光绪三十二年（1906），圣言会在兖州府又开办了一所小型的医院。① 在整个鲁南教区，1942 年，仅仅圣言会就开办有 15 所医院，医治了患有各类疾病的患者 2193 人。医疗诊所达五六十所之多，仅 1930 年便医治了二十九万四千七百零一人。② 陕西咸阳地方，光绪二十五年（1899），天主教玛利亚方济各修女会进入三原地方活动，在修建教堂的同时，也开设了一座"玫瑰医院"③。汉中地方，光绪十二年（1886）天主教会也在城中修建了一座医院，借以服务民众，传播信仰。④ 安徽池州地方，光绪三十四年（1908），天主教会在石台县开办了天主堂施药所，向教内外贫民施医舍药。⑤ 芜湖地方，天主教自光绪十三年（1887）在当地鹤儿山建立住院及女校后，即由两名献堂会的修女一面管理女校，一面开展施诊工作。由于献堂会的修女们大多学过一般的医疗知识，因此可以一边传教，一边诊治病人。其后，当地教堂曾经正式开办一所小型的医院，设有床位 25 张，专门收治传染病患者。⑥ 湖南长沙地方，光绪三十二年（1906），六位意大利玛利亚方济各修女会的修女进入这里传教。她们首先串街走巷为病人送药施诊，到了宣统三年（1911），就在长沙北门外彭家井天主堂内开设了一处小型诊所。这个诊所后来发展成为当地重要的一座公教医院。⑦ 从晚清咸丰四年（1854）以降的百余年时间里，天主教会在广西各地天主堂内附设了 100 多所诊所，其中规模较大、在社会上有一定影响的达到 8 所。⑧ 晚清时期，天主教在四川地区也开办有 10 间医院，277 处施药处。其中，川西北教区有 1 处医院，46 处诊所。川东教区有 4 处医院，136 处诊所。川南教区有 5 处医院，95 处诊所。⑨ 如在同治十一年（1872）以前，天主教巴黎外方传教会在四川酉阳县开

---

① 参见《圣言会在华传教工作简史》，载罗光主编《天主教在华传教史集》，台北光启出版社 1967 年版，第 212 页。

② 同上书，第 224 页。

③ 《咸阳市志》，三秦出版社 2001 年版，第 720 页。

④ 参见《汉中市志》，中央党校出版社 1994 年版，第 867 页。

⑤ 参见《池州地区志》，方志出版社 1996 年版，第 807 页。

⑥ 参见《芜湖市志》，社会科学文献出版社 1993 年版，第 768 页。

⑦ 参见《湖南省志·宗教志》，湖南人民出版社 1999 年版，第 377—378 页。

⑧ 参见《广西通志·宗教志》，广西人民出版社 1995 年版，第 62 页。

⑨ 参见秦和平《基督宗教在四川传播史稿》，四川人民出版社 2006 年版，第 345、359 页。

设有一处药房。① 光绪二年（1876）以前，天主教在重庆府江北厅"造医馆、修病院、施丸药"②。光绪二十一年（1895）以前，四川峡江县也建有"法国医馆一所，间有洋人往来施医，并无司铎常川驻扎馆内，仅一二教民充当医士"③。光绪三十一年（1905），天主教会在四川叙府建立公教医院。截至1935年，"据该院统计，此三十年中，计收入院病人一万六千一百零二人，临时门诊一百五十万七千七百六十七号。其他在自寓中调养之病人，尚有一万零三百八十三人。该院负责看护者为方济各修女会"④。此外，江西九江地方，光绪八年（1882）当仁爱会修女到达这里时，很快就开办了一所小型医院。修女们也因为倾力看护病人而博得了当地居民的好评，从而极大地改变了人们对天主教会的看法。⑤

天主教在各地开办的诊所往往因为可以为当地居民提供便利的医疗服务而受到欢迎。如清代同治年间法籍耶稣会修士潘奥定在镇江和扬州两地开展医疗传教，他先后于同治六年（1867）3月间在镇江和扬州两地创办了医疗诊所，从他写给其母亲的一封信中，我们可以看到他在镇江的医疗活动是成功的："我来镇江已九个月了，我们医治了许多病人；每天总有好几百人来看病，大大超过了我们的精力与时间的许可……从我们来到这里以后，我已治愈了六百至七百人；我们还给六百名病危的婴孩付了洗。"⑥ 同样，他在扬州的医疗活动也取得了成功。同治六年（1867）3月17日，潘奥定在扬州开办了施诊所，受到了当地居民的热烈欢迎。他在一封信中提到，那些可怜的病人等待施诊所开门，有时要在路上等候达数小时之久。当诊疗所门一开，成群的病人蜂拥而入，以致传教士们不得不装上牢固的木栅来维持秩序。"一连数天，我们发了五百至六百张门诊券，由于没有时间，只能让许多病人空等了……"⑦ 由仁爱会修女在天津

---

① 参见《传信年鉴》（*Annales de L' oeuvre de la Propagation de la Foi*），第45卷，1873年，翻译、辑录于《清末教案》，第4册，中华书局2000年版，第304页。

② 参见《传信年鉴》（*Annales de L' oeuvre de la Propagation de la Foi*），第45卷，1873年，翻译、辑录于《清末教案》，第2册，中华书局2000年版，第109页。

③ 同上书，第583—584页。

④ 《垦教东志》，第24卷第2期，1933年，第113页。

⑤ 参见黄玲燕《圣文生的仁爱会修女们在华福传简史及省思》，载《纪念六位国籍主教祝圣七十周年学术研讨会议手册》，台北辅仁大学天主教史研究中心，1997年，第167页。

⑥ ［法］史式徽：《江南传教史》，第二卷，上海译文出版社1983年版，第333页。

⑦ 同上。

开办的一所诊疗所,在同治七年(1868)至同治八年(1869)年间,就医治过多达 48000 人次的病人。① 这些天主教会开办的诊所,由于贴近基层民众,在为广大民众提供了医疗服务的同时,自然也推动了天主教的传播。正如前述潘奥定修士所说:"这种施诊所给教外人的归化创造了条件,并已得到慰人的成绩。虽然我因需要去上海或南京,离开了几个月,可是我的助手们已经给九百四十九名孩子付了洗。"②

在晚清时期,天主教会对于一些危险性大的传染病也设立了专门的救治机构。例如,为了收治那些遭人唾弃、孤苦无依的麻风病患者,天主教在各地设立了麻风病院,给予患者各种可能的医治。在一篇总结晚清同治十一年(1872)至民国十一年(1922)近五十年间中国卫生状况的文章中,近人俞凤宾在谈到中国麻风病分布及麻风病院的建设情况时说:"我国之人患麻风者颇多,而麻风院之建设则鲜。麻风病最多者,如济南、兖州、南京、杭州、温州、厦门、广州、武昌、海南等处。其次多者,则为盛京、上海、扬州、镇江、苏州、宁波、延平、汕头、梧州、北海、蒙自、思茅、腾冲、九江、安庆、芜湖、汉口、宜昌、常德、眉山等处。此病不常见者,如北京、威海卫、烟台、重庆、成都、长沙等处。其余各地,因未得报告,不能臆断。非绝无此症也。可见麻风病蔓延之区域,不为不广,而为麻风病谋安插之区,则甚罕见,不可谓非缺憾耳。广东东莞,有礼贤会所建之大麻风院,广西梧州,亦有麻风院一所,汉口左近之孝感县,亦有伦敦会所立之麻风院。余如广东之北海,浙江之杭州,福建之福州、福清等处,教会办理此事,颇著成效。此项建设,悉由教会担任,我国政府及民间社会,均处旁观地位,未能仿效而建一同样之病院,我人不为病黎谋幸福,而必待外人代谋之,可胜叹哉!"③ 从引文可知,近代中国麻风病发病地区颇广,患病者不少,而积极兴建麻风病院,收治患者的,不是官府与民间社会组织,而是"悉由教会担任",内中天主教就是一支主要的力量,典型的例子如光绪三十一年(1905),在广西南宁传教的法籍神父周怀仁开始对散居在南宁城外大坑口一带的数十名麻风病

---

① 参见黄玲燕《圣文生的仁爱会修女们在华传简史及省思》,载《纪念六位国籍主教祝圣七十周年学术研讨会议手册》,台北辅仁大学天主教史研究中心,1997 年,第 166 页。

② 〔法〕史式徽:《江南传教史》,第二卷,上海译文出版社 1983 年版,第 333 页。

③ 俞凤宾:《五十年来中国之卫生》,载申报馆编《最近之五十年——申报馆五十周年纪念(1872—1922)》,申报馆,1922 年,第 5 页。

患者进行治疗。此后着手筹建南宁麻风收容所，并于民国元年（1912）建成。① 山东地方，天主教会也在兖州和青岛设有麻风病院，分别由圣神会及方济各会负责管理。②

在斑疹伤寒、鼠疫、霍乱等流行传染病暴发时期，天主教会也积极参与救治疫情。如同治元年（1862）夏，天津霍乱流行，每天约有400人丧生。在遣使会法籍主教孟振生（Joseph Martial Mouly）的安排下，五位仁爱会修女在当地开设诊所，向病人发放补力药酒、樟脑酒和芥子面等，以代替尚未运到的药品，获得了一定的疗效。③ 道光末年江南大水灾期间，曾经暴发了大规模的流行传染病，天主教会也投入抗击疾疫、救助病人的活动中，一些天主教传教士因此染病身亡。如在上海传教的耶稣会士马驲堂（Cajétan Massa），因为精于护理病人，"他把自己整个地献身于上海地区因水灾和饥荒而患斑疹伤寒的无数病人"。最后自己也染上伤寒症不治而亡。④ 光绪三十四年（1908），圣言会山东教区的创始人之一福若瑟神父（Joseph Freinademetz）也因为服侍伤寒病患者而受到感染，不幸逝世。⑤

总之，由于晚清时期天主教会获得了前所未有的良好传教时机，因此，这一时期天主教会在中国各地扩展传教势力的同时，也十分注重开展医疗服务活动，在各地创办了数以百计不同规模的医院和诊所。尽管传教士开办这些医疗机构的最直接目的是为了传播天主教义，以达到最大量地归化中国民众，但是，这些数量众多的医疗机构的创办，无疑在服务贫苦民众，减轻社会苦痛方面起到了积极的作用。

（三）放赈救灾、安置难民

晚清时期，中国社会灾荒不断，动乱频仍，民不聊生。每逢灾荒或者战乱发生，都给社会经济和人民生活造成严重的影响。不仅导致城乡经济残破，人口大量死亡，而且促使大批人民被迫卖儿鬻女，背井离乡，流离

---

① 参见《广西通志·宗教志》，广西人民出版社1995年版，第62页。
② 参见《圣言会在华传教工作简史》，载罗光主编《天主教在华传教史集》，第224页。
③ 参见解成《河北省天主教历史编年》，第150页。
④ 参见［法］史式徽《江南传教史》，第一卷，上海译文出版社1983年版，第182页。
⑤ 参见薛保纶《圣言会在华传教事业》，载《纪念六位国籍主教祝圣七十周年学术研讨会议手册》，第173页。

失所,沦为处境极度悲惨的灾民、难民。① 在这种令人悲悯的社会场景下,在华天主教会也积极投入放赈救灾、安置难民的救济活动中。

道光二十九、三十年间(1849—1850),江南一带发生了罕见的大水灾。如江苏地方,"本年自闰四月初旬起至五月止,两月之中,雨多晴少,纵有一日微阳,不敌连朝倾注。平地水深数尺,低区不止丈余,一片汪洋,仅见柳梢屋角。二麦既败于垂成,禾苗更伤于未种,民力多方宣泄,无计不施,而水势有长无消,工本徒费,涸复无期,秋成失望。一灾并伤二稔,民情困苦异常。苏、松、常、镇、太等属三十四厅、州、县,无处不灾,而且情形极重。其江阴等属又因江潮泛涨,圩堤处处冲塌,居民猝不及防,间有毙伤人口,哭声遍野,惨不忍闻。露宿篷栖,不计其数。江宁省城已在巨浸之中,苏州水亦进城,间段被淹,实为从来未有之事。小民当此田庐全失,栖食俱无之际,强者乘机抢夺,弱者乞食流离,在所难免"②。在当地传教的天主教耶稣会士的一些书信中,也报告了此次江南大水灾的情况,如耶稣会士卜亦奥(Auguste Poissemeux)在给省会长的信中说:"一连六个星期,倾盆大雨下个不停。人们说整个帝国的江河齐泛滥了,这大概是指我们周围的几个省而言;农村淹水两三尺深,人们在田里撑船;粮食淹在水里都腐烂了。加上小偷,更确切地说,一些为饥寒所迫铤而走险的本地人充塞在地方上,在这人口众多、人叠人的地区,在年成好的时代,尚且还有赤贫的人,那么在这灾荒时期必然会有许多人饿死。后来大雨停了,水也从淹没的农村逐渐退了,可是浸透了水的土地,被烈日一晒,蒸发出孕育瘟疫的臭气,这些可怜的饥民,更是成千上万地死去。"③ 大批的灾民涌入上海、南京等大城市,如上海地方,耶稣会士卜亦奥的书信中提到,"除了一般平民外,突然增加了成千上万衣衫褴褛的灾民。两个多月来,这些人日日夜夜麇集在马路上,受尽了煎熬;大部分人被活活地冻死、饿死"④。在灾害肆虐之际,当时江南地区的天主教会立即投入救灾工作中。例如,耶稣会士们将教会拨给各个堂口有限的经费用于救济受灾的天主教徒家庭。在主教赵方济的组织下,天主教会还充分利用上海地方中外富商的施舍,尽力向受灾的难民发放救济粮

---

① 参见李文海、周源《灾荒与饥馑:1840—1919》,高等教育出版社1991年版。
② 李文海、周源:《灾荒与饥馑:1840—1919》,高等教育出版社1991年版,第58页。
③ [法]史式徽:《江南传教史》,第一卷,上海译文出版社1983年版,第171—172页。
④ 同上书,第171页。

食。根据耶稣会士卜亦奥的记载，每隔两天，就有"四千至五千个饥民到主教住院，领取按计划供应的一撮救命的救济米"①。天主教会的善举换来了更多的慷慨捐助："一些教外的富商，看到天主教的施舍工作大受感动，也要求参加教会的慈善事业，他们的布施就成为极有力的援助。"②一些耶稣会士还在主教赵方济的带领下，走遍上海各个街道里弄以及停泊在黄浦江中的船只，除了为临死者付洗外，也给那些患病者必要的护理。③ 江苏海门地方是此次水灾肆虐的一个重灾区，在水灾初起时，海门就已经饿殍遍野。刚调来此处传教不久的耶稣会士梅德尔（Mathurin Le-maitre）在一封写于 1850 年 6 月 8 日的信中谈到了当地骇人听闻的灾情："从 11 月和 12 月起，城里、城外、街上、路上已经有许多饿死、冻死的人。仅通州一城，死在街上的听说已达一万五千人之多。我曾问过许多中国人，关于海门死亡的人数，人们估计至少要占百分之十……试想：在这拥有几百万人口的半岛上，该有多少万人死去呀！"④ 梅德尔等天主教传教士很快全力以赴地投入救灾工作："在我这个拥有五千多名教友的本堂区里，要是我们不设法救济灾民的话，那就有好几百人得死去。我为灾民们啼饥号寒，我去敲家家户户的门，人们也怜悯我们。主教给了我济贫费一千多法郎，会长神父一心依赖天主上智，也从徐家汇的资金中抽出一大笔款子给了我。"依靠这些救济款项，传教士梅德尔得以救活了大量的饥饿垂死的灾民，仅当时欧洲天主教会拨付的一千九百法郎善款，就使得"一千多个生命"得以获救。⑤ 在此次救灾过程中，天主教会付出了许多代价。因为大批钱款被用于救济身处饥荒与瘟疫威胁下的灾民，正在筹建中的主教座堂一度被迫中断了数月之久。而且最后因为资金匮乏，被迫放弃原稿式样，取消了上层一排玻璃窗和中央的大圆顶，只是在原计划的三分之二高度上匆忙结顶，导致整个建筑呈现出一种扁平臃肿的难看状态。⑥ 不仅如此，一些天主教传教士为了救灾甚至付出了宝贵的生命。如在上海传教的耶稣会士马驷堂，他担任着看护上海道台开办的济贫医院中

---

① ［法］史式徽：《江南传教史》，第一卷，上海译文出版社 1983 年版，第 171 页。
② 同上书，第 172 页。
③ 同上。
④ 同上书，第 179—180 页。
⑤ 同上书，第 180 页。
⑥ 同上书，第 211—212 页。

收养的数百名孤儿的繁重任务，有时又要兼管董家渡主教公署门前发放救济粮、维持秩序的工作。1850 年 4 月 9 日，有五千多名灾民按例前来领取救济粮，年轻的马驲堂神父一整天都冒着暴雨维持秩序，管理分配，导致染上致命的斑疹伤寒，结束了自己年仅 29 岁的生命。[①] 同样，负责在杨家圩地方渔民聚居区传教的柏保禄神父（Paul Pacelli），也因为照顾灾民和患瘟疫的教徒而染上了斑疹伤寒，于 1850 年 6 月 2 日死去。[②]

清朝从咸丰元年（1851）到同治十三年（1874）这二十余年时间里，是中国近代史上兵荒交乘、灾变连连的时期。[③] 在华天主教会也卷入此时期的抗灾救疫、赈济难民的工作中。例如，从咸丰三年（1853）起，为了抵抗太平军的进攻，清军与太平军在江南地区展开了激烈的作战。战火导致大批的难民涌入上海，其中有相当大部分属于江南地区的天主教徒。咸丰七年（1857），当太平军进逼江苏江阴、无锡地方时，一批难民开始进入上海。负责在上海传教的耶稣会士将这些来自江南各府的天主教徒难民分别安插在上海、徐家汇及邻近上海的浦东等地区。咸丰十年（1860）以后，大批的逃难者进入上海，天主教会在董家渡、洋泾浜、徐家汇天主堂四周搭建起了长长的里弄住屋、船棚、帐篷，安置了大量的难民。从耶稣会士金式玉一封写于 1862 年 5 月 29 日的书信中我们可以看到当时天主教会所安置的难民数量十分庞大，由此也给天主教会的施赈工作带来了巨大的压力："董家渡及其周围收了一万两千个难民，洋泾浜收了五千个难民，最后，徐家汇收了三千个难民。其中足足有三分之一的人口的伙食由教区负担，其他三分之二，按各人的急需，教区多少也给予一些补助。教区还给董家渡一地的避难者每日施发四万碗饭。"[④] 为了获得足够的救济款项，天主教会在上海展开了广泛的募捐活动。此举得到了中外各界人士的积极响应，一些富裕的天主教徒捐出了大宗的善款，一位名叫张五官的富裕教徒，就不仅捐献了成百上千的银元，而且在家庭中供养了一二百名逃难的天主教徒。而一些非天主教徒的富裕人家，如姚、王、沈等家族，也慷慨解囊，救济难民。从咸丰十一年至十二年间

---

① 参见［法］史式徵《江南传教史》，第一卷，上海译文出版社 1983 年版，第 182 页。

② 同上书，第 182 页。

③ 参见李文海等《中国近代十大灾荒》，上海人民出版社 1994 年版，第 307—316 页，"附录：中国近代灾荒年表"。

④ ［法］史式徵：《江南传教史》，第二卷，上海译文出版社 1983 年版，第 72 页。

（1861—1862），上海天主教区总共支出了超过十六万法郎的善款，用于救济难民。由于获得了圣婴善会总会大量的资助，天主教也逐渐从最初以救济天主教徒难民为主扩大到那些逃入上海的数目众多的非教徒难民。① 同治元年（1862），当仁爱会修女抵达天津时，她们很快就在天津建起了一处专门为难民、灾民发放救济食物的施粥厂，仅在同治七年至同治八年间（1868—1869），该施粥厂就为穷苦难民提供了 56700 人次的饭食。②

清朝光绪元年至五年间（1875—1879），华北的山东、直隶、陕西、山西、河南等省接连发生了中国历史上罕见的大旱灾。如光绪三年（1877）山西地方，"赤地千有余里，饥民至五六百万之多，大祲奇灾，古所未见"③。河南地方也是"流民络绎，或哀泣于道途，或僵卧于风雪，极目荒凉，不堪言状"④。当年河南全省"歉收者五十余州县，全荒者二十八州县，约计河南饥民有百余万，河北饥民有数百万，即汴梁城中，日有路毙，其余乡曲不问可知。省城外粥厂共有五处，每处约有七八千人，因饥寒而死者指不胜屈"⑤。许多地方甚至发生了人相食的惨状。这场数百年来罕见的大灾难给清朝各级政府的赈灾工作带来了极大的压力。当时在华天主教会也积极投入赈济难民的行列中。天主教会与基督新教及在华外交官、外国商人等在上海联合组成了"中国赈灾基金委员会"，从事募捐灾款、发放赈款及食品等工作。由天主教会募捐的救济款数额很大，如仅仅上海董家渡地方天主教徒在光绪四年（1878）一年就为救济北方饥民捐献了一万多法郎的救济款。⑥ 此时期，各个天主教修会先后派到灾区进行赈灾工作的传教士达到六七十人。这些天主教传教士在灾区都开展了有效的救济活动，如光绪四年（1878）河南"荒旱成灾"，该省天主教会"竭力帮助银钱粮米各项，分散众难民，并收养小婴孩三百余名"⑦。河南金家岗地方是米兰外方传教会的传教地，这次灾荒造成当地五百多位天主

---

① 参见［法］史式徽《江南传教史》，第二卷，上海译文出版社 1983 年版，第 75—78 页。
② 参见黄玲燕《圣文生的仁爱会修女们在华福传简史及省思》，载《纪念六位国籍主教祝圣七十周年学术研讨会议手册》，台北辅仁大学天主教史研究中心，1997 年，第 166 页。
③ 李文海、周源《灾荒与饥馑，1840—1919》，高等教育出版社 1991 年版，第 135 页。
④ 参见上书，第 136 页。
⑤ 《申报》，1878 年 2 月 14 日。
⑥ 参见［法］史式徽《江南传教史》，第二卷，上海译文出版社 1983 年版，第 279 页。
⑦ 《清末教案》，第 2 册，中华书局 2000 年版，第 227 页。

教徒丧生,教会遭受了重大损失,但是天主教传教士还是尽力救助灾民:"清光绪元年至三年(1875—1877)间,中国有许多省份闹灾荒。那时,教外人初次看到天主教对饥民的慈善工作。不分教内教外都结队成群到教堂里来求食。武隆德主教(P. Volenteri)便立时派人特地到欧洲去捐款来救灾,事情办得很好。如此便给了教外人士一个显明而可纪念的表示,他们也非常知恩。城里乡下的穷人都受到了武主教的补助,是由几位神父分施的,即贾达乃、翟尼尼、纪加来及孟拉诺。"① 天主教圣母圣心会在内蒙古地区也展开了救灾工作。光绪四五年(1878—1879)间,内蒙古地区连续旱灾,"口外各厅打饥,……谷仓不敷,饿殍遍野。蒙古旗亦大饥,伊盟准格尔旗斗米制钱千八百文,居民死者大半,多将幼子弃诸他人之门,冀得收养"②。圣母圣心会传教士积极救助受灾蒙古牧民,不少牧民在获得救济后受洗为天主教徒。③ 圣母圣心会传教士还通过租种蒙地的方式,以救济、安置外省难民。如光绪五六年(1879—1880),西北靖边县连遭大旱,"民啮食草根,继食树皮、叶俱尽,又济之以班白土。土柔无沙,掘地得之,老稚毙于胀肚者。苟免,黠者又往往割饥殍臀以延残喘,甚有屠生人以供餐者。官请发赈。又掘大坑以埋馑骨。每日哺时,饥犬饿狼叫号相闻,掘食残骸,弥散原野间"④。圣母圣心会传教士司福音(Steenackers Jan-Bapist)就在内蒙古鄂托克旗牧地小桥畔地方租种了大片的蒙地,救助、安置了大批的灾民。⑤ 晚清灾荒、动乱时期,圣母圣心会这种招来灾民、垦种土地进而扩大宗教传播的方式获得较大的成功:"广大的长城下,逐渐成立了农村,这些都是传教司铎们援助而成的。司铎们受政府的鼓励,教导边疆居民改良农业,使他们适应蒙古气候、地质,送给他们新农具,及耕种用的牲口,教导他们开垦荒地,以事生产。自此社会事业大有进展。数载辛劳,造成了一种新型的传教方式,……农夫可以

---

① 《米兰外方传教会在中国简史》,载罗光主编《天主教在华传教史集》,台北光启出版社1967年版,第168—169页。

② 傅增湘主编:《绥远通志稿》卷29《灾异》。

③ 参见刘映元《天主教在内蒙西南地区》,第36—42页。引自张彧《圣母圣心会传教士在内蒙古中西部的传教探索(1869—1883)》,提交"史料与视界:中文文献与近代中西文化交流史研究学术研讨会",厦门大学,2006年4月1—2日。

④ 白翰章:《靖边县志稿》卷4《杂志》,第317页。光绪二十五年(1899)刊本。

⑤ Patrick Taveirne, *Han-Mongol encounters and Missionary endeavors*, *A history of Scheut in Ordos* (*Hetao*), *1874 – 1911*, (Brussels: Leuven University Press, 2004), p.345.

操成功之券，虽然有时风不调雨不顺，疾病的扰乱等，使他们工作中断，但决不会使他们破产，因为传教神父对他们是一种可靠的慰藉；他们耕种的田地起初是租借的，渐渐地成为他们自己的财产。孩童们有学校就读，病人有诊疗所可以就医。神父们还指导他们开凿灌溉河沟，教他们守望相助，灾难相扶持，物质生活提高了，居民就向往高尚的精神生活，基督教义的道德观，使他们成为良好的基督信徒，关心国家民族福利的良好国民"①。宣统二年（1910），内蒙古地区天旱歉收，民不聊生，西南蒙古教区天主堂就"开仓放粮，大施赈济"②。可以说，在晚清各地频繁发生灾患、战乱期间，在华天主教会都曾经参与了社会救济活动，为减缓天灾人祸带来的破坏做出了一定程度上的贡献。而这种慈善活动也为晚清时期的天主教会博得了不少赞许，如光绪十七年（1891）庆郡王奕劻就曾在一份奏折中对天主教在华的救灾工作给予积极的评价："近年各省被灾地方教士等捐资助赈者，颇不乏人，其乐善好施，亦属可嘉。"③

由上可见，晚清时期天主教会在华的慈善事业与明末清前期相比有了重要的进展。这一时期，由于受到不平等条约的保护，天主教会从清政府那里获得了在中国合法传教的授权，由此为天主教会在华从事各项慈善事业创造了良好的政治环境。此时期，伴随着天主教会在华传教活动的深入，教会的慈善事业也遍及全国。尤其值得一提的是，晚清时期天主教会的慈善活动已经呈现出一种系统化的趋势，其突出特点是基本上每个较大的教区都创办有育婴堂、孤儿院及医院、诊疗所等一整套救济机构，从而形成相对完备的慈善救助体系。此外，随着教会自身力量的壮大，各个教区的经济来源也比较稳定，从而促使这一时期天主教会慈善机构的救济能力相比以前有了很大的提高。

四　天主教慈善事业与晚清城乡社会救济结构的变化及影响

道光三十年（1850），在江南地区传教的耶稣会士卜亦奥面对洪灾肆

①　《圣母圣心会在华传教简史》，载罗光主编《天主教在华传教史集》，第189—190页。
②　王学明：《内蒙天主教简史》，1984年油印稿，第42页。
③　《清末教案》，第2册，中华书局2000年版，第478页。

虐、难民蜂拥的悲惨处境曾经写下这样一段话："如果我们有权组织管理慈善事业，继续已开始的仁爱工作，在上海，我们定能收获无数的救灵成果……我从教区的四面八方，得知教友们行的慈善事业，使我们大得人心。"① 显而易见，明清时期天主教在华开展各项慈善事业的目的，除了本着天主教慈爱信义，为社会贫弱人群提供迫切需要的救助服务之外，借行善以扩大传教果实，使更多的中国人皈依天主教，从而基督化中国也是一个重要的目的。然而，无论是秉持慈悲为怀心绪，无私救济黎民，还是以慈善为手段实现宗教征服，天主教在华开展的慈幼抚孤、救治疾病、赈灾恤贫等一系列慈善事业，在纾解社会苦难，提供弱势社群急需的最基本的精神与物质安慰方面，起到了一定程度上的积极效果。天主教会作为一个宗教组织加入扶贫济苦的行列，对于明清时期脆弱的中国城乡社会救济力量来说，无疑具有不可低估的社会意义。特别是晚清时期，随着天主教较为普遍地在中国各地开展慈善事业，中国原有的城乡社会救济结构发生了新变化。

在鸦片战争以前，由于天主教在华所开展的慈善活动仍然有限，承担中国城乡之间社会救济活动的主要是官府与民间两种力量。为了维护统治，减缓社会矛盾，明清两朝从朝廷到各级官府都对社会救济给予一定程度的重视，在各地设立了不少救助机构，例如，兴办育婴堂、清节堂或敬节堂以收养弃婴，抚恤孤寡老人。设置施棺所、义冢以安葬贫苦百姓。并设有社仓、义仓，以备灾荒、战乱年间开仓施粮，赈济饥民、难民。除此之外，以士绅、宗族及佛、道教为主的民间社会力量也创办有不少类似的善会组织，从事各类慈善活动。② 在相当长一段时期内，中国城乡社会救济结构一直由上述两股力量组成。然而，进入晚清以后，随着天主教会在华传教活动逐步深入，天主教各修会在各个传教区创办了各类慈善机构。在相当多地方，这些由天主教会维持的慈善机构往往比较活跃，担负着地方社会重要的救济工作。在灾荒、战乱期间，天主教会更是在赈济灾民、救助难民方面发挥了重要的作用。由此表明，天主教会的慈善事业已经在近代中国城乡社会救济活动中扮演了重要角色，天主教会作为一种新的慈善力量加入原有的官府——民间救济行列，从而改变了传统中国城乡社会

---

① ［法］史式徽：《江南传教史》，第一卷，上海译文出版社1983年版，第176—177页。

② 参见梁其姿《施善与教化：明清的慈善组织》，河北教育出版社2001年版。

救济结构。

　　然而，天主教会慈善活动加入后，在促使传统中国城乡社会救济结构发生变迁的同时，也使得教会的慈善事业一度陷入晚清频繁发生的中西教案纠纷中。尽管天主教会在近代中国所开展的各类慈善活动是积极有益的，也赢得了一部分中国民众的认同，但是，在晚清特殊的时代背景下，一些天主教的慈善行为并不能为中国社会各阶层所理解，甚至成为引发民教冲突的一个重要原因。其中，最为典型的就是天主教会在华的育婴事业。

　　在晚清此伏彼起的教案中，由教会育婴事业而引起的冲突占一定比例。[①] 同治元年（1862）的江西南昌教案[②]、同治九年（1870）的天津教案[③]、光绪十七年（1891）的湖北武穴教案[④]、宜昌教案[⑤]都是因为天主教会育婴事业而引起民众猜疑，从而激发大规模民教冲突，进而导致中西交涉的教案。在上文中，我们已经了解到设置育婴堂与孤儿院，收养社会上的弃婴及孤儿，是天主教在华极其重要的一项慈善事业。平心而论，此项慈善事业对于中国维持人口规模的稳定增长有着积极的意义。传统中国士大夫们曾经大力提倡"保婴"，要求官府、富裕人家在饥荒年代出资出力收养社会上的弃婴，将其当作救荒的一项重要内容。[⑥] 士大夫们之所以倡导保婴，除了不忍见生灵涂炭之外，更重要的是将这种行为视为稳固封建统治的一项不可缺少的善政。而天主教会在晚清各地大范围地开展育婴慈善事业，实际上也是与中国统治阶层的"婴育之举"相符合的。那么，天主教会的这项慈善事业，为什么在一定时空背景下反而成为煽动仇恨、攻击天主教会的一项罪行呢？[⑦]

---

　　① 参见陈银崑《清季民教冲突的量化分析（1860—1899）》，台北台湾商务印书馆1991年版，第80页。

　　② 关于南昌教案，见《清末教案》，第1册，中华书局2000年版，第217—218、228—230页。

　　③ 同上书，第776—778、809—812页。

　　④ 关于武穴教案，见《清末教案》，第2册，中华书局2000年版，第495—500页。

　　⑤ 同上书，第561—564页。

　　⑥ 参见梁其姿《施善与教化：明清的慈善组织》，河北教育出版社2001年版，第94页。

　　⑦ 关于天主教会育婴事业与教案之间关系的先行研究，主要有吕实强：《中国官绅反教的原因（1860—1874）》，台北中央研究院近代史研究所，1985年，第139—144页；夏其龙：《慈善与仇恨——十九世纪中国的育婴堂》，载香港教区圣神研究中心等编《义和团运动与中国基督宗教》，第23—42页。

造成中国民众误解晚清天主教会在华育婴慈善事业的原因是多方面的。首先，天主教育婴机构所收弃婴数量众多及婴孩较高的死亡率，很容易引起不明真相民众的猜疑。晚清时期，天主教会大量收养社会上的弃婴，这些弃婴在被送进育婴堂之前，有不少因为被遗弃路边野外的时间过长，已经是奄奄一息，此外还有一部分本身患有严重的疾病，再加上育婴堂、孤儿院卫生条件普遍简陋，婴孩未能得到良好的照顾，动辄得病染疾死去，因此收容进育婴堂内的婴孩往往存在很高的死亡率。育婴堂内大批婴孩死亡，导致社会上对于天主教会收养弃婴的行为疑忌纷起。其次，天主教会认为垂死婴儿领洗后，可以解除原罪，灵魂获救升天，因此传教士和乡间传道员在遇见街衢、道旁垂死弃婴时，经常给他们施洗。其施洗仪式也容易引起外界怀疑。在普通百姓看来，一方面，天主教会育婴堂收进社会上大量的弃婴，但婴孩又大批死亡；另一方面，传教士为垂死婴孩施洗的天主教仪式又令人难以理解。因此，他们很容易将天主教会收养婴孩的目的与民间社会流传的采生折割之类邪术联系起来，以为天主教会收养婴孩，并非行善，而是怀有险恶的用心。同治元年（1862）江西地方刊刻的一道反教揭帖就指控天主教传教士收养育婴在于采生折割："乃罗安当、方安之……分布党类，拐骗男女幼孩，取其精髓，造作药丸，数月以来，致死童男不下数百人……搜其内外，尚有男孩十余人，女口六七十人，皆目瞪口呆，不能言语，其为邪迷无疑。……复于该堂后进天井石板下，起获婴孩发辫、骸骨一捆，其骨皆截数段，骨内之髓概行吸去。并有血糕血酒等物。其余犯禁之具，不一而足。该教如此作为，天地不容，神人共愤。"[1] 实际上，这些指控基本上来自毫无根据的谣传，晚清一些有识官员如曾国藩、薛福成、张之洞等都曾对此加以澄清。如同治九年（1870）天津教案爆发后，曾国藩奉命办理此案，他在一封奏折中就驳斥了社会上对于天主教会育婴堂采生折割的指控，并分析了产生这些谣传的根源："……至仁慈堂查处男女一百五十余名口，逐一讯供，均称习教已久，其家送至堂中豢养，并无被拐情事。至挖眼剖心，则全系谣传，毫无实据。……惟此等谣传，不特天津城内外，即昔年之湖南、江西，近年之扬州、天门及本省之大名、广平，皆有檄文揭帖。或称教堂拐骗丁口，或称教堂挖眼剖心，或称教堂诱污妇女。厥后各处案虽议结，总未将檄文揭

---

[1]　吕实强：《中国官绅反教的原因（1860—1874）》，第 141 页。

帖之虚实剖辨明白。此次详查挖眼剖心一条，竟无确据，外间纷纷言有眼盈坛，亦无其事。盖杀孩坏尸采生配药，野番凶恶之族尚不肯为，英法各国乃著名大邦，岂肯为此残忍之行？以理决之，必无是事。"① 曾国藩并且指出，"天主教本系劝人为善，圣祖仁皇帝时久经允行，倘戕害民生若是之惨，岂能容于康熙之世？即仁慈堂之设，其初意亦与育婴堂、养济院略同，专以收恤穷民为主。每年所费银两甚巨，彼以仁慈为名，而反受残酷之谤，宜洋人之愤愤不平也"②。在曾国藩看来，百姓猜忌天主教会育婴事业乃是因为，"仁慈堂收留无依子女，虽乞丐穷民及疾病将死者亦皆收入。彼教又有施洗之说，施洗者其人已死，而教主以水沃其额而封其目，谓可升天堂也。百姓见其收及将死之人，闻其亲洗新尸之眼，已堪诧异，又由他处车船致送来津者，动辄数十百人，皆但见其入而不见其出，不明何故"③。再者，育婴堂"死人过多，其掩埋又多以夜，或有两尸、三尸共一棺者"④。这些都容易使百姓生疑。此外，还应当提到的一点是，晚清时期天主教会往往育婴堂与孤儿院并设，后者收养的大多是一些年岁较大的贫苦孩子，其中又以女孩为多，此举也招致了社会上对天主教会的误解。现存一份同治年间江西官府与地方士绅在天主教会育婴问题上的答问词就清楚地反映了这一点，"问：我等从上海来，彼处天主堂甚多，都说是劝人为善。譬如育婴一节，岂不是好事？答云：我本地育婴，都是把人家才养出孩子抱来哺乳，他堂内都买的是十几岁男女。你们想是育婴耶还是借此采生折割耶？"⑤ 以上所列都是晚清时期挑起百姓对天主教会育婴事业猜疑、攻击的社会原因。

正如曾国藩所指出的，西方人及天主教会很难理解教会广行善事却遭到谴责。同治元年（1862）江西、湖南等地爆发民众烧毁天主堂案件后，当时法国驻华公使哥士耆曾经向清廷递交照会，内中就指出中国社会对于天主教会慈善事业的误解："现今内地好事者见传教士带有幼年男女，遂多疑义，不知本国传教经费皆由本国暨意大利等国，凡在幼年男女，按月各捐百文集成，遂有巨万银两，解来中国，分给各省主教，俾得建造天主

① 《清末教案》，第 1 册，第 809 页。
② 同上书，第 810 页。
③ 同上。
④ 同上。
⑤ 同上书，第 297 页。

堂及学堂、育婴堂等项公所。是以见有遗弃婴孩，不忍听其死于犬彘之口，必收养堂内，稍长各授以业，及时婚嫁而后遣之。各堂行此已久，并非创举，在传教士举泰西各国义助之财，竭心力以布之，中国方恐为善之不足，何至穷凶极恶等于采割一流？"①

　　一部分在华天主教传教士也希望能够向清朝官府与百姓澄清教会育婴事业的慈善性质，例如，同治六年（1867）遣使会士、主教孟振生利用清廷下旨鼓励民间开办育婴事业的时机，致函清总理衙门，详细说明天主教育婴事业的缘起、经费来源及教养情况："敝乡设有济婴会，系十二岁以下婴童，将所得日用零钱，撙节献纳，及为父母者代子输将。始自法国，一方效行。西洋各国，善资辐辏，日加增广。有会首总司出纳，分拨往各省主教，用以制药救疗小儿，兼收养孤苦遗弃婴孩。……男女婴孩各居一所。至六七岁，明悟稍开，责令读书，或习针指，长大成人，男则择业谋生，女子以礼遣嫁"②。此外，一些地方的天主教传教士还开放育婴堂，邀请地方官绅前往观看，以期能够打消地方社会对待天主教育婴堂的偏见。然而，大部分天主教传教士认为教会育婴机构是私人场所，必须严加封闭。由此一来，导致双方之间的误解很难消除。关于教会迷拐婴孩、挖眼剖心的谣言四处流传，稍有激化，就会演变成为牵动各方的民教冲突。

　　由于晚清时期因为教会育婴堂问题频繁引发教案，在西方列强的干预下，清政府疲于应对，不仅频繁赔款撤官，有时还要面对西方列强的战争讹诈，因此试图对天主教会在华育婴慈善事业加以改革、限制，甚至禁止教会在华育婴。早在同治元年（1862）南昌教案爆发后，江西巡抚沈葆桢就上奏清廷，指出教会育婴难免造成麻烦："查法国传教条款，本无教堂养育幼孩明文，且所收幼孩女多男少，自五六岁至十一二岁不等，亦无怀抱乳哺者。绅民不能无疑。"③ 同治九年（1870）天津因为民间谣传天主堂迷拐婴孩而发生焚毁教堂、杀死西人的大教案，几乎引发中外战争，由此引起了清廷对于教会育婴问题的高度重视。曾国藩与文祥等清政府高级官员就曾明确表示"传教不宜兼设育婴堂"④。清政府随后出台了一部

① 《清末教案》，第 1 册，第 256—257 页。
② 吕实强：《中国官绅反教的原因（1860—1874）》，第 142 页。
③ 《清末教案》，第 1 册，第 229 页。
④ 同上书，第 834 页。

旨在处理教案问题的《教案章程》，该章程包含有八项条款，内中第一条就是专门针对教会育婴事务："教中所立育婴堂向未报官立案，而收养幼孩，其中事难明白，因此酿疑起衅者有之。何不将外国育婴概行裁撤，以免物议。……如必欲设堂，只收养奉教者无人抚养之孩，然亦必报官立案，注明何日收养何人。"① 这条章程反映了清政府反对教会在华开办育婴堂事务的态度。按照清政府的意见，即使教会坚持收养婴孩，只能收养教徒遗孤，而且对于收养的婴孩必须报官注册。但是，当总理各国事务衙门将包含上述育婴条款的《教案章程》照会西方各国时，却遭到各国的拒绝。光绪十五年（1889），广州地方法国天主教会育婴堂派人挑送堂中七具死婴出城埋葬，导致民众起疑，谣言四起，"声称洋人残害婴孩，凿凿有据，必欲尽杀教士毁拆教堂而后甘心"②。时任两广总督张之洞为了消解矛盾，就与法国驻广州领事于雅乐磋商，制定了"稽查教士设育婴堂办法"，并上奏清廷，请求颁行全国，照此办理。其法是"令教士将所设育婴堂每日收养及病故婴孩各若干名，按月列单具报。每月由臣（指张之洞——引者注）派员到该婴堂查看一次，如育养未得其法，或乳媪照顾不力，随时商令更改。如有病故，立即填写报单，报由管理育婴堂委员亲往验明，加盖验戳，给还该婴堂存据，然后用棺木殓埋，不得仍前用物包裹"③。此条办法的宗旨是将包括天主教在内的所有西方教会在华开办的育婴慈善事业纳入清政府的统一管理之下，换言之，教会育婴堂的管理权将从教会移交到清朝各级地方官府手中，对于天主教会来说，自然不能接受。因此，尽管清政府批准了张之洞的办法，将其颁行全国，但却遭到了在华天主教会的抵制与反对。此后，因为教会育婴事务引发的教案仍然在各地频繁发生。④ 清政府为了消弭教案，再次试图处理教会在华育婴问题。不少清廷高级官员或是纷纷上奏要求禁止教会在华育婴，或是再度要求加强对教会育婴堂管理⑤，但都因遭到西方各国驻华使节及在华教会抵制而无法推行。⑥

---

① 李纲己：《教务纪略》卷三，第 13 页。光绪三十一年（1905）南洋官报局印本。
② 《清末教案》，第 2 册，第 474 页。
③ 同上。
④ 同上书，第 478 页。
⑤ 同上书，第 483—486、632 页。
⑥ 同上书，第 642 页。

必须指出的是，天主教会在华育婴活动在一定程度上也推动了清廷育婴事业的发展。鉴于无法从制度上取消教会育婴堂，清政府就转而希望通过大力自办育婴机构以抑制教会育婴事业。光绪十七年（1891），官员洪良品上奏请求自办育婴以削弱教会育婴，"于各教堂左右设一官局，名为保护该夷，自办育婴，以夺其谋，兼清奸宄，以破其党"①。同年，御史恩溥奏上"为教案起于育婴，请饬各省广设育婴堂"一折，请求清廷命令各省，"筹捐集款，广设育婴处所，收养婴孩。无论在城在乡，人烟稠集之区，一律扩充，通筹添设。其旧有者一律认真整顿，以期实惠及民"。恩溥指出此举不仅可以"预杜乱源，下顺舆情"，而且可以"隐培国脉，化薄海贪残之俗，绝强邻轻侮之萌"，"一举而数善备焉"②。恩溥此奏得到了清廷的认可，很快颁布上谕，要求各省官员妥善筹划育婴堂事务："育婴一事，从前叠奉旨通饬办理，现在教案繁兴，半由各国育婴起衅，若使地方官筹办尽善，自可隐杜乱萌。……著各直省将军督抚悉心体察，妥为筹划，总期实惠及民，以恤穷黎而弥隐患"③。此后，各省官绅掀起了一股兴办育婴事业的潮流。④ 这是天主教慈善事业影响晚清中国城乡社会救济结构变化不可忽视的一个方面。

由上可见，晚清政府与天主教会在教会育婴事业上的争议，是很值得重视的。一方面它揭示了天主教慈善事业在近代中国社会保障空间中的处境；另一方面也反映了清政府试图将教会慈善事业纳入官府管理轨道所付出的努力。

五 结论

本章针对明末至晚清天主教会在华慈善活动进行了初步的探讨。由文中可知，从明末至晚清，天主教在华慈善活动经历了一段漫长的发展过程。在鸦片战争以前，由于在华天主教会自身的力量仍然有限，而且在相当长时期内处于一种被禁止传播的境地，因此，尽管此时期天主教会也开展了一些慈善活动，但仍处于起步阶段，在传统中国城乡救济结构中所占

---

① 《清末教案》，第 2 册，第 486 页。
② 同上书，第 501 页。
③ 同上书，第 502 页。
④ 同上书，第 533—534 页。

的比例是低下的。晚清以后，情况发生了显著的变化。此时期，由于获得了不平等条约的保护，天主教在中国迅速传播。而随着教会势力的飞速膨胀，天主教会在华慈善活动也进入一个新阶段。晚清半个多世纪的时间里，天主教会在慈幼恤孤、医疗卫生以及赈济灾民、难民等方面都付出了巨大的努力，从而在一定程度上舒缓了社会苦难，解除了部分百姓的疾苦。此外，晚清时期，天主教会还在中国兴办了数以百计的各级学校，这些学校中，有不少也属于慈善性质，尽管本章并没有专门对此展开探讨，但是天主教会在华的兴学举措，不仅使许多穷苦子弟受惠，而且也局部地促进了晚清教育的发展。可以说，晚清时期天主教会已经成为中国社会中的一种重要救济力量。天主教会的慈善事业，也已是近代中国城乡社会救济事业的重要组成部分。

第 五 章

域外遗珍

——姜别利及《姜别利文库》

一 前言

本章介绍美国国会图书馆亚洲部以收藏早期基督新教传教士中文著作著称的姜别利文库（The William Gamble Collection）珍贵汉籍文献。

美国国会图书馆无疑是世界上除中国本土外收藏中文文献最为宏富的国外汉籍中心之一，目前该馆亚洲部的中文藏书量已逾 90 万册。① 国会图书馆正式收藏汉籍始于 1869 年（清同治八年），是年同治帝向美国捐赠了十种明清刻本、共计 933 卷图书。其后，该馆陆续扩大中文收藏，如 1879 年购进了外交官顾盛（Caleb Cushing）所藏 237 种、共计 2500 卷的汉、满文图书。1901—1902 年间曾出使中国的外交官柔克义（William W. Rockhill）将他历年搜集的汉、满、蒙、伊斯兰文字书籍共 6000 卷捐赠国会图书馆。1904 年清政府参加在圣路易举行的博览会，会后将展出的书籍中的部分珍善本挑选，计 198 种、1965 卷捐赠国会图书馆。接下来国会图书馆继续接受社会捐赠，如 1915 年，柔克义续将所藏汉籍 6000 册捐赠给国会图书馆，1924 年宾州 Lehigh 大学捐赠 698 册，1925 年詹森（Nelson T. Johnson）赠送 1012 册，1926 年 Percy T. Turner 捐赠 539 册。除依靠社会捐赠外，国会图书馆还积极购置汉文图书，如 1913 年冯景桂为该馆购进 17208 册汉文图书，1915 年至 1927 年间，当施永格（Walter T. Swingle）在该馆工作时，曾多次代表该馆到中国各地收购图书，获得

---

① http://www.loc.gov/asian/collections.html#Chinese.

超过 68000 册中文书籍。1928 年，该馆正式成立了中国文献部，汉学家恒慕义（Archur W. Hummel）为首任主任，极力扩大收藏汉籍。如 1928 年，12819 册书自纽约 John Crerar 图书馆转移到国会图书馆。1929 年，该馆又由梅隆（Andrew W. Mellon）捐赠了著名的天津王书庵私人藏书 22100 卷。到 1932 年，又有德国汉学家夏礼辅（Emil Krebs）的私人藏书共 1620 册入藏国会图书馆。1937 年，骆克博士（Joseph W. F. Rock）在中国购入了 1070 卷地方志。1934 年恒慕义入华购得 7721 册中文书籍。第二次世界大战期间，在汉学家费正清主持下，国会图书馆从战时后方重庆等地购入了 5000 余册的书籍。1949 年至 1972 年间，尽管美国与新中国之间未正式建交，美国国会图书馆仍然从中国香港、中国台湾等地购置中文书籍。1972 年中美正式建交以后，美国国会图书馆通过交换与直接购买等方式，继续添置中文藏书。[①] 目前，美国国会图书馆亚洲部以每年入藏量超过万册的速度丰富馆中的中文典藏，使该馆成为闻名世界的海外汉学资源中心。

美国在国会图书馆卷帙浩繁的汉籍资源中，最具吸引力的无疑是那些珍品特藏。在亚洲部为读者提供服务的介绍指南《美国国会图书馆中文藏书》中，列出了六种最主要的中文特藏（Special Holdings），其一是 2000 余种宋金元至明末清初的善本书籍；其二是 4000 多种共 6 万余册的中国地方志；其三是刊印于 975 年的著名的《一切如来佛经》；其四是《永乐大典》残卷；其五是两部《古今图书集成》；其六是收藏早期基督新教传教士中文出版物的《姜别利文库》。[②] 关于国会图书馆所藏中文善本书籍及地方志，20 世纪上半叶王重民、朱士嘉两先生曾经为之编目介绍。[③] 然而对于《姜别利文库》，学术界则一直了解不多。不仅鲜见有关该文库的介绍文字，目前亦尚无一份比较详细的便于学术界使用的目录。2003—2004 年间，笔者曾在美国乔治城大学（Georgetown University）从事博士后研究，其间常到附近的国会图书馆阅书，对于《姜别利文库》

---

①　参见王冀《美国国会图书馆的中文收藏》，载《国立中央图书馆馆刊》，新十六卷第二期，1983 年 12 月。

②　*The Chinese Collections*, "Special Holdings", Asian Division, The Library of Congress.

③　参见王重民辑录，袁同礼编《美国国会图书馆藏中国善本书目》，台北文海出版社 1972 年版；Wang, Chung-min. *A Descriptive Catalog of Rare Chinese Books in the Library of Congress*. 2 Vol. Washington, D. C.: Library of Congress, 1957; Chu, Shih-chia, *A Catalog of Chinese Local Histories in the Library of Congress*, Washington, D. C.: Library of Congress, 1942；朱士嘉编：《美国国会图书馆中国方志目录》，中华书局 1989 年版。

亦颇注意查阅,兹据目力所见撰为此章,介绍《姜别利文库》的由来与现状,并对该文库的藏书目录进行初步整理,以期有助学界深入研究。

二　姜别利其人

姜别利(William Gamble, 1830—1886),又名姜辟理①,美国北长老会传教士。1830 年出生于爱尔兰拉米尔顿(Ramelton),1847 年,当他 17 岁时,从爱尔兰移居美国,先后在费城、纽约学习印刷技术,并由此步入印刷行业,这段早年学习经历为其后他在近代中国教会出版机构服务并在远东印刷史上取得重要成就奠定了基础。

鸦片战争前后,新教各差会陆续入华传教。这些入华差会都非常重视文字传教工作,纷纷在华开办了不少出版机构。早在鸦片战争爆发前的 1807 年,英国伦敦布道会就派马礼逊抵华,并设立印刷所,刷印中文《圣经》。鸦片战争后,各差会在华陆续设置出版印刷机构,如 1844 年(道光二十四年),美国长老会在澳门设立一所印刷所。次年,在该会传教士柯理(Richard Cole)的提议下,长老会将该印刷所搬迁至宁波,定名为华花圣经书房(The Chinese and American Holy Class Book Establishment)。

华花圣经书房在迁至宁波后,逐渐发展成为东南中国重要的教会出版中心之一。为了加强该印书馆的工作,1858 年,具有丰富印刷出版经验的姜别利被美国长老会选中,派往宁波主持华花圣经书房的出版业务。1858 年 6 月 13 日,姜别利到达香港,并由此转往宁波。是年 10 月,他抵达宁波。在抵宁波后,姜别利很快敏锐地发现,无论从城市规模、传教服务,还是从购买印刷器材和销售寄发图书便利等角度考虑,上海无疑是比宁波更为理想的地方,因此他建议长老会将华花圣经书房搬迁到上海。1861 年,他的建议得到批准,华花圣经书房很快由宁波迁至上海小东门外,并且更名为“美华书馆”。②

姜别利主持美国长老会在华出版机构期间,改进了汉字活字印刷技

---

①　参见宋书卿《送美国姜先生回国诗》,载林乐知主编《教会新报》,清末民初报刊丛编之三,第 2 册,台北华文书局 1968 年版,第 524 页。

②　关于美华书馆,参见佚名《美华书馆述略》,载《教会新报》,第 4 册,第 1609 页。

术。在来华前，姜别利带来一些新制作的铅字、字模和铸字炉，途经巴黎和印度时，他又分别购得两套字模带到宁波。① 鉴于汉字字体复杂，字数繁多，且雕刻阴文字模，字体细小，镌刻困难，制成一副字模动辄需费数年时间，因此，他于 1859 年开始发明电镀字模。其法先用纹理细密的黄杨木做字坯镌刻反体阳文，再镀制紫铜阴文，然后将此紫铜正体阴文字模锯成单字，镶入黄铜壳子。此法较之先前以手工刻模，不仅大大减少了镌刻工时，而且字形完美，笔锋清晰，即使蝇头小字，也能雕刻，质量实属上乘。姜氏并将汉字按照西文活字规格，制成七种不同大小的汉文活字，分别命名为：一号"显"字，二号"明"字，三号"中"字，四号"行"字，五号"解"字，六号"注"字，七号"珍"字。由于这七种汉文铅字的大小分别等同于西文的七种铅字，从而解决了中西文的混排问题。这七种铅字被称为"美华字"，俗称"宋字"。② 此即闻名远东的"姜别利铅字"（Gamble's Characters）。1869 年（同治八年）11 月，姜别利曾赴日本长崎，将其所创电镀制模技术传授给当时日本活版传习所的木本昌造（Shozo Motoki），后者被称为日本的古登堡（the "Japanese Gutenberg"）。姜别利在日本共停留四月余，"凡造字模三副，一中国字，一西国字，一日本字，大小字咸备。先试排印之书，乃西国字东洋字合译之字典。日本各处皆欲仿行"。1870 年春末，姜别利从日本返回上海③，不久就离职返美。④

　　姜别利电镀中文字模的发明，在中国活字印刷史上是一个非常重要的贡献，"在造华文铅活字上可说是一次革命"⑤。它大大便利了中文著作的印刷出版。上海美华书馆因为采用姜别利电镀字模，印书速度大增，质量亦日臻优良，很快发展成为远东最重要的中文出版机构之一。

---

　　① 参见范慕韩主编《中国印刷近代史》（初稿），印刷工业出版社 1995 年版，第 79 页。

　　② 上述内容参见张秀民《中国印刷史》，上海人民出版社 1989 年版，第 584 页；范慕韩主编：《中国印刷近代史》（初稿），第 668 页。亦可参见韩琦《十九世纪中文叠积活字研究史》，《印刷科技》（台湾），1995，11（4）：78—98.

　　③ 参见《美国姜先生由日本回上海》，载《教会新报》，第 2 册，第 791 页。

　　④ 关于姜别利返美时间，学术界有 1869 年、1871 年诸说，实际应是 1870 年秋，如与姜氏在美华书馆共事四年的宋书卿在送别姜氏回国时所赋诗中明确说同治五年（1866）他到馆工作，四年后有姜氏之别，且其送别诗中有"秋风江上雁成群"一句，足证姜氏离华返美时间在 1870 年秋。参见宋书卿《送美国姜先生回国诗并序》，载《教会新报》，第 2 册，第 524 页。

　　⑤ 张秀民：《中国印刷史》，上海人民出版社 1989 年版，第 585 页。

清同治年间有人曾撰写《美华书馆述略》一文,记述美华书馆的印书活动,从中亦可窥见姜别利主馆时所做发明的贡献,兹不烦冗赘,节引如下:

> 上海小东门外之美华书馆,西国排印活字版书之馆也。初以排印美国书籍及中华字书籍,故名曰美华。其活字乃铅字,有大字、中字、小字、极小字数种,凡《康熙字典》所有字皆有之,并有字典所无之字。每一字常用者,备百字、数十字;不常用者,亦备十余字、数字,故同时排印数书而不穷于用字。列架别部,如字典之部,分画次,井然也。故排字者按部按画取字,不稽时,一人一日可排数千字,排成书页,有边栏焉,有直格焉,则铅线条为之也。铅字极工,排成而印,无大小参差。印而校,校而再印再校,故鲜讹字。印毕字仍入架,仍部居画次,不紊乱焉。其印也,用机器,日印万页。盖中国印书,一印则一纸一页。西国机器印书,一印则一纸数页也。机器以铁造成,大如长桌,阔二尺有奇,长约三尺,形长方如盘。其底平,以排成书版,数页平联置内,上墨而印也。既铺纸,即挽机。其机螺旋即其盖下而平压纸上。以机螺转,故力大压重,而印字极清。既印而退机之螺,即盖启,一纸出,而一纸复入一纸也,已印数页矣。印百纸千纸,即已数百页数千页矣。其墨用外国墨,粘如油。用机器形圆如筒,包革于外,沾墨于上,器转而字皆上墨矣。不用中国墨者,以字系铅制,中国墨不能上铅也。其墨名曰自来墨,以机挽而进,则纸入盖下而压,印已成,挽机而退,即盖启纸出,而机筒前转,即自上墨,而又可入纸矣,不烦人力,故曰自来墨也……铅字之外,又有铜版,则非铜字排成,乃铸铜而成有字之全版。其法,始则以铅字为模,依书排字,继将排字覆印于蜡版之上,以黑铅粉涂蜡版上,以铜板与蜡版对置,置电气箱内,俄而电气化铜,蜡版吸铜而成铜版。铜版之字,坚光精妙,胜木版远矣……①

姜别利发明的铅活字,因制作快、质量好,很快成为近代中国最通用的字模和铅字,为各大出版机构所采用,如上海《申报》馆、土山湾印

---

① 佚名:《美华书馆述略》,载《教会新报》,第 3 册,第 1609—1610 页。

刷所、同文馆印刷部等都曾采用美华字。

除了发明电镀字模外，姜别利在中文印刷史上还有一项重要贡献，这就是他创制了一种非常实用的元宝式字架，俗称三脚架、升斗架。汉字字数繁多，仅《康熙字典》就收字四万七千余个，这给检字排字带来很大困难。为了解决这一难题，姜别利雇用了两位中国文人，用了两年时间，将汉字按照使用频率分为常用、备用、罕用三大类。他发现汉字常用字为5000—6000字，约占汉字库的七分之一。因此，他发明了一种木架，正面置字24盒，装常用、备用铅字，两旁46盒，装罕用铅字。每类字均依《康熙字典》部首检字法分部排列。排字工站在中间，就近取字，极大地提高了排字速度。①

作为近代来华新教传教士，姜别利在直接传教教务上似乎没有给我们留下什么记录，比如，我们不知道他皈依了多少中国人，在哪些教会堂口从事了哪些具体传教工作，等等。这也许是那些早期来华新教传教士中所存在的一类特殊群体共有的一个比较普遍的特征，如麦都思、伟烈亚力等人，他们在华的事业重心并非直接传教，而是出版印刷，并借此达到文字传教的目的。他们这一类人或者可以不恰当地称之为出版传教士，其性质与那些借助开办医院、救治病人以传教的医务传教士，或是通过传播农业技术、服务乡村的农业传教士异曲同工。尽管姜别利没有在教会牧灵工作上取得直接的成就，但他在中国活字印刷史上却做出了重大的贡献。因此，当他1870年秋返回美国时，美华书馆数十人设席送别，不少人并赋诗相赠，如宋书卿撰《送美国姜先生回国诗并序》，其序云："忆自丙寅岁蒙美国惠志道先生荐予至美华书馆内就校对之职，始获与先生为宾主焉。屈指迄今已阅四年矣。曾目睹先生创铸小字铜塑子一架，又大字暨顶小字铜塑子各一架，刻复新铸铜版书数册，较予初至时而馆中之景象焕然一新，迥非昔比也，足见心思灵敏，长留鸿范于中华……"②，其诗云：

> 秋风江上雁成群，唱出骊歌日正曛。名播东洋欣适彼，送行南浦怅辞君。炉中版炼十行字，海外帆飞一片云。闻道先生归去也，共将

---

① 参见张秀民《中国印刷史》，第585页。
② 宋书卿：《送美国姜先生回国诗并序》，《教会新报》，第2册，第524页。

别酒早排陈。

申江芳躅驻多年,一旦言旋各黯然。铅字编成殊不紊,铜文镕就洵堪传。博来骏誉驰中外,印到鸿泥相后先。何日东南仍尽美,西楼望月好重圆。[①]

同样,南京教徒许维傪也曾撰《送美国辟理姜君诗》,其序云:"客岁麦秋得瞻风度,仲夏乃承君惠,荐至馆中,历睹机器,深羡巧妙。秋季驾赴日本,训授门生,裁成而回沪,已是今春之末。兹值锦旋,遂占五律,略述长才,籍舒衷曲,顺送台旌"。全诗如下:

米利坚中一俊人,胸罗锦绣妙通神。池奔紫电铜成版,纸扫青泥墨转车。制器工无劳力苦,嗜书士易饱尝新。我朝德盛宏柔远,博得来宾巧夺伦。

声传西海复东洋,争道先生技艺长。心美富牛穷物理,法夸但石最精良。抱才未忍私乡国,有则惟欣共大方。游遍山川勤不惮,立功播得姓名香。

十年帐设沪城东,半载甄陶日本蒙。桃李成荫凭化雨,菱荷正馥趁归风。此时人有还乡乐,惜别情联阆馆衷。共道今朝旌斾返,仍希再至领谦冲。

爱毂及辕忆昨秋,郇厨遂把步兵留。樽开数月权分手,水涨千江复聚游。后会再知为孰日,快歌一曲对长流。临歧我亦天涯客,归愿君充上帝庥。

万里长风万里川,半空爽色半空烟。火轮飞向金山去,云树翘铺碧海边。莫见渔家酬钓酒,遥知美国洗尘筵。往来自有张骞艇,真景无非范蠡船。[②]

从上述时人诗句不难看出,他们对姜别利在推动近代中国印刷出版技术发展方面给予了高度的评价,"铅字编成殊不紊,铜文镕就洵堪传。博来骏誉驰中外,印到鸿泥相后先","池奔紫电铜成版,纸扫青泥墨转车。

---

① 宋书卿:《送美国姜先生回国诗并序》,载《教会新报》,第 2 册,第 524 页。
② 许维傪:《送美国辟理姜君诗》,载《教会新报》,第 2 册,第 950 页。

制器工无劳力苦，嗜书士易饱尝新"，这些句子称赞他发明了电镀字模、元宝式字架以及由此在中国近代印刷史上带来的一场革命。"声传西海复东洋，争道先生技艺长。心美富牛穷物理，法夸但石最精良"，"十年帐设沪城东，半载甄陶日本蒙。桃李成荫凭化雨，菱荷正馥趁归风"，这些句子则是赞扬他在中日两地推广活字印刷业所作的努力。同样，他在远东出版业的贡献也为其美国同僚所公认，"在未来的一个世纪中，在中国或日本所发行的任何一本《圣经》、基督教书籍或科学书籍，都将带有姜别利先生的印记"①。

姜别利回到美国后，曾入谢菲尔德学院学习。1871 年，为了表彰他在中国和日本两地所付出的辛劳服务，耶鲁大学授予他荣誉文学硕士学位，1886 年他逝世于宾州约克郡家中。

姜别利在华期间完成的著作主要有：《新约字数》，约编成于 1860 年间（咸丰十年），稿本，共八页，收新约字数 2713 个。《两边摒小字》，1863 年（同治二年）编，稿本，六页，共收汉字 1878 个，末页有姜别利亲笔题写 *1878 Characters which are in my list and which can be formed by divisible type*，落款时间为 1863 年 12 月 22 日。《十三经难字摘录》，1863 年（同治二年）编，稿本，七页，共收字数 2485 个，封面有姜别利题 *"List of Characters in the Classics that are not in our list"*，落款时间为 1863 年 11 月 25 日。《四书字数》，姜别利主编，约成书于 1861 年，稿本，共一百一十页。*Two lists of selected characters, containing all in the Bible and Twenty seven other books, with introductory remarks*，上海美华书馆铅印本，1861 年（咸丰十一年）初版，1865 年（同治四年）重印，五十页。*List of Chinese characters formed by the combination of the divisible type of the Berlin Font used at the shanghai mission press of the Board of Foreign Missions of the Presbyterian Church in the United states of America*，上海美华书馆铅印本，1862 年（同治元年），八十二页。*Statistics of Protestant Missions in China for 1864*，上海美华书馆铅印本，1865 年（同治四年）。②

① ［美］麦金托什：《美国长老会书馆纪事》，《出版史料》1987 年第 4 辑，第 15 页。
② Wylie, Alexander, *Memorials of Protestant Missionaries to the Chinese: giving a list of their publications, and obituary notices of the deceased. With copious indexes*, shanghai: American Presbyterian Mission press, 1867, p. 249.

三 姜别利文库

1938 年,姜别利子女 Miss Anna D. Gamble 与 Dr. William M. Gamble 决定将其父亲所遗留的藏书捐献给美国国会图书馆东方部。此前一部分姜氏藏书曾经捐给了美国天主教大学保管,当姜别利子女表示希望能够将所有姜别利藏书归于一处以保持其父藏书的完整性时,美国天主教大学慷慨地将原藏部分姜氏藏书交付国会图书馆。这样,国会图书馆拥有了整个姜别利文库,包括 277 种、493 册中文书籍,120 种英文及其他语言书籍,另有 30 余张照片。[①] 目前,姜别利文库藏于国会图书馆亚洲部,索书号为"G"字头,此"G"字即为 Gamble 首字母。下面将姜别利文库中的中文书籍,略加分类,整理成表 5 – 1 至表 5 – 5。

表 5 – 1   姜别利文库中的中文书籍分类 (科学技术类)

著译编者	书名	刊刻年代、出版者	备注
合信	博物新编三集	咸丰五年 (1855)、上海墨海书馆刻本	一册,有图
傅兰雅	格致汇编	光绪二年 (1876)、上海格致书院铅印本	存第一卷及第五卷,二册,有图
基顺	西国算学	同治三年 (1864)、福州美华书局铅印本	
	演算法	清铅印本	一单张
伟烈亚力	数学启蒙二卷	咸丰三年 (1853)、上海墨海书馆铅印本	一册
利玛窦等译	几何原本六卷	咸丰二年 (1852)、宁波华花聚经书房铅印本	存卷一,一册
利玛窦等译	几何原本	同治四年 (1865)、曾国藩南京刻本	存卷一,一册,有图解

① Hummel, A., "Chinese, Japanese, and Other East Asiatic Books Added to the Library of Congress, 1937 – 1938," in *Chinese Collections in the Library of Congress*: *Excerpts from the Annual Report of the Librarian of Congress*, *1898 –1973*, Compiled by Ping-Kuen Yu, Vol. Ⅱ, Centre for Chinese Research Materials Association of Research Library, Washington D. C., p. 576. p. 579.

续表

著译编者	书名	刊刻年代、出版者	备注
伟烈亚力、李善兰同译	谈天十八卷	上海墨海书馆铅印本	存卷十四至十八，一册
薛承恩编译	天文浅说	同治八年（1869）、福州美华书局铅印本	
艾约瑟、李善兰同译	重学十七卷	旧抄本	四册，有插图及图解
艾约瑟、李善兰同译	重学十七卷	同治六年（1867）、上海美华书馆铅印本	二册
韦廉臣、李善兰同编译	植物学八卷	咸丰七、八年上海墨海书馆刻本	一册，有插图
合信、陈修堂同撰	全体新论	咸丰元年（1851）、上海墨海书馆刻本	
合信、管茂材同撰	内科新说二卷	咸丰八年（1858）上海仁济医馆刻本	一册
合信、管茂材同撰	西医略说三卷	咸丰七年（1857）上海仁济医馆刻本	一册，有图
胡德迈撰	指南针	同治六年（1867）宁波开明山福音殿重刊刻本	26 页
高第丕夫人编	造洋饭书	同治五年（1866）、上海美华书馆铅印本	29 页

表 5 - 2　　　　**姜别利文库中的中文书籍分类（通书类）**

著译编者	书名	刊刻年代、出版者	备注
艾约瑟编	华洋和合通书	咸丰二年（1852）上海墨海书馆铅印本	
麦嘉缔编	平安通书	咸丰二年（1852）宁波华花圣经书房重刊铅印本	有图及表
艾约瑟编	中西通书	咸丰四年（1854）上海墨海书馆铅印本	
庞台物编	中外通书	咸丰九年（1859）上海刻本	33 页
	关华合历	同治十一年（1872）上海美华书馆铅印本	1 单张

表 5-3   姜别利文库中的中文书籍分类（《圣经》、赞美诗、
布道书、教会史书类）

著译编者	书名	刊刻年代、出版者	备注
麦都思等译	旧约全书三卷、新约全书一卷	咸丰五年（1855）香港英华书院铅印本	一册
麦都思等译	旧约全书三卷、新约全书二卷	咸丰五年（1855）上海墨海书馆铅印本	一册
郭实腊撰	圣书注疏	道光十九年（1839）新嘉坡坚夏书院刻本	89 页
麦嘉缔编	圣经类书二卷	咸丰六年（1856）宁波华花圣经书局铅印本	一册
卦德明译述	圣经图记	咸丰五年（1855）宁波铅印本	38 页，有图及地图
麦嘉缔撰	初学编三卷	咸丰元年（1851）宁波铅印本	存卷三，一册
克陛存撰	以利亚言行传	咸丰三年（1853）宁波华花圣经书房铅印本	20 页
禆治文、克陛存同译	旧约全书三十九卷	同治三年至四年（1864—1865）上海美华书馆铅印本	一册
克陛存撰	约瑟言行全传	咸丰十一年（1861）上海美华书馆铅印本	26 页
禆治文、克陛存同译	旧约全书三十九卷	咸丰十一年（1861）上海美华书馆铅印本	四册
麦都思等译	旧约全书七卷	同治三年（1864）香港英华书院铅印本	七册
哥伯播义撰	日积月累	同治七年（1868）上海美华书馆铅印本	宁波土白罗马字拼音，272 页
哈巴安德撰	旧约史记条问	同治三年（1864）上海美华书馆铅印本	57 页
爱孩提女史编译	旧约史记问答	同治三年（1864）上海美华书馆铅印本	64 页
施约瑟译	创世记官话	同治五年（1866）上海美华书馆铅印本	39 页

续表

著译编者	书名	刊刻年代、出版者	备注
孙罗伯译	旧约书创世记	咸丰四年（1854）上海赵文艺堂刻本	94 页
裨治文、克陛存同译	创世记，附出埃及记上卷	咸丰十一年（1861）上海美华书馆铅印本	80 页
裨治文、克陛存同译	旧约书出埃及记	咸丰四年（1854）铅印本	42 页
裨治文、克陛存同译	复傅律例书	咸丰五年（1855）铅印本	40 页
裨治文、克陛存同译	约书亚记至以士帖记	同治三年（1864）上海美华书馆铅印本	
裨治文、克陛存同译	以士帖记	同治三年（1864）上海美华书馆铅印本	15 页
宾威廉译	旧约诗篇官话	同治六年（1867）北京福音堂刻本	127 页
裨治文、克陛存同译	诗篇	咸丰十一年（1861）上海美华书馆铅印本	112 页
麦都思等译	箴言至马拉基书	铅印本	158 页
裨治文、克陛存同译	以赛亚书至马拉基书	同治三年（1864）上海美华书馆铅印本	281 页
裨治文、克陛存同译	但以理书	同治三年（1864）上海美华书馆铅印本	31 页
不著译者	新约全书榕腔	同治六年（1867）福州美华书局铅印本	248 页
裨治文、克陛存同译	新约全书	咸丰九年（1859）宁波华花印书局铅印本	二册
裨治文、克陛存同译	新约全书	同治三年（1864）上海美华书馆铜印本	385 页
基顺编	新约串珠二十七卷	同治四年（1865）福州美华书局铅印本	
胡德迈译	新约传	同治三年（1864）宁波开明山福音殿刻本	一册

续表

著译编者	书名	刊刻年代、出版者	备注
麦都思编	福音调和	道光十五年（1835）马六甲英华书院刻本	存卷上，一册
麦都思编	福音调和八卷	道光十五年（1835）马六甲英华书院刻本	存卷四至八，一册
戴查士编	耶稣来历传九卷	咸丰四年（1854）宁波铅印本	一册，上海土白
韦廉臣译	马太传福音书	同治七年（1868），韦廉臣山东烟台铅印本	48页
文惠廉等译、赵吟松校	马太传福音传	咸丰六年（1856）上海赵吟松刻本	80页
裨治文、克陛存同译	马太传福音书	同治元年（1862）上海美华书馆铅印本	31页
裨治文、克陛存同译	马太传福音书	同治七年（1868）上海美华书馆铜印本	平装，英华合璧，76页
娄（Lowrie，Reuben）注	马太传福音书注解	同治四年（1865）上海美华书馆铅印本	102页
不著译者	马克传福音书官话	同治元年（1862）上海刻本	书口题马可传福音官话，48页
文惠廉译	马可传福音书	同治元年（1862）上海赵文艺堂刻本	47页
裨治文、克陛存同译	马可传福音书	同治元年（1862）上海美华书馆铅印本	20页
倪维思注	马可传福音书略解	同治五年（1866）上海美华书馆铅印本	49页
不著译者	路加传福音书	咸丰六年（1856）上海赵吟松刻本	83页
郏爱比译	路加传福音书	咸丰九年（1859）上海刻本	106页
裨治文、克陛存同译	路加传福音书	同治元年（1862）上海美华书馆铅印本	32页
Summers，James译	约翰传福音书	咸丰三年（1853）伦敦铅印本	上海土白罗马字注音，112页

续表

著译编者	书名	刊刻年代、出版者	备注
裨治文、克陛存同译	约翰传福音书	咸丰九年（1859）宁波华花印书局铅印本	35 页
裨治文、克陛存同译	约翰传福音书	同治元年（1862）上海美华书馆铅印本	28 页
合信撰	约翰圣经释解	同治六年（1867）上海三牌楼圣堂铅印本	58 页
裨治文、克陛存同译	使徒行传	同治元年（1862）上海美华书馆铅印本	32 页
裨治文、克陛存同译	使徒行传	同治三年（1864）上海美华书馆铅印本	34 页
裨治文、克陛存同译	使徒保罗达哥林多人前书至使徒约翰默示录	咸丰五年（1855）宁波华花圣经书房铅印本	一册
裨治文、克陛存同译	保罗达加拉太人书至使徒约翰默示录	咸丰五年（1855）宁波华花圣经书房铅印本	一册
文惠廉译	使徒保罗达罗马人书	同治三年（1864）上海铅印本	22 页
甘（Gayley，Samuel R.）译	使徒保罗寄哥林多人前书	同治三年（1864）上海铅印本	22 页
甘（Gayley，Samuel R.）译	使徒保罗寄哥林多人后书	同治三年（1864）上海铅印本	14 页
裨治文、克陛存同译	保罗达加拉太人书	同治三年（1864）上海美华书馆铅印本	5 页
丁韪良撰	保罗垂训	同治元年（1862）上海美华书馆重刊铅印本	15 页
麦嘉缔撰	入耶稣教例言	咸丰七年（1857）宁波华花圣经书房铅印本	3 页
麦嘉缔撰	耶稣教例言	同治六年（1867）上海美华书馆重刊铅印本	6 页
胡德迈撰	主日论	同治七年（1868）宁波开明山福音殿刻本	12 页

续表

著译编者	书名	刊刻年代、出版者	备注
麦嘉缔撰	祈祷真神入门要诀	同治二年（1863）上海美华书馆重刊	25 页
倪维思编译	颂扬真神歌	同治四年（1865）上海美华书局铅印本	105 页
丕思叶译	赞美神诗	同治间广州双门底福音堂刻本	23 页
不著选者	圣诗合选	同治三年（1864）上海墨海书馆铅印本	42 页
应思理编	圣山谐歌	咸丰八年（1858）宁波华花书房铅印本	84 页
麦嘉缔编	宁波土话赞美诗	同治七年（1868）上海美华书馆	78 页
范约翰编	曲谱赞美诗	同治七年（1868）上海美华书馆	上海土白，73 页
米怜撰	乡训五十二则	同治二年（1863）上海美华书馆重刊铅印本	65 页
倪维思撰	宣道指归	同治五年（1866）上海美华书馆	61 页
麦嘉缔撰	西士来意略论	同治四年（1865）上海美华书馆重刊	6 页
倪维思撰	天路指南	咸丰十一年（1861）上海美华书馆	97 页
倪维思撰	天路指南	同治七年（1868）上海美华书馆	宁波土白罗马字拼音
本人约翰撰、宾威廉译	天路历程五卷	咸丰三年（1853）厦门刻本	99 页
本人约翰撰、宾威廉译	天路历程五卷	同治四年（1865）上海美华书馆	55 页
本人约翰撰、宾威廉译	天路历程官话	同治年间铅印本	有插图，一单张
本人约翰撰、宾威廉译	续天路历程官话六卷	同治五年（1866）北京福音堂刻本	一册

续表

著译编者	书名	刊刻年代、出版者	备注
本人约翰撰、歌伯播义译	旅人入胜	同治三年（1864）上海铅印本	宁波土白罗马字拼音，147页
白汉理译	亨利实录	同治六年（1867）上海美华书馆铅印本	28页
麦都思译	论善恶人之死	同治二年（1863）上海美华重刊	10页
麦都思译、胡德迈校	善恶有报记	同治六年（1867）宁波开明福音殿重刊	9页
米怜撰	张远两友相论	道光二十八年（1848）福建南堂中洲铺刻本	41页
米怜撰	张远相论	咸丰七年（1857）浦东周凤翔刻本	27页
米怜撰	张远两友相论	咸丰二年（1852）宁波华花圣经书房	33页
米怜撰	张远两友相论	咸丰十一年（1861）上海美华书馆重刊	45页
米怜撰、美魏茶重编	长远两友相论	咸丰五年（1855）香港圣保罗书院刻本	32页
丁韪良撰	喻道传	同治二年（1863）上海美华书馆	48页
丕思业编	圣书五常撮要	同治三年（1864）上海美华书馆铅印本	19页
丕思业编	圣书酒戒撮要	同治三年（1864）上海美华书馆铅印本	6页
丕思业编	圣书色戒撮要	同治三年（1864）上海美华书馆铅印本	10页
丕思业编	圣书财戒撮要	同治三年（1864）上海美华书馆铅印本	10页
丕思业编	圣书气戒撮要	同治三年（1864）上海美华书馆铅印本	7页
米怜撰	生意公平聚益法	道光二十七年（1847）宁波华花书房	8页

续表

著译编者	书名	刊刻年代、出版者	备注
不著撰者	劝崇真理	道光二十七年（1847）宁波华花圣经书房	12 页
丁（Dean William）撰	真假人物论	同治七年（1868）上海美华书馆	25 页
韦廉臣	醒世良言	同治七年（1868）上海美华书馆铅印本	2 页
胡德迈校	永福嘉音	同治六年（1867）宁波开明山福音殿重刊	8 页
麦嘉缔撰	真理易知	咸丰宁波华花圣经书房铅印本	12 页
麦嘉缔撰	真理易知	同治六年（1867）上海美华书馆重刊铅印本	11 页
包约翰撰	耶稣圣教法程	同治六年（1867）北京东交民巷耶稣堂重刊刻本	
哈巴安德编	信道摘要书	同治五年（1866）上海美华书馆铅印本	
崇教者撰	进教要理问答二卷	道光二十六年（1846）上海刻本	书末附《祷文问答》、《圣事问答》、《洗礼问答》、《圣餐问答》
崇教者撰	进教要理问答三卷	道光二十七年（1847）上海刻本	存一册
慕维廉撰	耶稣门徒问答	咸丰十一年（1861）上海铅印本	附耶稣门徒信经，10 页
慕维廉撰	教会圣歌	咸丰十一年（1861）上海铅印本	14 页
倪戈氏撰	耶稣教官话问答	同治二年（1863）上海美华书馆铅印本	21 页
长老会	耶稣教要理问答	道光二十九年（1849）宁波华花圣经书房铅印本	24 页
长老会译、克陛存重编	福音道问答简略	同治元年（1862）上海美华书馆铅印本	18 页

续表

著译编者	书名	刊刻年代、出版者	备注
丕思业译	初学问答	同治元年（1862）上海铅印本	14 页
那尔敦撰	圣经问答	咸丰十一年（1861）宁波真神堂铅印本	
柏哲撰、胡德迈增译	经录问答	同治七年（1868）宁波开明山福音殿刻本	
杨格非撰	训子问答	同治三年（1864）上海铅印本	
米怜撰	幼学浅解问答	道光二十七年（1847）宁波华花圣经书房铅印本	27 页
宾威廉撰	正道启蒙	同治三年（1864）北京福音堂刻本	
包约翰撰	耶稣圣教指要	同治六年（1867）北京东交民巷耶稣堂刻本	44 页
种德者撰	天镜明鉴二卷	道光六年（1826）马六甲英华书院刻本	一册
孟丁元撰	天道镜要三卷	咸丰八年（1858）宁波华花圣经书房铅印本	
丁韪良撰	三要录	同治八年（1869）上海美华书馆重刊铅印本	30 页
麦都思撰、麦嘉缔注	绣像真理三字经注释	宁波华花圣经书房铅印本	17 页
麦都思撰、麦嘉缔注	真理三字经注释	同治二年（1863）上海美华书馆重刊铅印本	16 页
麦都思撰	真理三字经	同治二年（1863）上海美华书馆重刊铅印本	5 页
倪维思撰	神道总论	同治三年（1864）上海美华书馆铅印本	存卷二至三，二册
倪维思撰	天牖	同治四年（1865）上海美华书馆铅印本	18 页
胡德迈撰	主神论	同治五年（1866）宁波开明山福音殿刻本	10 页

续表

著译编者	书名	刊刻年代、出版者	备注
淑克译	真神总论	同治七年（1868）上海美华书馆重刊铅印本	5 页
卦德明撰	圣经史记	道光二十七年（1847）宁波华花圣经书房铅印本	83 页
米怜撰	乡训五十二则	道光二十五年（1845）宁波华花圣经书房铅印本	49 页
江德编	耶稣之言	同治四年（1865）上海铅印本	4 页
丕思业编译	耶稣言行撮要俗话	同治二年（1863）广州双门底福音堂刻本	105 页
慕维廉编	耶稣言行纲目	同治七年（1868）上海美华书馆铅印本	
江德编	福音之言	同治年间上海铅印本	5 页
裨治文、克陛存同译	登山宝训	同治五年（1866）上海美华书馆铅印本	7 页
麦嘉缔重编	耶稣降生言行韵文	同治元年（1862）宁波华花圣经书房铅印本	4 页
麦嘉缔重编	耶稣降生言行韵文	同治二年（1863）宁波华花圣经书房铅印本	9 页
胡德迈撰	邪性记	同治六年（1867）宁波开明山福音殿重刊刻本	11 页
胡德迈撰	救魂论	同治六年（1867）宁波开明山福音殿重刊刻本	9 页
麦嘉缔撰	灵魂总论	同治六年（1867）上海美华书馆重刊铅印本	3 页
麦嘉缔撰	灵魂贵于身体论	同治二年（1863）上海美华书馆重刊铅印本	6 页
米怜撰	灵魂篇	同治七年（1868）上海美华书馆铅印本	32 页
丁韪良撰	救世要论	同治三年（1864）上海美华书馆铅印本	4 页

续表

著译编者	书名	刊刻年代、出版者	备注
裨治文撰	灵生诠言	道光二十八年（1848）宁波华花圣经书房铅印本	6 页
麦嘉缔撰	悔改信耶稣说略	同治七年（1868）上海美华书馆重刊铅印本	9 页
不著撰者、胡德迈校	稽明四终	同治六年（1867）宁波开明山福音殿重刊刻本	9 页
麦嘉缔撰	信操三纲	咸丰十一年（1861）上海美华书馆铅印本	22 页
慕维廉译	天人同异	咸丰六年（1856）香港英华书院铅印本	6 页
艾约瑟撰	释教正谬	咸丰六年（1856）上海刻本	存 31 页
麦都思撰、胡德迈校	清明扫墓论	同治六年（1867）宁波开明山福音殿重刊刻本	10 页
江德编	辟奉偶像解	同治上海铅印本	5 页
米怜撰、胡德迈校	诸国异神论	同治六年（1867）宁波开明山福音殿重刊刻本	10 页
娄理华撰	耶稣教略论	道光二十八年（1848）宁波华花圣经书房铅印本	4 页
麦都思撰	耶稣教略	同治二年（1863）上海美华书馆重刊铅印本	25 页
不著撰者	耶稣降生受死之传	道光二十六年（1846）宁波华花圣经书房铅印本	24 页
宁波长老会译	教会政治	同治五年（1866）铅印本	41 页，书末附礼拜模范
哈巴安德编	圣会劝惩条例	同治五年（1866）上海美华书馆	27 页

表 5 - 4　　　　姜别利文库中的中文书籍分类（舆地、历史、条约类）

著译编者	书名	刊刻年代、出版者	备注
江德	地理问答	同治四年（1865）广州刻本	有图，51 页
裨治文	大美联邦志略	咸丰十一年（1861）上海墨海书馆铅印本	一册
丁韪良译	万国公法四卷	同治三年（1864）北京崇实馆刻本	四册
不著撰者	大中国与大亚美利驾合众国和约章程	咸丰间刻本	14 页
不著撰者	朝廷准行正教录	道光二十五年（1845）铅印本	为道光二十四年耆英奏请弛禁天主教折

表 5 - 5　　　　　　姜别利文库中的中文书籍分类（其他）

著译编者	书名	刊刻年代、出版者	备注
湛约翰主编	中外新闻七日录	同治四年（1865）广州刻本	
	上海同仁辅元堂征信录	清同治元年（1862）刻本	
	上海育婴堂征信录	道光间刻本	书名据序文首行题
麦嘉缔重编	鸦片六戒	咸丰三年（1853）宁波华花圣经书房铅印本	7 页
丁韪良撰	双千字文	同治四年（1865）上海美华书馆刻本	26 页
姜别利主编	新约字数	咸丰十年（1860）稿本	8 页
姜别利编	两边摭小字	同治二年（1863）稿本	6 页
姜别利主编	十三经难字摘录	同治二年（1863）稿本	7 页
不著撰人	上海土白字汇	咸同年间铅印本	音义用罗马字拼音

著译编者	书名	刊刻年代、出版者	备注
蓝（Rankin, Henry Van Vleck）撰	宁波土话初学	同治七年（1868）上海美华书馆铅印本	
李卫撰	天主堂改为天后宫碑记	铅印本	一单张
金简撰	武英殿聚珍版程式	乾隆四十二年（1777）武英殿聚珍版印本	有图，原题［钦定武英殿聚珍版程式］
	书经正义三卷	道光十八年（1838）三元堂刻本，三册	书名题三元堂书经正义
不著编者	诗经增订旁训，四卷	清匠门书屋刻本	存卷二至三，卷四，二册
（清）黄叔琳撰，姚培谦重订	周礼节训，六卷	清刻本	存卷三，一册
（清）马马同撰	仪礼易读，十七卷，	清悦六斋刻本，四册	
	礼记正义，六卷	道光元年（1821）三元堂刻本，六册	
	春秋正义	清宝翰堂刻本	残存卷三至四，一册
储欣（评）	左传选，十四卷	道光五年（1825）艺海堂重刊刻本，四册	
翁复辑	便蒙四书正文	道光间三元堂刻本	存中庸及上下孟，三册
	四书合讲	同治五年（1866）芋栗园刻本	
（清）不敏主人辑	十三经集字	咸丰七年（1857）九思堂刻本	
张玉书等奉敕撰	康熙字典	清刻本，四十四册	
（宋）王应麟撰	青照楼三字经	清青照楼刻本	

续表

著译编者	书名	刊刻年代、出版者	备注
不著辑者	图像山海经详注，四集	清佛山镇福文堂刻本	
（清）梁延年编	圣谕像解	咸丰六年（1856）广州林氏叶经堂书坊重刊刻本	八册，有图

表5-1所列即为姜别利文库中汉文书籍的基本内容，从表中可见，该文库书籍绝大部分为近代来华基督新教传教士的中文出版物，其中有关《圣经》的翻译、教义解释、教史介绍等宣教类书籍占了绝大部分。相当多属于页数不多的小册子。

当然，姜别利文库中还有一些非常有意思的稿本，如在一份宁波华花书局的印书单及上海美华书馆的售书单：Catalogue of Books Printed at the Ningpo Mission Press, and For Sale at the Depository of the Presbyterian Missionary Press, Shanghai 中①，记载了宁波华花书局的 41 种早期印书及其售价，如《要理问答》，每百册售价 1 美元 10 美分，《初学编》，每百册售价 10 美元，《天道溯源》，每百册 5 美元 75 美分……这个稿本对今人考察宁波华花书局的印书及书籍价格无疑很有价值。此外，文库中还有一份姜别利本人为学习汉语所编写的小辞典，共 14 页，封面有姜别利英文题字 "My first work at Ningpo in 1858"②。内中列出了一些简短的英汉对照字词、句子，诸如 "Your high name" 下注 "高姓"，"Your age" 下注 "贵庚"，"Your wife" 下注 "宝眷"，"Where is your home" 下注 "贵府哪里"，"these men are all Canton man" 下注 "这些人都是广东来的"，等等。这个小册子对于我们了解早期新教传教士学习汉语之经历亦有一定参考意义。

四　结语

晚清基督新教入华，接续了明末以来的中西文化交融篇章，对中西方

---

① Gamble Collection, Call number：G/C58.9/92.
② Gamble Collection, Call number：G/A339/G16.

社会均产生难以低估的影响。这些新教传教士入华，撰写、翻译出版了卷帙繁多的中文书籍。例如，早在 1867 年伟烈亚力就曾记录了 338 位截至当年在华活动的新教传教士的个人生平，其中收录了由这些传教士撰写、翻译出版的、超过 700 种的中文著作。① 不少学者已经认识到考察这些早期入华新教传教士的中文著作在推动中国基督教史及中西文化交流史研究上的重要性，并在此方面作了有益的探索。如 1977 年，在鲁斯基金会的赞助下，白威淑珍（Suzanne Wilson Barnett）负责组织联络了一些北美汉学家对新教传教士中文著作进行研究，并于次年在哈佛大学召开了相关主题的学术研讨会。研究成果最后以《基督教在中国：早期新教传教士著述》为题，由白威淑珍与费正清编辑出版。② 白氏等人的研究，主要依赖的是美部会（American Board of Commissioners for Foreign Missions, AB-CFM）捐献给哈佛大学的新教传教士的著述，特别是其中藏于哈佛燕京学社图书馆的中文著述。哈佛燕京学社亦因此成为海外收藏上述早期来华新教传教士中文著述最主要的中心，并为学术界所广知。赖永祥先生曾经编辑了一份详细的目录，这份目录无疑为学者利用该馆馆藏进行研究提供了极大的便利。③

相比之下，同样收藏了较为丰富的早期来华新教传教士中文著述的美国国会图书馆姜别利文库，则似乎少有人知。事实上，尽管从总量而言姜别利文库中的新教传教士中文书籍不如哈佛燕京学社收藏之多，但是，该文库亦有哈佛燕京学社收藏所不具备的特点，最突出的一点是姜别利文库的中文书籍，绝大部分为宁波华花书局、上海美华书馆这两个前后接续的美国长老会在华出版中心的出版品。姜别利在华十年左右时间里，就是直接主持该出版机构。作为 19 世纪后半叶东亚最重要的教会出版地之一，宁波华花书局—上海美华书馆在中西文化交流史乃至中国近代文化史上占有重要的地位，早已引起学者的注意，然而迄今尚未见有深入的个案研

① Wyle, Alexander, *Memorials of Protestant Missionaries to the Chinese: giving a list of their publications, and obituary notices of the deceased.* Shanghai: American Presbyterian Mission Press, 1867.

② Barnett, S. W. and Fairbank, J., eds., *Christianity in China: Early Protestant Missionary Writing, Cambridge, Mass., Harvard University Press, 1985.* 中国学者方面的研究主要有熊月之,《西学东渐与晚清社会》，上海人民出版社 1994 年版。第二部分"西学从南洋漂来"、第三部分"门户洞开以后"。

③ Lai, John Yung-Hsiang, ed., *Catalog of Protestant missionary works in Chinese.* Harvard-Yenching Library, Harvard University. Boston, Mass.: G. K. Hall, 1980.

究。个中原因,可能即与学术界对姜别利文库了解甚少不无关系。① 由此可见,珍藏美国国会图书馆半个多世纪的姜别利文库,实在值得学术界给予更多关注。

---

① 目前有关美华书馆的研究主要散见于张秀民《中国印刷史》,第 584—586、594 页;范慕韩主编:《中国印刷近代史》(初稿),第 76—82 页;熊月之:《西学东渐与晚清社会》,第 167—181、481—484 页。

第 六 章

"边疆"何在？

——近代中国边疆民族地区基督教史 研究的新视角[*]

一 引言

1688 年的夏天，当法国耶稣会士张诚奉康熙皇帝命令，与徐日升一起以大清使团官员的身份经蒙古地区前往中俄边境进行谈判时，第一次进入蒙古牧区的这位耶稣会士显然对中国北部边疆的族群多样性产生了深刻的印象，在游记中，他以民族志的视野描述了生活在满蒙边疆的人民及其文化。与此同时，他也没有忘记自己的传教士身份。对于他这样的传教士而言，广袤的中国北部边疆无疑是一个亟待开垦的果园，以至他第一次进入当地就想过"在这里建立一个布道区"，并在此奉献他的余生，"在这人民中传布福音"。尽管他看到蒙古人因受喇嘛教的影响而不易改宗基督教，但他并没有轻言放弃，而是酝酿了一个计划："我相信在这些地方推广基督教的最有效方法应是派遣中国工作人员，当他们人数足够时，他们的邻居也会加入基督教。"

当我们今天读到这段文字时，内心不得不佩服张诚的想法是何其有远见，近代天主教会在内蒙古地区的传播策略，基本上与两个世纪前这位耶稣会士的计划不谋而合。近代来华传教士们在边疆传教方面究竟从何种程度上继承了其先辈的遗产，在这里我不欲细究这个问题，而是希望通过这样的例子表明，在基督教东传的历史中，中国边疆地区一直没有离开过传

---

[*] 文中的基督教，乃是广义的概念，即指天主教及基督新教。

教士的视野。从唐代、蒙元时期的景教、天主教到明清以来的天主教、基督新教，都曾经活跃在广袤的边疆地区。尤其是到了近代，随着条约体系的建立，传教士可以更为深入地进入边疆地区传教，而边疆地区的基督教活动也由此进入一个前所未有的繁荣时期。正如一份教会文献所表述的，"更阑夜静的时候，我们仿佛已经听到西南各少数民族，千千万万个讲各种方言的人隐约的脚步声，他们正在走进我主耶稣基督的国度"①。本章旨在扼要回顾与分析近三十年来国内学术界在近代中国边疆基督教史方面的研究状况，并在此基础上，针对研究视角的扩大及文献资料的开发与解读问题提出一些新思考。

二　先前研究成果的回顾

尽管早在民国时期，一些学者已经开始关注基督教在边疆地区的传播历史研究，但当时学者研究的重心基本上放置在与边疆相对的"内地"上。新中国成立后，曾经在50—60年代开展了较大规模的少数民族社会历史调查，其间也一度涉及边疆民族地区基督教的传播情况，但可惜的是很快就因"文化大革命"的爆发而中止。直到20世纪80年代以来，边疆基督教史才逐渐受到国内学者的重视，投入研究的学者逐渐增多。截至2008年，据笔者个人的初步统计，目前关于近代边疆民族地区基督教历史的论文超过300篇，较重要的著作近20部（见文中附表）。研究区域基本上涵盖了我国东北及内蒙古、西北、西南、东南等几大边疆区域。下面依据个人所掌握的资料，分别扼要地评述国内有关近代中国边疆地区基督教史的现有研究情况。②

首先要分析的是东北及内蒙古地区，本处所指东北及内蒙古地区指黑龙江、吉林、辽宁等东北三省及内蒙古自治区。在17世纪以前，天主教已经传入这些地区，但是较大规模的传播活动则是从19世纪中后期开始的。国内学者关于近代东北边疆地区基督教史的论著较为零散，其中，田志和、苏义发考察了清代东北庚子教案赔款问题，李英武探讨了东北沦陷

---

① 中华续行委办会调查特委会编：《1901—1920年中国基督教调查资料》，下卷，蔡咏春等译，中国社会科学出版社2007年重印本，第896页。

② 此处暂不涉及东南台湾地区的情况，笔者将在其他场合另文探讨。

时期天主教与基督新教的活动情况，于永敏、邱广军分别研究了近代基督新教在东北地区的医疗活动，邹丹丹则针对近代基督新教在东北地区的办学活动进行了初步的研究，考察了东北地区教会学校的历史状况。① 在目前所见关于近代东北地区基督教历史研究论著中，比较重要的是两部尚待出版的博士论文，其一是金东春于 2007 年在延边大学完成的《二十世纪初基督教在中国延边朝鲜民族社会的演变及其影响》一文。在该文中，金东春以 20 世纪初叶中国延边朝鲜族基督教信仰发展为个案，探讨了基督教从朝鲜半岛传入中国延边朝鲜族地区的历史及其特点。文章指出，基督教传入近代中国延边地区与朝鲜族的移居息息相关，在变动不居的时代背景下，这些越境迁入的朝鲜族"垦民"较为容易接受基督教信仰。而在抗日民族情绪高涨的影响下，基督教在延边朝鲜族社会新文化普及和反日启蒙教育活动中发挥了重要的作用。论文也探讨了在日本帝国主义的镇压及怀柔政策、传教士政教分离政策、基督教会派系斗争及社会主义思潮传入等背景下，延边朝鲜族基督教会内部所发生的分化情况，通过考察一部分延边朝鲜族基督教反日民族主义者转化为社会主义者，作者认为有关基督教与社会主义之间的关系应该重新加以思考。② 同样以近代东北地区基督教会为研究视角，华中师范大学徐炳三在 2008 年所完成的博士论文《近代中国东北基督教研究——以政教关系为研究视角（1867—1945）》中，以近代中国东北社会变迁和政局变动为背景，分别考察了 1867 年新教初传东北至 1900 年义和团运动爆发、义和团运动之后至九一八事变之间、1931—1945 年东北沦陷时期等阶段东北基督教会的境遇和特点。作者认为，从政教关系出发，可以清晰地看出国家政策对于近代东北地区基督教会发展所产生的重要影响，与内地基督教会受文化因素影响较大相比，东北地区基督教会的政治态度和应对策略对教会的发展起到至关重要

---

① 参见田志和、苏义发《清代东北地方庚子赔款始末》，《东北师大学报》（哲学社会科学版）1988 年第 6 期；李英武：《东北沦陷时期的基督新教》，《东北亚论坛》2001 年第 2 期；《东北沦陷时期天主教》，《东北亚论坛》2001 年第 4 期；于永敏：《东北地区西医传入先驱者——司督阁博士》，《中国科技史料》1992 年第 3 期；邱广军：《司督阁在中国东北的施医布道》，《辽宁师范大学学报》（社会科学版）2005 年第 5 期；《清末民初基督教在东北施医布道探悉》，东北师范大学，2005 年未刊硕士论文；邹丹丹：《近代中国东北基督教会学校研究》，东北师范大学，2006 年未刊硕士论文。
② 参见金东春《二十世纪初基督教在中国延边朝鲜民族社会的演变及其影响》，延边大学，2007 年未刊博士论文。金氏系韩国留学生。

的作用。①

　　值得注意的是，近代东北地区天主教会的势力要远远超过基督新教，凭借占据北京教区的有利条件，鸦片战争前天主教会就已进入东北地区传教。到 1937 年，当基督新教徒还只有四万八千余人时，在东北的天主教徒已经超过十二万。② 但我们注意到目前所见有关天主教在近代东北地区历史的研究微乎其微。除了寥寥数篇短文③外，基本上无人涉及。而这个状况恰好与近代内蒙古基督教史研究领域中偏重天主教部分形成鲜明的对比。

　　内蒙古是基督教传入中国历史最为悠久的地区之一，蒙元时代基督教曾经在蒙古族中传播，留下一些珍贵的史料，吸引了包括伯希和在内的汉学家的关注。④ 近年来，关于近代内蒙古地区基督教的发展也受到国内学者的重视，逐渐涌现出了一系列研究成果。自 1864 年罗马教廷指定热河、察哈尔、绥远、宁夏等地为比利时圣母圣心会传教区后，圣母圣心会基本上操纵了近代内蒙古地区的天主教宣教活动，因此近年来内蒙古天主教历史的研究基本上是以考察圣母圣心会在当地的传教活动为主线而展开的。现有研究成果主要可分为两个阶段，在 20 世纪 90 年代以前，其研究视角基本上还是受到帝国主义侵略框架的影响。早在 20 世纪 60 年代，前辈学者戴学稷先生曾在《历史研究》上相继发表了《1900 年内蒙古西部地区各族人民的反帝斗争》、《西方殖民者在河套、鄂尔多斯等地的罪恶活动》两篇论文。⑤ 在当时特定的历史背景下，毫无疑问，这两篇论文都带有一定程度上的政治性诠释风格，天主教会在内蒙古的活动基本上是被置于"帝国主义"和"文化侵略"框架下加以考察，其影响甚至延续到 80 年代。已有学者注意到，即使到了八九十年代，一部分学者基本上还是依循

---

　　① 参见徐炳三《近代中国东北基督教研究——以政教关系为研究视角（1867—1945）》，华中师范大学，2008 年未刊博士论文。

　　② 徐炳三前引文，第 210 页。

　　③ 例如，何岩巍：《近代来华天主教士笔下的东北地名及行程见闻——以巴黎外方传教士布鲁尼埃和维尔诺特信件为例》，《中国边疆史地研究》2008 年第 3 期。

　　④ 参见 [法] 伯希和《蒙古与教廷》，冯承钧译，中华书局 1994 年版。

　　⑤ 参见戴学稷《1900 年内蒙古西部地区各族人民的反帝斗争》《西方殖民者在河套、鄂尔多斯等地的罪恶活动》，《历史研究》1964 年第 6 期。

反帝范式考察近代内蒙古天主教会历史。①

进入90年代以后，关于内蒙古地区基督教的研究开始摆脱了以往单纯的反帝反洋教史观，开始注重回到客观历史本身来考察教会在内蒙古地区的活动。例如，尽管教案问题仍然受到关注，但是研究的视角却有所转换。米辰峰所撰写的《从二十四顷地教案日期的分歧看教会史料的局限》一文，注重从中西文献的比对中厘清历史事实，莎茹拉、苏德毕力格则利用准格尔等蒙旗蒙文档案，对1900年内蒙古西部的蒙旗教案进行了新探讨。② 近代内蒙古传教史中，教会占有大量土地是一个明显的特征，数十年前柯文发出的"教会究竟成了什么样的土地主"③ 的疑问，也已是国内学者关注的问题，一些学者在这方面做出了探索，例如，郭红以段振举地亩案为研究个案，考察了此次民教之间的冲突及其对天主教在内蒙古传教方式改变的影响，苏德毕力格、王卫东则考察了移民垦荒与教会发展之间的关系。④ 此外，从20世纪80年代开始，国内教案研究领域开始出现从中西文化冲突角度来分析近代教案的趋势，受其影响，一些学者也从文化冲突角度考察近代内蒙古地区的民教冲突过程。⑤

此时期也开始有学者试图从整体性来考察圣母圣心会在近代内蒙古地区的传教活动全貌。目前已经有不少博硕士论文关注这个问题，其一是冯健的《圣母圣心会在内蒙古及周边地区的发展和影响》。在该文中，作者依据中西文献史料，考察了近代天主教圣母圣心会在内蒙古及周边地区的

① 参见刘毅政《近代外国教会对内蒙古的侵略扩大》，《内蒙古师院学报》1982年第2期；赵坤生：《近代天主教会在内蒙古侵占土地的情况及其影响》，《内蒙古社会科学》1985年第3期；陈育宁：《近代鄂尔多斯地区各族人民反对教会侵略的斗争》，《内蒙古社会科学》1982年第4期；邢亦尘：《试论基督教在蒙古民族中的传播》，《内蒙古社会科学》1990年第6期。

② 参见米辰峰《从二十四顷地教案日期的分歧看教会史料的局限》，《清史研究》2001年第4期；莎茹拉、苏德毕力格：《1900年内蒙古西部的蒙旗档案》，《历史档案》2002年第4期。

③ ［美］费正清、刘广京编：《剑桥中国晚清史（1800—1911年）》，上卷，中国社会科学出版社1993年版，第612页。

④ 参见郭红《段振举地亩案与天主教在内蒙古传教方式的改变》，《九州学林》2004年2卷2期；王卫东、郭红：《移民、土地与绥远地区天主教的传播》，《上海大学学报》2005年第3期。苏德毕力格：《天主教与内蒙古地区的移民垦殖》，《中国天主教》2000年第2期；王卫东：《融会与建构：1648—1937年绥远地区移民与社会变迁研究》，华东师范大学出版社2007年版，第166—196页。

⑤ 参见王世丽《清末热河东部地区的"金丹道教"起义》，《内蒙古社会科学》1995年第4期；牛敬忠：《近代绥远地区的民教冲突：也说义和团运动爆发的原因》，《内蒙古大学学报》2001年第4期；薄艳华：《1900年绥远地区教案经过》，《内蒙古大学学报》2003年第6期。

传播状况，作者认为从 19 世纪 60 年代以来，天主教圣母圣心会在内蒙古及周边地区取得了空前的发展，教会在内蒙古各地兴建了许多教堂，并通过开展农业垦殖、武装"护教"、医疗卫生、文化教育和慈善救济等活动吸引了大批信徒。而与此同时，圣母圣心会进入内蒙古地区传教，也造成了当地传统社会秩序发生重大断裂和变动，冲击、改变了传统社会经济、政治和文化结构，对内蒙古及周边地区的近代化产生了重要的影响。① 其二是郭晶波的《十九世纪中叶后比利时圣母圣心会在内蒙古西部地区的慈善活动》。作者在这篇文章中主要从教会学校、慈幼事业、医疗事业、农林事业、灾荒救济、改良社会风习等六个方面简要梳理了天主教会在内蒙古西部地区所开展的慈善活动，作者认为，传教士所开办的慈善事业和社会福利措施，在客观上加速了内蒙古西部地区的近代化进程，但与此同时，也不能排除仍有一部分传教士借用慈善的旗号以达到侵略的目的。② 如果说以上两篇硕士论文只是简要地描述了天主教圣母圣心会在近代内蒙古地区的传教轮廓，那么张彧所著博士论文《晚清时期圣母圣心会在内蒙古地区传教活动研究（1865—1911）》则反映了目前国内学者在近代内蒙古天主教历史上的最新研究成果。作者在收集了大量中西文献史料的基础上，针对近代天主教圣母圣心会在内蒙古地区的传播状况进行了探讨。尤其注重考察圣母圣心会的传教策略、近代蒙汉及教会之间的冲突、庚子年后的教案赔款等问题。作者指出，圣母圣心会在进入内蒙古中西部地区传教时，由于传教士采取了提供土地等通过物质帮助间接传教的方式，取得了较显著的传教成效，尤其是在乡村汉族农民和迁入内蒙古的灾民中获得了许多的追随者。作者认为，传教士的传教成就，除了传教士具有献身精神、精于经营、组织教民村等原因外，也与内蒙古中西部地区的社会环境有关。内蒙古地区清政府统治的薄弱以及众多移民聚落的形成都是有助于圣母圣心会在内蒙古地区传播的有利条件。在教案冲突问题上，作者认为内蒙古地区教案冲突基本上是现实利益之争，其中夹杂着蒙、汉及教会之间的多重矛盾而呈现出复杂性。在教案冲突中，清政府的软弱性和天主教会的强横性形成了鲜明的对比。教会

---

① 参见冯健《圣母圣心会在内蒙古及周边地区的发展和影响》，宁夏大学，2005 年未刊硕士论文。

② 参见郭晶波《十九世纪中叶后比利时圣母圣心会在内蒙古西部地区的慈善活动》，内蒙古师范大学，2006 年未刊硕士论文。

通过庚子前后的教案冲突从内蒙古侵夺了大量的土地，极大地扩大了教会的势力。针对狄德满（R. G. Tiedemann）关于华北地区传教士介入地方以暴力性生存方式的竞争，从而使自身获得发展的观点，作者认为该观点也适用于内蒙古地区。[①]

随着对基督教在内蒙古传播历史研究的逐步深入，最近已有一些学者尝试撰写蒙古族基督教通史性著作，在这方面最具代表性的研究是宝贵贞和宋长宏的《蒙古民族基督宗教史》。[②] 作者在尽力搜检各类史料的基础上，对蒙元以来基督教在蒙古族及蒙古地区的传播与发展进行了比较细致的研究。该书讨论的重点显然还是放置在近代内蒙古天主教史上，作者将近代内蒙古天主教历史划分为遣使会时期和圣母圣心会两个时期分别加以考察。作者认为，在19世纪60年代圣母圣心会接管蒙古教务时，法国遣使会已经在内蒙古建立了苦立图、西湾子、小东沟三个传教中心，从而为其后圣母圣心会在蒙古地区传教奠定了基础。在圣母圣心会接管蒙古传教事业后，传教士通过广置土地，招来移民以及发展蒙古族上层人士入教，培植蒙古族神职人员等各种方式，逐渐推动了东部、中部、西南蒙古等三个教区的教务发展。作者也考察了晚清时期发生在内蒙古各地的反教事件，并勾勒了民国时期内蒙古天主教的一些基本状况。此外，书中也单列一章探讨了天主教传入后在乡村建设、教育、医疗卫生、慈善救济及文化交流等方面对近代内蒙古社会文化事业的推动作用。对于以往学者所忽视的基督新教在近代内蒙古地区的传播状况，作者亦在书中作了简单介绍。

自20世纪80年代以来，基督教在近代西北宁夏、青海、甘肃、新疆边疆地区的传播历史也开始受到国内学者的关注，相继出现了一些研究成果。但在90年代以前，关于近代西北基督教历史的研究基本上是一些介绍性的文章。[③] 进入90年代以后，随着长期关注西北边疆史地的一些学者切入该领域研究，研究成果逐渐增多。房建昌较早涉入近代西北边疆基督教历史研究，他曾经发表了数篇探讨近代西北地区基督教传播的论文，

---

① 参见张彧《晚清时期圣母圣心会在内蒙古地区传教活动研究（1865—1911）》，暨南大学，2006年未刊博士论文。马占军的博士论文也涉及内蒙古西南部圣母圣心会活动情况，详见下文分析。

② 参见宝贵贞、宋长宏《蒙古民族基督宗教史》，宗教文化出版社2008年版。

③ 参见魏长洪《近代西方传教士在新疆》，《新疆大学学报》1989年第3期。

既包括对具体的天主教在西北地区个案活动的考察，也包括对近代西北基督教历史的研究回顾。① 其研究成果对后来者颇有启发。此后，天主教在近代新疆、青海、甘南的活动②，基督新教内地会、瑞典行道会在新疆的传教历史③，也逐渐受到更多的关注。其中，新疆社会科学院的木拉提·黑尼亚提发表了一系列专题论文，或是探讨天主教在近代新疆的具体史实④，或是考察内地会在新疆的活动⑤，并尝试从综合的角度论述传教士在近代新疆的活动⑥，具有一定深度。

尽管近年来也有一些研究生选择近代西北边疆基督教历史作为学位论文的研究对象，但都较为单薄⑦，比较值得关注的是马占军的博士论文《晚清时期圣母圣心会在西北的传教（1873—1911）》。⑧ 在该文中，作者除了探讨晚清天主教圣母圣心会在内蒙古西南部地区的活动外，其关注的一个侧重点是该会在甘肃、新疆等地的传教。在研读史料的基础上，作者分阶段考察了圣母圣心会在近代西北甘肃、新疆地区拓展教务的努力和传教特点，以及圣母圣心会在西北地区的社会文化事业中扮演的不同角色，如兴办农田水利，从事慈善救济、医疗卫生活动，参与劝诫鸦片及举办文化教育事业等。作者指出，圣母圣心会在西北地区的传教呈现出很强的适应性，与在内蒙古地区偏重"以土地换教民"的方式不同，该会在甘肃、新疆地区采用的是传统的讲经宣道策略。由于无法像内蒙古教区那样通过

①　参见房建昌《历史上基督教在新疆的传播》，《新疆社会科学研究》1988 年第 11 期；《天主教宁夏教区始末》，《固原师专学报》1998 年第 5 期；《近代新疆基督教史的研究及史料》，《新疆大学学报》1998 年第 4 期。

②　参见汤开建、马占军《清末民初圣母圣心会新疆传教考述（1883—1922）》，《西域研究》2005 年第 2 期；田旺杰：《近代青海的天主教与马步芳家族》，《青海社会科学》2005 年第 1 期；陈声柏：《近代甘南地区的基督教传播》，《兰州大学学报》（社会科学版）2007 年第 1 期。

③　参见周轩、崔延虎《喀什噶尔的瑞典传教团》，《西域研究》1998 年第 4 期；郭益海：《近代新疆内地会传教士马慕杰传教活动评述——兼评〈中亚的先驱——马慕杰〉》，《新疆师范大学学报》（哲学社会科学版）2005 年第 4 期。

④　参见木拉提·黑尼亚提《近代新疆天主教会历史考》，《西域研究》2002 年第 3 期。

⑤　参见木拉提·黑尼亚提《近代西方内地会传教士在新疆的活动》，《西域研究》2001 年第 4 期；《新疆内地会传教士传教经历及其中外文姓名的勘同》，《西域研究》2003 年第 4 期。

⑥　参见木拉提·黑尼亚提《传教士与近代新疆社会》，《世界宗教研究》2005 年第 1 期。

⑦　参见钱松《清末至民国基督教在新疆的传播》，新疆大学，2005 年未刊硕士论文；钱国权：《天主教在甘肃的传播和发展》，西北民族大学，2005 年未刊硕士论文。后文的一个贡献是初步探讨了为人所忽略的德国圣言会在近代甘肃地区的传教活动。

⑧　参见马占军《晚清时期圣母圣心会在西北的传教（1873—1911）》，暨南大学，2005 年未刊博士论文。

获得大量的土地来招徕入教者，甘肃、新疆地区的教务受到很大的制约。

由于受到地理位置及多样性民族文化的吸引，西南西藏、云南、广西、贵州及川西民族地区无疑是近代西方基督教会最为热衷前往传教的地方，也是迄今为止国内近代边疆基督教史研究最受关注的地区。国内学者有关该地区近代基督教史研究基本上可以分为两个阶段，20世纪90年代以前，国内学者尚少见关于西南地区基督教的集中研究，相关研究主要散见于以下几类著述：其一是揭露西方列强侵入西南边疆的历史，其二是西南各族人民反洋教斗争。此外，在50年代开展民族现状调查时也形成了一批反映西南各族基督教传播历史的论文。但是，除少部分外[①]，此时期的不少研究基本上停留在资料整理阶段。进入90年代以后，国内学者有关西南近代基督教研究的专题性论文频繁出现，研究范围不仅覆盖了西藏、贵州、云南、广西及四川西南部等区域，而且主题也很多样化，几乎触及基督教在近代西南地区传播的各个方面，西方传教士个案、天主教及基督新教的传教状况、教会在民族地区的社会服务事业、民教冲突等，都是此时期学者比较注重探讨的问题。[②] 90年代以来，国内学者还出版了不少以讨论近代西南边疆基督教史为主的专书，其中，值得注意的有如下几部论著：

其一是秦和平的《基督宗教在西南民族地区的传播史》。[③] 作者长期

---

① 例如，黄家理：《基督教传入壮族地区原因试析》，《中南民族学院学报》1988年第6期。

② 代表性论著有房建昌：《西藏基督教史》（上、下），《西藏研究》1990年第1—2期；秦和平：《近代藏区天主教传播概述》，《中国藏学》1991年第1期；杨健吾：《基督教在四川藏族地区的传播》，《宗教学研究》2004年第3期；王炎：《梅玉林事件发生地考实》，《中国藏学》1991年第1期；徐君：《近代天主教在康区的传播探析》，《史林》2004年第3期；郭永虎：《近代基督教在西藏的传播研究状况述评》，《宗教学研究》2006年第4期；石朝江：《天主教、基督教在西南苗族地区的传播和影响》，《贵州社会科学》1997年第6期；林芊：《对清末黔西北苗族地区基督教传播的思考》，《贵州民族研究》2004年第3期；东旻：《基督宗教在我国彝族地区传播研究（1840—1949）》，中央民族大学，2004年未刊硕士论文；钱宁：《云南边疆少数民族信仰基督教的社会历史原因分析》，《中南民族学院学报》1998年第3期；钱宁：《基督教在云南少数民族社会中的传播和影响》，《世界宗教研究》2000年第3期；沈坚：《基督教与云南傈僳族社会》，《历史教学问题》2006年第1期；《论永安教案》，《广西社会科学》1998年第4期；滕兰花、梁刚毅：《近代广西西方宗教的慈善事业评述》，《广西教育学院学报》2000年第3期；杨大男：《四力传教士对贵州近代教育的影响》，西南师范大学，2001年未刊硕士论文；成先聪、陈廷湘：《基督教在西南少数民族地区的传播——以医疗卫生事业为例》，《宗教学研究》2001年第4期；曾志辉：《清末以来天主教在广西瑶族山区传播发展研究：以桂北土养槽山区教会为个案》，广西师范大学，2008年未刊硕士论文。

③ 参见秦和平《基督宗教在西南民族地区的传播史》，四川民族出版社2003年版。

关注对西南边疆民族地区的研究,对该区域的社会历史文化有着较为深刻的了解,尤其是娴熟于当地民族史料,因此能在综合前人研究的基础上有所突破。全书分别探讨了天主教、基督新教在近代西南四川、贵州、云南边疆民族地区的传教历史。在四川部分,作者重点探讨了天主教在近代川康藏区及彝族地区的传播历史,并通过"巴塘"教案等个案以分析近代天主教会在华传播所特有的"政治保护和经济资助特点"。作者也探讨了中华基督教会边疆服务部在四川羌、彝等地区的活动情况。在贵州部分,作者则侧重考察所谓"后伯格理时代"石门坎基督新教教会的活动状况,同时也比较详细地勾画了天主教在近代贵州民族地区的传播历史,探讨了近代影响较大的贵州教案。在云南部分,除了叙述近代天主教、基督新教在云南民族地区传教历史外,作者试图从少数民族的角度揭示基督教与云南少数民族之间的复杂关系。最后,作者还考察了清末民国各级政府对西南地区教会活动的认识及回应,并总结了基督教传入后对近代西南少数民族所产生的社会影响。

其二是东人达的《滇黔川边基督教传播研究(1840—1949)》。[①] 与秦书一样,作者也将研究视角放置在西南民族区域,但有所不同的是,作者主要探讨的是以循道卫理公会、内地会为主的基督新教在近代滇黔川边多民族地区的传播状况。在书中,作者不仅考察了上述新教差会在该地区的传教历程,而且也分析了教会在推动近代滇黔川边的教育与社会改良事业及创制老苗文等方面所担任的重要角色。作者认为,进入近代滇黔川边活动的循道公会传教士大多来自西方社会底层,不少人本身就是所在国的少数族裔,这种"阶级性和民族性"在传教士选择西南边疆少数民族作为传教对象上发挥了明显的作用。作者还特别强调,造就近代西南地区影响深远的宗教和社会改革运动的主体并非是西方传教士,而是"西南各族群众"。

其三是邓杰的博士论文《基督教与川康民族地区近代医疗事业:边疆服务中的医疗卫生事业研究(1939—1955)》。[②] 作者关注的是民国时期中华基督教会边疆服务部在西南民族地区的社会服务事业,焦点放在医疗

---

① 参见东人达《滇黔川边基督教传播研究(1840—1949)》,人民出版社2004年版。

② 参见邓杰《基督教与川康民族地区近代医疗事业:边疆服务中的医疗卫生事业研究(1939—1955)》,四川大学,2007年未刊博士论文。此外,杨天宏也关注中华基督教会边疆服务部的活动,发表了一系列相关论文。

卫生方面。作者力图通过"重建中华基督教会边疆服务部在四川西北及西康少数民族地区的医疗卫生事业及宗教事工的历史"，以认识"战争与社会转型中的中国基督教会的发展路径选择及其对中国社会改良产生的作用与影响"。在文中，作者较为细致地考察了从抗日战争到新中国成立初期，边疆服务部在创设医院、开展巡回医疗并组织专家从事边地黑热病、甲状腺肿大等特殊疾病的医学研究等历史。此外，作者也探讨了边疆服务部在开展医疗活动背景下的传教工作。作者指出，作为"社会福音"思潮及"三自"运动的产物，边疆服务运动不仅对教会自身的发展产生重要影响，而且也推动了民国时期西部少数民族地区的社会改良。与此同时，作者也强调，由于受限于特殊的时代背景，边疆服务部在川康地区社会改造中所发挥的作用是有限的。

表6–1 国内学者1980—2008年间所完成关于近代边疆基督教史研究的部分专书

著（编）者	题名	出版者	出版年	备注
徐永志	融溶与冲突——清末民国间边疆少数民族与基督宗教研究	民族出版社	2003	
金东春	二十世纪初基督教在中国延边朝鲜民族社会的演变及其影响	延边大学	2007	未刊博士论文
徐炳三	近代中国东北基督教研究——以政教关系为研究视角（1867—1945）	华中师范大学	2008	未刊博士论文
张彧	晚清时期圣母圣心会在内蒙古地区传教活动研究（1865—1911）	暨南大学	2006	未刊博士论文
宝贵贞、宋长宏	蒙古民族基督宗教史	宗教文化出版社	2008	
马占军	晚清时期圣母圣心会在西北的传教（1873—1911）	暨南大学	2005	未刊博士论文
刘吉西等编	四川基督教	巴蜀书社	1992	
秦和平	基督宗教在西南民族地区的传播史	四川民族出版社	2003	

续表

著（编）者	题名	出版者	出版年	备注
东人达	滇黔川边基督教传播研究（1840—1949）	人民出版社	2004	
邓杰	基督教与川康民族地区近代医疗事业：边疆服务中的医疗卫生事业研究（1939—1955）	四川大学	2007	未刊博士论文
庾裕良等编	天主教、基督教在广西资料	广西民族出版社	1985	
张坦	"窄门"前的石门坎——基督教文化与川滇黔边苗族社会	云南教育出版社	1992	
杨学政主编	云南宗教史	云南人民出版社	1999	
钱宁主编	基督教与少数民族社会文化变迁	云南大学出版社	1998	
韩军学	基督教与云南少数民族	云南人民出版社	2000	
肖耀辉、熊国才	云南基督教	宗教文化出版社	2004	
杨学政、邢福增主编	云南基督教传播及现状调查研究	（香港）宣道出版社	2004	
刘鼎寅、韩军学	云南天主教史	云南大学出版社	2005	
肖耀辉、刘鼎寅	云南基督教史	云南大学出版社	2007	
昆明市宗教事务局、昆明市天主教爱国会编	昆明天主教史	云南大学出版社	2006	

三 "深描"边疆

以上我们简单勾勒了国内近三十年来有关近代边疆基督教历史研究的轮廓，尽管仍有遗漏，但大体上也可以概括出该领域研究的基本面貌。从上述学术回顾可见，近三十年来国内学界在近代边疆基督教史研究上取得了一定的进展，不仅发表论文的数量逐年增多，而且论著的质量也在不断提高。一些相关论著已达到相当深度。此外，也有学者尝试撰写通史性著作，以期系统地展现基督教在近代边疆少数民族地区的传播状况。① 这些都是值得肯定的地方。然而，我们也应当看到，在目前所见的研究成果中，相当部分还只是停留在浅表性的描述，甚至低水平的重复研究也时有所见。钟鸣旦（Nicolas Standaert）在检讨 17 世纪中欧文化相遇的方法论时，曾经将目前明末清初领域的研究归纳为四种较有代表性的研究范式：传播类范式、接受类范式、创新类范式、互动交流类范式。② 将钟鸣旦的评价标准移用到近代领域，我们很容易发现，当下的许多研究仍然集中在钟鸣旦论文中概括的第一类范式即传播类范式。长期以来，中国基督教史作为从属于中西关系史或宗教史学科的一部分，国内研究者主要关注的核心问题是传教士输入西学西教的历程及其对中国社会的影响。在这种比较单一的研究思路影响下，相当多数论著缺乏较强的问题意识，甚至还没有超出 20 世纪 60—70 年代美国学者柯文在为《剑桥中国晚清史》撰写《1900 年以前的基督教传教活动及其影响》一文的分析框架。③

在该文中，柯文显然受到费正清"冲击—反应"诠释体系的影响，从基督教（传教士）是推动中国现（近）代化的外部力量这一主线来考察条约体系下的传教活动与中国社会的反应。这种传教士与晚清现（近）代化的模式曾经风靡一时，不少学者也采用这种视角来探讨近代中国边疆基督教史。然而，由于这种"现（近）代化"模式是建立在把中国视为

---

① 参见徐永志《融溶与冲突——清末民国间边疆少数民族与基督宗教研究》，民族出版社 2003 年版。

② 参见［比］钟鸣旦《文化相遇的方法论：以十七世纪中欧文化相遇为例》，刘贤译，载吴梓明、吴小新主编《基督教与中国社会文化：第一届国际年青学者研讨会论文集》，香港中文大学崇基学院宗教与中国社会研究中心，第 34—70 页。

③ 参见［美］费正清、刘广京编《剑桥中国晚清史（1800—1900）》（上），中国社会科学出版社 1993 年版，第 599—681 页。

一个停滞的、需要外力（西方）刺激才能引发变革的社会，而忽略了其内部变化的原生动力，因此被看作是"西方中心主义"的典型案例而屡遭质疑。而且，将基督教及其带入的变化等同于"文明"的"现代"的，无异于将传教对象的文化视为是"落后"的、"传统"的，内中隐含着的西方文明优越色彩也很容易为人诟病。柯文在 20 世纪 80 年代转而倡导"在中国发现历史"的"中国中心观"①。与此同时，国际学术界在基督教在华传播史研究上也出现了从传教学和欧洲中心论到汉学和中国中心论的重要范式转变，研究视角也从教会与传教士转到关心中国社会对基督教的接受与反应。② 近年来，钟鸣旦等学者所倡导的将基督教作为中国社会中的一种宗教（Christianity as a Religion in China）来加以研究的观点，也可视为这种视角的延续及深化。③

中国中心观有助于推动学术界把研究视角重心放在中国社会上，但是，正如柯文等学者所指出的，过分迷恋这种以中国为中心的方法，很可能会因低估西方的作用而变成"西方中心论"的简单翻版。④ 具体到中国基督教史研究，则表现在研究过程中刻意忽略西方教会及传教士的角色。而将基督教视为中国社会中的一种宗教的观点，其所带来的一个积极作用是研究视角的底层化，但是，这种更为倾向社会史角度的底层化研究趋向，也存在着有意淡化基督教在近代中国社会中的"洋教"色彩及研究对象边缘化、碎片化的危险。有鉴于此，近期受格尔兹文化"深描"（Thick Description）理论影响而产生的微观历史人类学（microhistorical anthropology）思路，或者可以为我们从事近代边疆基督教史研究提供一个新的分析视角。

20 世纪 70 年代，美国人类学家格尔兹（Clifford Geertz）在反思既往人类学民族志研究的基础上，倡导一种文化解释的"深描"理论。"深描"乃是与"浅描"（Thin Description）相对的概念，其用意是改变以往人类学民族志重描述、轻解释的做法，强调通过民族志描述的微观取向

---

① ［美］柯文：《在中国发现历史》，林同奇译，中华书局 1989 年版。
② 参见［比］钟鸣旦《基督教在华传播史研究的新趋势》，马琳译，《国际汉学》（第四辑），大象出版社 1999 年版，第 478—479 页。
③ Nicolas Standaert, "Christianity as a Religion in China, Insights from the Handbook of Christianity in China: Volume One (635 – 1800)", *Cahiers d' Extrême-Asie* 12 (2001): 1 – 21.
④ 参见［比］钟鸣旦《基督教在华传播史研究的新趋势》，马琳译，第 483 页。

（Microscopic approach to ethnographic description） 以深入地解释 "地方性" 社会文化。[①] 受其影响，在讨论历史学与人类学的关系时，一部分学者提出一种微观历史人类学的思路，这种微观历史人类学结合微观史与人类学的研究，力图打通历史学与人类学的边界。它强调研究的重心不在研究范围（对象）的简单缩小（scale reduction），而是注重从文化人类学的角度来深描社会生活的领域。[②] 而将这种微观历史人类学研究视角应用到近代中国边疆基督教史研究中显然颇具启发性：一方面，采用这种视角的研究可以避免前述中国中心观主导下忽略教会（传教士）作用的不足；另一方面也不会流于地方史研究中的边缘化、碎片化，而是在研究过程中力求将教会（传教士和教徒）、地方社会和族群之间的互动关系有机地联系起来，加以深度的文化解释。

"小地方，大论题" 本来是文化人类学的立身之本，它强调通过在小型社区参与观察而获得对人类社会文化某些普遍性规律的认识，所以埃里克森（Thomas Hylland Eriksen）将它直接用作他所著的一本畅销的文化人类学入门教科书的书名。[③] 从某种程度上说，边疆基督教史也是一种地方（区域）史的研究[④]，但这种地方史不是简单地将中国基督教划分成各个地方（区域），线性地描述基督教在当地的传播，而是注重在地方史研究中像人类学家参与观察小型社区一样，深入地审视基督教介入一个地域社会生活后随之而来的原有社会结构的变化。在近代华北地区基督教历史领域，狄德满近年来的一些研究很有启发性，例如，在探讨近代华北一些天主教社区与义和团的冲突中，他突破了以往将天主教的武装抵抗与帝国主义侵略联系在一起的研究视角，而是将这种武装冲突置于华北平原各省交

---

① 关于格尔兹的 "深描" 理论及学界反响，参见克利福德·格尔兹《文化的解释》，纳日碧力戈等译，上海人民出版社 1999 年版，第 3—36 页；Paul Shankman，"The Thick and the thin：On the Interpretive Theoretical Program of Clifford Geertz （and Comments and Reply）"，in *Current Anthropology*，Vol. 25，No. 3 （Jun.，1984），pp. 261 – 280。

② Don Handelman，"Microhistorical Anthropology，Toward a Prospective Perspective"，in Don Kalb and Herman Tak，eds.，*Critical Junctions，Anthropology and History beyond the Cultural Turn*，New York. Oxford：Berghahn Books，2005，pp. 29 – 53。

③ Thomas Hylland Eriksen，*Small places*，*Large Issues*，*An Introduction to Social and Cultural Anthropology*，Pluto Press，2001. 中译本见［挪威］托马斯·许兰德·埃里克森《小地方，大论题——社会文化人类学导论》，董薇译，商务印书馆 2008 年版。

④ 以 "区域史" 为题的研究，可参见陈建明、刘家峰主编《中国基督教区域史研究》，巴蜀书社 2008 年版。

界地区原有的非常普遍的暴力历史背景下考察,指出传教士得以将这种暴力传统成功地转化为抗拒外力冲击及巩固天主教社区的重要资源。① 在社会学家看来,暴力冲突有其潜在的社会功能②,社会各方可以通过介入暴力冲突维护、谋求利益,而这可以视为一种暴力经济(Economy of Violence)③。很显然,这种暴力经济理论有助于我们分析近代边疆地方范围内发生的民教冲突。例如,近代内蒙古天主教会的发展,无疑与蒙旗间较为频繁发生的暴力冲突有着一定的联系,天主教会间接地通过这种暴力冲突不仅获得大量的教案赔款,占有大量垦地,而且也在与清政府处理暴力的协调过程中向地方民众展示了强势的力量,这些都成为促进民众皈依的某种因素。④ 同样,近代西南地区一些地方社会与基督教之间的冲突也可用这种视角来重新加以审视。以光绪年间四川大足余栋臣反教事件为例,哥老会首领余栋臣纠众反教,声势浩大,其反教暴力却在一定程度上成为余氏地方势力集团与清政府讨价还价的筹码,而清政府在最初无力镇压的情况下,也不得不对其封官许愿,力图招安。⑤ 反过来,清政府也曾利用介入处理近代西南地方所发生的一些反教暴力事件的机会,达到排挤基督教的进入及加强对民族边疆地区的控制的目的。⑥ 在上引三个例子中我们可以看到,教会、地方民间社会、官府三方,都曾利用暴力冲突作为维护自身利益的一种手段。当然,从一个"地方"的角度考察基督教的活动,远不只上面所提到的暴力经济论题,像"文化替代"(cultural replacement)也是近年来国际学术界在探讨 17 世纪以来非西方少数族群地区基督教化(Christianization)较多运用的观点。这种观点认为一些少数族群

---

① 参见狄德满《义和团民与天主教徒在华北的武装冲突》,刘天路译,《历史研究》2002年第 5 期,第 79—93 页。

② Lewis A. Coser, *The Functions of Social Conflict*, Glencoe, IL: The Free Press, 1956.

③ Malcolm Greenshields, *An Economy of Violence in Early Modern France: Crime and Justice in the Haute Auvergne, 1587 - 1664*, University Part: Pennsylvania State University Press, 1994. 关于暴力经济运用到中国场景的讨论,可见 David Robinson, *Bandits, Eunuchs, and the Son of Heaven, Rebellion and the Economy of Violence in Mid-Ming China*, Honolulu: University of Hawaii' Press, 2001。

④ 关于近代内蒙古的教会与地方社会的暴力冲突,参见张彧《晚清时期圣母圣心会在内蒙古地区传教活动研究(1865—1911)》,第 71—156 页;宝贵贞、宋长宏:《蒙古民族基督宗教史》,第 218—248 页。

⑤ 参见郭鸿厚、陈习珊等纂修《重修大足县志》,卷四"政事下,大事记",民国三十四年铅印本。

⑥ 参见庾裕良等编《天主教、基督教在广西资料汇编》,第 116—174 页。

原有的文化框架内与基督教的信仰观念存在着契合点，基督教容易被这些少数族群利用以增强自身族群认同。例如，张兆和（Cheung Siu-woo）研究了基督教在西南苗族地区的历史与现状，指出苗族皈依基督教的一个原因是相信基督教中耶稣基督与原有的苗家传说中的"苗王"有相似的地方。① 而 Cornelia Ann Kammerer 也通过研究与我国西南边疆交界的缅泰Akha 高地族群在不同时期对待基督教传入的态度，指出 Akha 族的传统文化中存在与西方宗教分类对等的因素，从而发展出一种要比共存（coexistence）模式或融合（syncretism）模式更适用于当地情况的替代（replacement）模式。②

在以微观历史人类学的视角开展边疆基督教史研究的过程中，注重本地人的观点的考察也十分有助于将问题深入化。在相当长的一段时期内，一些"无文字"民族因被视为处于一个静止的社会而遭到忽略，实际上，这些被忽略的部分却恰恰是对研究对象达到深描所必不可少的"地方性知识"。在这方面，国外学者的一些研究成果颇有启发性，例如，James Axtell 在研究殖民时期北美印第安人改宗基督教的历史时，重视考察以往被人所忽视的印第安人观点（the viewpoint of the Indians），通过研究他发现，传教士将印第安人"基督教化"，表面上显示了西方文明的胜利，但实质上，一些印第安部落通过将一部分部族传统宗教元素融入基督教信仰中的方式，成功地使本族文化遗产逃过被殖民的命运而得以存续下来。③ Lin Poyer 对位于西太平洋密克罗尼西亚群岛中的一个岛屿 Sapwuahfik 当地人的历史观与现代认同关系进行研究，他通过结合田野调查与资料解读，发现 Sapwuahfik 人对其移民社区历史的表述实质上与 19 世纪美国部会传教士的传教有着紧密的联系。④ 这些都是重视本地观点而得出的富于启

---

① Cheung Siu-woo, " *Millenarianism, Christian Movement, and Ethnic Change among the Miao in Southwest China*", in Stevan Harell ed., *Cultural Encounters on China's Ethnic Frontiers.* Seattle: University of Washington Press, 1995. 黄家理关于壮族地区的情况研究也验证了这一观点，参见黄家理《基督教传入壮族地区原因试析》,《中南民族学院学报》1988 年第 6 期。

② Cornelia Ann Kammerer, Customs and Christian conversion among Akha highlanders of Burma and Thailand, American Ethnologist, Vol. 17, No. 2（May, 1990）, pp. 277 - 291.

③ James Axtell, "Some Thoughts on the Ethnohistory of Missions", in *Ethnohistory* 29（1）: 35 - 41（1982）.

④ Lin Poyer, "History, Identity, and Christian Evangelism: The Sapwuahfik Massacre", in *Ethnohistory* 35: 3（1988）.

发性的认识。在探寻这种本地观点过程中，边疆少数民族资料具有突出的地位，这一点清晰地反映在下引民国年间贵州石门坎苗族教会的一段资料中。1935 年，时任贵州省主席杨森慕名前往石门坎教会游览，当地苗人在致欢迎辞时说："我们外国人，从未见过中国官长，今日杨将军来，实为来此地的第一个官长。"① 这番让杨森难过万分的话，揭示出近代部分西南苗族真实地存在着模糊的国家认同观念，这既体现出明代以来中央王朝政府在西南民族地区开展改土归流并不彻底的一面，同时也深刻反映了近代西方教会对边疆少数民族的国家认同走向的某种操控。

此外，与中国内地基督教史研究有所不同的是，近代中国边疆基督教史研究基本上是一种在少数民族地区开展的 "地方" 研究。基督教（传教士）与当地非汉族群之间的文化接触也是一个值得加以深描的研究课题。目前，国内学者在这方面的研究主要关注的是基督教传入当地少数民族地区所引发的社会文化变迁②，而对其他主题则基本上没有涉及。而实际上，对于 16 世纪以来欧洲掀起向欧洲之外世界航海、殖民与 "发现" 背景下传教士与本地民族文化相遇的研究，一直是历史学、比较文化、人类学等各个学科关注的热点。例如，北美民族史学术界相当关注传教士和基督教会与北美大陆印第安民族的接触问题。其中，关于传教士对印第安 "他者" 文化的认识讨论颇多。作为同时代最为深入各个在西方人看来属于 "没有历史" 的民族中的一个群体，传教士的民族志描述（ethnographic description）如今已被许多学者运用以研究非西方民族文化。近代西方来华传教士也留下了许多关于我国边疆民族的民族志观察资料，通过细致入微地分析这些资料，我们不仅可以考察传教士对于我国边疆多样性民族文化的认识及其对于传教问题的影响③，而且也可以考察西方从近代以来对中国边疆的想象建构问题。例如，近代西方传教士曾经撰写了不少关于藏族社会生活的作品，这些作品在建构现代西方关于西藏民族文化的认

---

① 转引自秦和平《基督宗教在西南民族地区的传播史》，第 415 页。

② 参见秦和平《基督宗教在西南民族地区的传播史》，第 456—479 页；宝贵贞、宋长宏前引书，第 271—310 页。

③ 16—18 世纪传教士就已留下较为丰富的早期民族志描述资料，参见张先清《 "鞑靼" 话语：17 世纪欧洲传教士关于满族的民族志观察》，《学术月刊》2009 年第 2 期。

识上就扮演了重要角色。①

四 史料的扩充及其解读

史料是史学研究的基础，梁启超在分析史料对于史学发展的重要性时，曾形象地喻之为"史之组织细胞"，认为"史料不具或不确，则无复史之可言"②。毫无疑问，欲将近代边疆基督教史推向一个新的高度，除了拓展研究者的视角外，也必须重视加强相关中外史料的搜集、整理、翻译和解读。

在边疆基督教史研究中，中方史料具有突出的地位。早在民国时期，不谙西文的陈垣先生在西文资料缺失的条件下，却能依靠《元史》、《至顺〈镇江志〉》等中文资料完成中国宗教史上著名的古教四考之一《元也里可温教考》。陈先生在该书的第一句话中就明确指出："此书之目的，在专以汉文史料，证明元代基督教之情形。"③ 在陈先生之前，中国基督教史作为欧洲"东方学"的一部分一直被外方资料所垄断，然而，自陈垣先生开辟运用中方资料以研究中国基督教史并取得很大成就后，中方资料日益受到重视。时至今日，在国际学术界中国中心观的影响下，中方资料的重要性已经完全被中外学者所共同认可。所谓中方资料，其种类繁多，既包括晚清民国以来中央及地方各级政府的档案、调查报告、地方志书、教内著述、教外文人文集笔记及各类民间文献，也包括部分边疆民族语文相关资料。这部分资料数量很大，但也存在着来源分散，难以系统搜集、整理的特点。目前，国内学者利用较多的主要是各级官府档案及地方志书。20 世纪六七十年代，中国台湾中央研究院近代史研究所将原清宫所藏有关基督教会在华活动档案整理成《教务教案档》出版④，此后，中国第一历史档案馆和福建师范大学历史系合作，也将保存在中国第一历史

---

① Dibyesh Anand, *Geopolitical Exotica*, *Tibet in Western Imagination*, Minneapolis, London：University of Minnesota Press, 2007. 泽拥：《异质文化击撞下的"新神话"——从传教士个案看天主教与藏传佛教和汉传佛教的交往》，《西南民族大学学报》2005 年第 6 期。

② 梁启超：《中国历史研究法》，东方出版社 1996 年版，第 44 页。

③ 陈垣：《元也里可温教考》，载《陈垣学术论文集》（第一集），中华书局 1980 年版，第 2 页。

④ 台湾"中央"研究院近代史研究所编：《教务教案档》，台北："中央"研究院近代史研究所，1974—1981。

档案馆的清宫档案整理成《清末教案》出版。这两种官府档案资料的出版，极大地推动了近代中国基督教史的研究，而从事边疆领域研究的学者也受惠颇多，尤其是在研究近代边疆地区的教案冲突及中外交涉方面获得了大量的直接资料。然而，由于受到国内研究条件不均的影响，早在数十年前已经公开出版的《教务教案档》，一些偏远地区的民族院校学者竟然苦觅无门，迟迟不能充分利用，以致极大地影响了前期研究成果的水准。① 至于民国地方政府的档案，目前因尚未像清代档案一样得到系统的搜集、整理，学者们加以利用的也很有限。地方志也是国内学者利用较多的一类中文资料，作为"郡县之书"，地方志往往能够提供正史所不载的各类乡土叙事，其中就包含着丰富的中国基督教史资料，特别是自晚清以后地方志书中已开始专门增设"宗教"条目，大量有关各地教会活动情况随之被记录在内，因此也是研究近代边疆基督教史的一个宝贵资料库。国内学者在探讨近代边疆各地教会活动时，常常能从所在地方志书中挖掘出珍贵的相关记载，像《绥远通志稿》等，屡屡为研究近代内蒙古基督教史的学者征引。笔者近期已将晚清民国各级地方志书中的基督教史料整理成书，该书或可为学者进一步利用地方志书提供便利。②

　　相比之下，由于分散不易整理的缘故，大量其他中方资料尚未得到系统的开发使用。以调查报告为例，民国时期，政府及民间人士曾因各种原因对一些边疆地方的社会各项事业展开调查，其中有些部分就涉及近代边疆地区的基督教状况，如雷洁琼的《平绥沿线之天主教会》③，描绘了绥远一带天主教堂及教会事业；周颂尧的《鄂托克富源调查记》记载了内蒙古鄂托克旗的天主教教堂及教民数量、教会占地情况。蒙藏委员会调查室所编《伊盟右翼四旗调查报告书》也记载了天主教会在内蒙古伊盟四旗的扩张情况。④ 这些珍贵的时人所记都足以为今日研究者参考。然而迄今为止，上述资料还没有进行专门的搜集、整理。新中国成立后，从20世纪50年代开始，在中央政府的统一指导下，当时数以千计的学者奔赴

---

①　笔者曾经特意咨询一些在边疆民族院校工作的学者，其中相当部分所在学校竟然迄今为止尚没有收藏《教务教案档》。

②　参见张先清、赵蕊娟《中国地方志基督教史料辑要》，东方出版社2009年版。

③　参见雷洁琼《平绥沿线之天主教会》，平绥铁路管理局，1935年。

④　参见周颂尧《鄂托克富源调查记》，蒙藏委员会调查室：《伊盟右翼四旗调查报告书》，载内蒙古图书馆编《内蒙古历史文献丛书》之六，远方出版社2007年版。

边疆民族地区开展大规模的民族调查工作，以期系统地了解少数民族中的具体情况。① 通过这场世界罕见的声势浩大的民族调查运动，积累了十分丰富的民族学资料，其中就包含了一些珍贵的反映近代以来一部分边疆民族信仰基督教的历史与现状的资料。然而，十分可惜的是，除了一部分相关资料后来被整理入国家民委出版的民族问题五种丛书②及编入部分地方政协文史资料外，迄今也没有得到追踪与整理。③ 同样，晚清民国时期，教会内部撰写、刊印了大量中文作品，诸如教会布道书、教会成员的回忆录、书信、各种教会组织的统计册、纪念刊、年鉴、会议录、年报、会刊等，这些教内资料，或是因为日久稀见，或是因为珍藏于国内外图书馆、档案馆而难以接近，有待学者努力开发。美国档案馆和图书馆所收藏的有关中国教会的资料目录，如今可以依照吴小新博士编辑修订的《基督教在中国：全美图书档案部门中的资料研究指南》（*Christianity in China：A Scholars' Guide to Resources in the Libraries and Archives of the United States*）一书④以按图索骥，然而，收藏中国教会资料数量更为庞大的欧洲档案馆和图书馆则仍没有能够提供比较详细的藏品简介。至于数量无从估计的近人文集笔记及各类民间文献，更是一个尚未被充分重视的"资料堆"，需要学者付出披沙拣金的毅力和勤跑田野的耐力才能有所收获。

中方资料除了以汉语写就的文本外，还包括各类边疆"有文字"民族语言资料。这里的"有文字"民族，既指蒙、藏、满、回等较早就已创制本民族文字者，也包括像西南苗族这类伴随着近代传教士进入当地传教后而逐渐在传教士的帮助下创制出"文字"者。⑤ 正如前已述及，这些

---

① 参见郝时远主编《田野调查实录——民族调查回忆录》，社会科学文献出版社 1999 年版。

② 尤其是其中的中国少数民族社会历史调查资料丛刊。

③ 20 世纪 80 年代宋恩常先生在编写《中国少数民族宗教初编》一书时，虽强调该书"所反映的宗教信仰内容多属于民主改革前的情况"，但却只极其简单地记述了一部分边疆少数民族的基督教信仰，例如，对于云南怒江傈僳族在近代皈依基督教的情况，只有如下寥寥数语：19 世纪末，作为帝国主义前哨的基督教和天主教随着西方传教士的进入而相继传入怒江地区，许多傈僳族人改信了基督教或天主教。参见宋恩常编《中国少数民族宗教初编》，云南人民出版社 1985 年版，第 218—219 页。作者在文中曾注明据之撰写该篇的资料主要系出自《傈僳族社会历史调查》，可能即是来源于五六十年代的调查资料。

④ Wu, Xiaoxin, ed., *Christianity in China：A Scholars' Guide to Resources in the Libraries and Archives of the United States*, East Gate Book, 2009.

⑤ 关于近代少数民族语言文字书写与权力的讨论，可见 Norma Diamond, "Christianity and the Hua Miao：Writing and Power", in D. Bays, ed., *Christianity in China, From the Eighteenth Century to the Present*, Stanford, California：Stanford University Press, 1996. pp. 138 – 157。

少数民族语文资料,在研究边疆民族对待基督教问题上所呈现的"本地观点"(native point of view)上扮演着无可替代的角色。内蒙古清代准格尔旗扎萨克衙门档案中就保存有一些反映蒙旗处理传教士传教及教案冲突的蒙文资料①,而圣母圣心会档案中也收藏有一部分由该会会士转录的晚清鄂尔多斯南部蒙旗蒙文档案。② 此外,罗马梵蒂冈传信部收藏有18世纪以来达赖喇嘛及其他西藏地方权势人物与罗马教皇和天主教传教士的来往信函以及他们所颁布的有关准许传教士购地建造僧馆和教堂,给予传教士优惠征税、处理教案冲突内容的谕令和文告等。③ 西南苗族也保留有以老苗文撰写的《苗族信教史碑》。④ 时至今日,除了一些熟谙蒙语的学者已经开始重视对这些蒙文资料进行整理并展开研究外⑤,其他少数民族语种的资料还没有得到应有的重视。

所幸的是,近年来美国旧金山大学利玛窦中西文化历史研究所着力推动一项名为"远方叙事"的档案资料整理出版工作,并且相继出版了内蒙古大学苏德毕力格整理的蒙旗档案《准格尔旗扎萨克衙门档案基督宗教史料》,四川大学周蜀蓉整理的《边疆服务》、《边疆服务通讯》,华中师范大学徐炳三整理的《满洲公教月刊》,同济大学周萍萍整理的《英敛之集》。云南民族大学韩军学等整理的《中国滇桂黔三省区基督宗教史料汇编》,以及河南大学赵广军整理的《中国河南基督宗教史料汇编》等。

对于中国学者而言,最难利用的并非中方资料,而是外方资料。所谓外方资料,主要指的是以西方语种撰写的各类与教会在近代边疆地区活动相关的文献,包括传教士著作、回忆录、日记、书信、传记、年度报告、传教记录,教会年鉴、会议录,各类西文报刊,以及欧美各国的外交文书等。同时也包含一部分相关日文资料。这里只讨论西文资料。迄今为止,国内学者在近代边疆基督教史有关西文资料的搜集、整理和利用方面尚处于起步阶段。以天主教而论,由于这部分资料基本上是以法语、德语、荷

---

① 参见莎茹拉、苏德毕力格《1900年内蒙古西部的蒙旗档案》,《历史档案》2002年第4期。

② Henry Serruys, C. I. C. M., "Two Complaints from Wang Banner, Ordos, Regarding Banner Administration and Chinese Colonization (1905)", *Monumenta Serican* (34), 1979 - 1980, pp. 471 - 511.

③ 参见伍昆明《早期传教士进藏活动史》,中国藏学出版社1992年版,第600—601页。

④ 参见东人达《滇黔川边基督教传播研究(1840—1949)》,附录3,第425—426页。

⑤ 美国旧金山大学利玛窦中西文化历史研究所和内蒙古大学蒙古学研究中心已经开始合作开展一项整理蒙旗档案中的基督教资料的计划。

兰语等非英语语种写成，除了民国时期已编译的《边疆公教事业》、《西湾子圣教源流》等教会人士著作，以及近年来耿昇等人在编辑《清末教案》时选译一部分法国外交文书及罗马教廷传信年鉴（Annales de la propagation de la foi）资料①和编译收录在古伟瀛所编《塞外传教史》②等数种翻译书籍之外，目前大多数国内学者基本上对原始西文文献相当陌生，有时只能从国外学者的相关英文论著中间接征引，像比利时学者谭永亮（Patrick Taveirne）所著《汉蒙相遇与传教努力：司各特在鄂尔多斯（河套）的历史（1874—1911）》③因为引用了大量国内学者鲜见的西文教会资料，屡为国内研究者所参引。可以说，欧洲所藏有关天主教在近代我国边疆传教活动的西文文献相当丰富，以近代在我国西南及东北边疆地区长期传教的天主教修会巴黎外方传教会为例，在巴黎该会档案里就保存有相当完备的边疆天主教史资料，其中，有关 1843—1919 年间四川教会资料达 38 卷，1843—1928 年间云南教会资料达 11 卷，1849—1919 年间贵州教会资料达 31 卷，1840—1919 年间广西教会资料达 7 卷，1844—1920 年间西藏教会资料达 26 卷，1840—1919 年间满洲里教会资料达 7 卷。④ Adrien Launay 神父曾经负责整理该会档案，从 1903 年到 1920 年间，他编纂出版了《中国教会史：四川教会》、《中国教会史：贵州教会》、《中国教会史：广西教会》、《中国教会史：满洲里教会》、《中国教会史：西藏教会》等一系列反映巴黎外方传教会在西南及东北边疆地区的传教历史。⑤这些珍贵的巴黎外方传教士档案资料基本上尚未被国内研究者开发研究。同样地，比利时圣母圣心会与德国圣言会也留存有这两个修会在近代内蒙

---

① 参见中国第一历史档案馆、福建师范大学历史系合编《清末教案》（第四册），中华书局 2000 年版。

② 古伟瀛主编：《塞外传教史》，南怀仁文化协会、光启社 2002 年版。

③ Patrick Taveirne, *Han-Mongol Encounters and Missionary Endeavors*, *A History of Scheut in Ordos (Hetao), (1874 - 1911)*, Brussels: Leuven University Press, 2004.

④ Menegon, Eugenio "The 'Archives des Missions Etrangères de Paris' -AMEP and their Chinese Holdings" in *Sino-Western Cultural Relations Journal XXI* (1999), pp. 5 - 8. http://www.mepasie.org/? q = paroisse/hongkong&page = 4.

⑤ Adrien Launay, *Histoire de la Missions de Chine: Mission du Se-Tchouan. 2 vols. Paris: Téqui*, 1920. *Histoire de la Missions de Chine: Mission du Kouy-Tcheou. 3 vols. Paris: Téqui*, 1907. *Histoire de la Missions de Chine: Mission du Kouang-si, 1 vols. Paris: Téqui*, 1903. *Histoire de la Missions de Chine: Mission du Tibet, 2 vols. Paris: Téqui*, *Histoire de la Missions de Chine: Mission du Mandchourie, 1 vols. Paris: Téqui.*

古与西北地区各种传教档案资料①,对于这部分西文资料,迄今为止国内学者也基本无缘见到。17 世纪成立的罗马教廷传信部负责统筹世界各地天主教宣教活动,其档案馆收藏有各类教会文献,其中有相当部分是各地传教区寄回的书信报告,这部分书信报告后曾被整理成著名的《传信年鉴》出版②,内中有关近代中国边疆天主教会资料十分丰富,但至今国内学者利用也很有限。

　　天主教西文资料利用很少,有关基督新教方面的西文资料利用也很不够。目前,国内学者比较重视利用的是一部分已经出版的传教士的著作,例如,东人达翻译了柏格理(Samuel Pollard)等几位在近代西南边疆民族地区传教的英国循道卫理公会传教士的著作。③ 此外,还有一部分传教士的边疆游记被整理出版。④ 但是,相比之下,大量的基督新教西文资料没有进入国内学者的视野。像内地会、瑞典宣道会在西北及西南地区的活动,浸信会、循道会、圣公会、长老会在西南、东北地区的活动,瑞典内地协同会、美国协同会在内蒙古地区的活动等,都留下了大量的传教文献。这些资料基本上保留在上述入华差会的母会档案馆,或者能够在诸如耶鲁大学神学院图书馆、伦敦大学亚非学院图书馆等收藏较多教会文献的图书档案收藏机构找到。⑤ 前述吴小新博士编辑修订的《基督教在中国:全美图书档案部门中的资料研究指南》一书在引导查找西文资料方面提供了极大的便利。而全面清理诸如《教务杂志》(Chinese Recorder)之类重要的近代教会西文期刊中的边疆基督教史资料也是一项亟待着手进行的工作。

　　在利用西文档案文献上,国内学者除了提高相关西方语种的阅读能力外,很有必要加强翻译工作。如果没有冯承钧、耿昇、何高济、金国

----

　　① Vanysacker, Dries & Renson, Raymond(ed.)(1995)"*The Archives of the Congregation of the Immaculate Heart of Mary*(*CICM-Scheut*)(*1862 – 1967*)", 2 vols., "Bibliothèque de l'Institut Historique Belge de Rome", 36 – 37.

　　② *Annales de la propagation de la foi*(1856 – 1900), Lyon: L' Editeur des Annales.

　　③ 参见〔英〕柏格理等著《在未知的中国》,东人达、东旻译,云南民族出版社 2002 年版。

　　④ 如民国年间节译出版过的内地会女传教士盖群英(Mildred Cable)和冯贵殊(Francesca French)所著游记《西北边荒布道记》,近年重被翻译出版,参见蜜德蕊·凯伯、法兰西丝卡·法兰屈《戈壁沙漠》(*The Gobi Desert*),黄梅峰、麦慧芬译,中国青年出版社 2002 年版。

　　⑤ Paul F. Stuehrenberg, "China Reources at the Yale Divinity Library", unpublished paper, March, 2007. http://www.atla.com/international _ collab/Yale% 20China% 20Resources% 20paper. pdf.

平等一批熟谙欧语的学者投入译介西方原始文献这一工作中，国内有关明末清初天主教史的研究不可能达到一个新的高度。国家清史编纂委员会近年推出"编译丛刊"，着力译介清代西方文献著述，然而从目前所出版的书籍来看，似乎较为偏向清代前期部分，近代部分被选译的也主要是李提摩太（Timothy Richard，1845—1919）、卫三畏（Samuel Wells Williams，1812—1884）等介入晚清社会变革的所谓改良派传教士[①]，而对边疆基督教活动关注甚少。由此可见，必须倡导更多的学者投入前述耿昇、东人达等人的翻译工作。正如《耶稣会士中国书简集》的翻译出版极大地推动了明末清初天主教史研究一样，如果能将《传信年鉴》中有关近代中国边疆教会资料也较完整地翻译出版，必定对国内学者的研究大有裨益。[②]

　　史料的开发与解读能力的提高是相辅相成的，用新视角来看"旧"资料，往往引出新的知识生长点。时下文史学界喜言在史料运用中重视"二重证据法"、"三重证据法"，在中国基督教史研究领域，二重证据法可指中外文献的比勘互证，三重证据法则可指中外文献的比勘互证再加上田野调查。前者是民国以来的老传统，后者则是近年来的新气象。然而，尽管证据法已有"多重"，但解读史料的重心基本还是放在互证上，而较少去追问史料本身的"生产"过程及隐藏在背后的历史推手。兰克（Leopold von Ranke，1795—1886）类史家孜孜追寻所谓的"原始资料"，以期达到"陈述事实的真况"的"科学式史学"目标。这种境界在我国学者则曰"还原历史真相"。尽管后现代主义者解构原始史料与历史真实之间的对等关系，颇有隔岸观火、立场错位的嫌疑，但其对史料的质疑及所持的批判性阅读观点却也令人振聋发聩。[③] 由于时过境迁，今日的研究者与研究对象及其所参引的史料之间早已存在历史疏离，已不可能达到"民族志的在场"，那么试问今日衮衮诸君，有谁又能拍胸自承所作研究乃是在"还原中国基督教（甚至是局部）历史的真相"？勒华拉杜里

---

　　① 可参见中华文史网出版信息：http：//www.historychina.net/cns/QSCXGC/cbxx/index_9.html。

　　② 耿昇只选译该传信年鉴中有关近代中国教案部分，参见《清末教案》（第四册），第35—586页。

　　③ 黄进兴：《后现代主义与史学研究》，生活·读书·新知三联书店2008年版，第129—164页。

(Emmanuel le Ray Ladurie) 据之撰写其名噪天下的《蒙塔尤》一书的,乃是少见的 14 世纪的教区宗教裁判所档案,在他看来这些都是"农民自己直接提供的证言"①,然而,人类学家却质疑这些资料何以能够保持不受权力支配语境("宗教裁判记录")的污染②? 人类学家的这种批评,实际上是在提醒我们要重视将边疆基督教历史资料放置在其所产生的社会、政治和文化语境下加以阅读,在历史资料中进行"田野"工作。③

五　超越"边疆"研究

假如我们要自我标榜当下所从事的乃是"边疆"基督教史研究,那么我们应该警惕这样的一种误区,那就是将边疆研究完全视为"内地"的对立面。我们应该清楚地认识到,所谓的"边疆",并非简单的地理学意义上的"边缘"概念,而是具有文化含义的"边疆"。这种"边疆"更像是不同族群之间的文化相遇借以发生的互动地带 (Interaction zones)。④ 在这个互动地带里,无论是传教士、汉人还是本地少数民族,他们都曾在近代基督教渗入这个历史场景中选择或是消解或是强化基督教的认同以确立彼此之间的边界。从这个意义上说,边疆基督教史不应是中国边疆史和中国基督教史的简单交集,而更应该是从族群史 (Ethnohistory) 角度出发的超越边疆的边界研究 (border study)。鲁保禄 (Paul Rule) 曾经精辟地洞察出书写中国的基督教史面临的极大挑战性,"我们当中有谁能作这么一个理想的史学家:除了中、日、满文外,还精通数种

---

① 　[法]埃马纽埃尔·勒华拉杜里:《蒙塔尤:1294—1324 奥克西坦尼的一个山村》,许明龙、马胜利译,商务印书馆 1997 年版,第 1—2 页。

② 　参见 [美] 詹姆斯·克利福德、乔治·E. 马库斯编《写文化——民族志的诗学与政治学》,高丙中等译,商务印书馆 2006 年版,第 112—113 页。

③ 　Caroline B. Brettell, "Fieldwork in the Archives: Methods and Sources in Historical Anthropology", in H. Russell Bernard, ed., *Handbook of Methods in Cultural Anthropology*, Walnut Creek, London, New Delhi: AltaMira Press, 1998, p. 518.

④ 　此处借用的是考古学上的一个边疆概念,见 Kent G. Lightfood and Antonete Martinez, "Frontiers and Boundaries in Archaeological Perspective", in *Annual Review of Anthropology*, Vol. 24 (1995), p. 473. 关于中国边疆民族史场域内的边疆与中心讨论,可参见王明珂《华夏边缘:历史记忆与族群认同》,社会科学文献出版社 2006 年版,第 44—55 页。Susan D. Blum, "Margins and Centers: A Decade of Publishing on China's Ethnic Minorities", in *The Journal of Asian Studies*, Vol. 61, No. 4 (Nov., 2002), pp. 1300 – 1303.

欧洲语言；身兼包括人类学、语言学、历史学的人类科学大师；通晓中国
主要宗教及基督宗教神学；行万里路，以及近来尚须娴熟资讯科技"①？
借用他的这段话，我亦希望能在此附和他的观点，重申边疆基督教史跨学
科合作研究的重要性。

---

① 参见鲁保禄（Paul Rule）《从传教士的传奇到中国基督宗教史》，张琰译，载魏思齐编
《有关中国学术性的对话：以〈华裔学志〉为例》，台北辅仁大学出版社 2004 年版，第 165 页。

第七章

贞节故事

——近代闽东的天主教守贞女群体与地域文化

一　前言

　　乾隆十一年（1746）五月二十四日，就在轰动朝野的福安教案爆发不久，福州将军新柱根据从属下福宁镇总兵李有用那里了解到的情况，向乾隆递上了一份折子，反映福安地方有西洋传教士"在彼倡行天主教，招致男妇，礼拜诵经"，其中还特别提到该地"凡奉天主教之家，必令一女不嫁，名曰'守童身'，为西洋人役使，称为'圣女'，颇伤风化"①。新柱折中所说的清代前期闽东福安地方"凡奉天主教之家，必令一女不嫁"，乃是武夫李有用的耳食之谈，明眼人一看，就知道内中问题不少。相比之下，倒是巡抚周学健对福安地方天主教守贞女的情况掌握得比较清楚，他在五月二十八日的第二份奏折中，就具体提到了福安地方有守贞女"二百余口"②。

　　新柱与周学健在查禁福安天主教问题上所表现出来的为官优劣，自然不是本章所要讨论的内容，此处要指出的是，通过上述两个满汉地方大员的奏折，我们了解到清代前期闽东福安地方女性教徒守贞不嫁的行为，已经有相当的规模。事实上，当明清易代之际，伴随着天主教多明我会进入闽东福安地方活动，天主教的守贞观念也被传教士引入闽东，并在当地社

① 福州将军新柱奏折，乾隆十一年五月二十四日，参见中国第一历史档案馆编《清中前期西洋天主教在华活动档案史料》，第一册，中华书局 2003 年版，第 83 页。
② 福建巡抚周学健奏折，乾隆十一年五月二十八日，参见中国第一历史档案馆编《清中前期西洋天主教在华活动档案史料》，第一册，中华书局 2003 年版，第 88 页。

会寻找到了生根发芽的土壤，不少闽东妇女"崇奉西教，终身不嫁"，成为天主教在华的第一批守贞女。此后，守贞行为就由闽东扩展到四川，乃至全国各个天主教传教区域，由此在各地形成了天主教守贞女这个特殊的女性宗教群体。

由于贞女在基层教会发展中往往扮演了十分重要的角色，故而曾引起不少中国天主教史研究者的关注，相关的研究成果也陆续发表，典型者如鄢华阳（Robert Entermann）对 18 世纪四川天主教守贞女的研究①，此外，沙百里（Jean Charbonnier）在其有关中国基督徒的著作中，亦曾对中国的天主教守贞女略加描述②。然而，据笔者的浅见，多数的研究仍是仅限于拾掇西文教会资料中对天主教守贞女的片段记载，勾勒中国天主教历史上守贞女的一些宗教生活碎片而已。造成这种现象的原因主要在于西文教会资料的局限性。现存西文教会资料对贞女记载着墨不多，而且常常是用洗名代替真名，难以辨认，有时甚至出现张冠李戴的错误。由此观之，对于贞女这个 17 世纪以来就活跃于基层天主教会的女性宗教群体的信仰与生活，目前我们所知道的仍然十分有限。究竟贞女在一个地域天主教会内部扮演了什么角色？什么样的女性会选择守贞？为什么女性会选择守贞？这些问题都值得进一步探讨。当然，要在这方面有所收获，除了尽可能掌握西文教会资料外，还必须深入挖掘相关的中文庋藏，特别是民间文献与地方档案，这似乎是一个必须重视的前提。

笔者在研究 17、18 世纪闽东福安乡村教会发展时，曾经尝试利用族谱之类民间文献，结合西文教会档案，对明末清中叶福安地方的天主教守贞女与地方社会、宗族之间的关系进行初步的探讨③，限于讨论的主题，笔者没有对贞女这个特殊群体进行比较深入的分析。在本章中，笔者拟利用一份闽东地方教会档案，对近代闽东福安县天主教守贞女群体的信仰与生活再做论述。

在转入正文之前，简要介绍本章所用主要资料。此处笔者所依据的档

---

① Robert Entermann，"Christian Virgins in Eighteenth-Century Sichuan"，in Daniel H. Bays，ed，*Christianity in China，From the Eighteenth Century to the Present*，Stanford：Stanford University Press，1996，pp. 180－193。

② 参见［法］沙百里《中国基督徒史》，耿升、郑德弟译，中国社会科学出版社 1998 年版，第 211—221 页。

③ 参见张先清《官府、宗族与天主教：17—19 世纪福安乡村教会的历史叙事》，中华书局 2009 年版，第 271—291 页。

案资料主要是一份形成于新中国成书初年、记载福建省宁德地区（即闽东）天主教发展状况的中文地方档案汇编，即《天主教闽东教区资料汇编》（以下简称《汇编》）。① 这份地方档案资料的特色之处是比较完整地提供了闽东地方民国以来至新中国成立初年天主教组织的活动情况，其中不仅较为详细地记载了各个时期闽东天主教徒的增长、各个堂口天主教的发展情况，而且还记录了不少教徒的个人资料，例如，对于近代闽东地方的天主教守贞女的记载，就比较完备。由于不少此类个人资料来自被调查者本身的叙说，并经过调查者的系统整理，其真实性较高，因此对于我们今天研究一个区域社会内部妇女与天主教的关系，提供了不可多得的第一手文献。本章即是根据该地方档案资料进行的初步整理研究。

二　数量与分布

从目前所见资料可知，自 17 世纪中期始，闽东福安地方就诞生了天主教在华的第一批守贞女，其中的典型人物有来自福安下邳村陈氏宗族的陈子东，穆阳缪氏宗族士绅信徒缪士珣的女儿缪玛利亚等。此后，守贞女的人数逐年增多，例如，1759 年，当时在福安传教的多明我会士德迭各就曾在一份报告中提到福安一邑守贞女的人数，至少有 250 人。② 可见，经过百余年天主教在当地的传播，到 18 世纪下半叶，福安地方女性教徒选择守贞不嫁的人数已大大增加。

到了清末民初，这个数字又有了新的变化。1890 年，福安多明我会士在给圣玫瑰省的报告中，提到福安地方有信徒 22270 人，1000 个贞女。③ 1914 年福安多明我会士的报告则提到福安地方有 800 个贞女。④ 有关 1914 年以后福安贞女的数量变化，《汇编》一书记载较详，该书列有专节，统计从 1927 年起福安地方城关、溪东、建柄、穆阳、留洋、康厝、西隐、溪填、双峰、罗江、外塘、顶头、下邳等 13 个本堂的天主教情况，

---

① 参见福安专署宗教处等编《天主教闽东教区资料汇编》，1962 年，内部发行，第 468 页。

② Jose Maria Gonzalez, Historia de las Misiones Dominicanas de China, Tomo, Ⅱ, p. 441, note 78, Madrid, 1964.

③ Jose Maria Gonzalez, Historia de las Misiones Dominicanas de China, Tomo, Ⅲ, p. 233, Madrid, 1959.

④ Jose Maria Gonzalez, Historia de las Misiones Dominicanas de China, Tomo, Ⅳ, p. 89, Madrid, 1952.

其中关于贞女的数据尚称完备，下面根据该资料汇编所记统计数据，选择1927年、1931年、1941年这三个比较有代表性的年代①，将此一时期该县13个本堂守贞女的数量制成表7-1。

表7-1　　　　　　　1927—1941年间福安贞女的数量及其变化

时间 \ 地点	城关	溪东	建柄	穆阳	康厝	留洋	溪填	西隐	双峰	罗江	外塘	顶头	下邳	合计
1927	40	11	2	84	41	40	99	40	41	25	31	73	20	547
1931	35	6	2	91	40	28	80	79	39	23	33	82	23	546
1941	25	12	17	78	59	43	95	21	35	19	21	97	14	536

由前述内容可见，闽东福安地方天主教守贞女的人数，从明末至清末民初，总体上呈直线上升趋势，高峰期甚至达到千人。从1927年以后，其数量的增长则呈现比较稳定状态，基本保持在500人左右。

福安这些数百人的天主教守贞女又是分布在哪些地方呢？表7-1中已经列出了守贞女所在的本堂。我们知道，一个本堂区域往往是由辖下数目不等的天主教村落组成，从上表中，我们大致可以了解这十三个本堂区守贞女的分布情况，然而，由于该表只是反映出每个本堂内有多少贞女，而没有告诉我们这些贞女具体来自哪些村落，要详细分析守贞女的这种具体分布，就必须考察各个本堂贞女所属的村落。幸运的是，《汇编》一书中记载了解放初闽东宗教工作者所调查的福安地方355位守贞女的个人情况，包括出生时间、家庭成分、籍贯、住址等。这355人中，有确切生年记载的有313人，其中，生年最早为1868年，生年最迟为1934年，也就是说，这313位守贞女基本上出生于晚清民国时期，因此，这355位贞女的记载基本可以反映晚清民国的情况。下面根据该资料，将这355人的具体分布情况列表如次（见表7-2、表7-3、表7-4、表7-5）。

_____

①　此处笔者选择这三个年代主要是因为《汇编》中此三个年份13个本堂内有关守贞女的数据记载最全。

表7-2   福安总铎区守贞女分布情况

地点	人数
城关	31
柘园下	1
程家垄	1
溪东	6
建柄	5
郑家山	2
总计	46

表7-3   穆阳总铎区守贞女分布情况

地点	人数
穆阳	64
康厝	34
留洋外村、里村	26
岭头亭	1
总计	125

表7-4   溪填总铎区守贞女分布情况

地点	人数
溪填	29
上湾	5
岳秀	6
沙岩	6
双洋（峰）	35
西隐	31
总计	112

表 7 – 5　　　　　　　　　　罗江总铎区守贞女分布情况

地点	人数
罗江（罗家巷）	9
赛岐	10
外塘	6
苏洋	9
洋中	1
顶头	8
六屿	16
下邳	5
半屿	1
岭头	1
梅洋	2
坑门里	4
总计	72

由于守贞女的一个基本特征是在家守贞，因此，上述表格中反映的村镇及其所辖贞女数，大致可以看作是近代福安守贞女分布的一个历史实态。从上述表格可以看出，近代闽东福安地方守贞女主要来自城关、柘园下、程家垄、溪东、建柄、郑家山、穆阳、康厝、留洋（里、外村）、岭头亭、溪填、上湾、岳秀、沙岩、双洋（峰）、西隐、罗江、赛岐、外塘、苏洋、洋中、顶头、六屿、下邳、半屿、岭头、梅洋、坑门里等28个村镇，其中，分布最集中的是穆水中上游地区，仅穆阳与康厝（康家坂）、留洋这三个村镇，贞女数就达到124人。除此之外，廉溪中游区域也是一个高分布区，仅来自该区域的溪填、双洋（峰）、西隐三个村落贞女数就达到95人，其中，溪填为29人，双洋（峰）为35人，西隐为31人。比较集中分布的还有长溪中下游区域，如福安城关、溪东两地贞女数达到了37人，罗江、赛岐、外塘、苏洋等四个村落贞女数达到了34人，顶头、六屿、下邳三个村落贞女数达到了29人。这15个村镇的贞女数合计达到319人，占总数近90%。而其他13个村镇的贞女数合计为36人，仅占总数的10%左右。由此也反映出清末民国闽东福安守贞女的分布具有小分散、大聚集的特点。实际上，上述15个村镇，也正是闽东天主教

传教最悠久、教徒分布最集中的地区，这种贞女分布的集中性，应当是
与当地浓厚的天主教传统有着密切的联系，这些村镇世代相袭信奉天主
教的习俗，无疑为众多的女性教徒选择守贞创造了一个十分有利的外部
环境。

三　社会构成

从上节内容可见，近代闽东福安县存在着一个规模不可小觑的守贞女
群体。由此引入一个饶有兴趣的问题，究竟哪些人家的女子会选择做守贞
女呢？

一般的理解是，在传统社会里，由于受社会经济活动环境的限制，守
贞女常年在家守贞，其主要依赖于家庭供给以维持日常生活，因此，只有
那些家庭经济状况较好的天主教家庭才有条件支持家中女子守贞不嫁。据
现有的史料来看，天主教在华早期的守贞女也确实主要来自富裕人家，如
有着中华第一童贞女之称的陈子东的家庭，就是下邳村的富户；穆阳缪家
早期的守贞女缪玛利亚，也是来自福安尊贵的士绅之家，其父缪士珣是明
清鼎革之际活跃于闽中的士宦人物。[①]

然而，近代以后，贞女的社会构成发生了一些变化，守贞女的来源
显然要比早期复杂得多。现存反映守贞女家庭出身情况的资料比较少，
这给今天的学者辨清守贞女的家庭经济状况问题，留下了一个难题。然
而，幸运的是，在《汇编》一书里我们意外地发现，在其所统计的355
位贞女的个人资料中，334 人有明确记载各自的家庭成分。众所周知，
解放初期阶级成分的划分依据是家庭经济状况，因此通过考察守贞女的
阶级成分可以大体把握其家庭的经济水平。此外，由于这334 位守贞女在
接受调查时都仍然健在，因此，该资料记载应是翔实可信的，这也为我们
今天研究一个较小区域社会内部守贞女的家庭经济状况，提供了不可多得
的资料。表7－6 即是根据该《汇编》记载所整理的334 位守贞女的家庭
成分情况。

---

① 参见张先清《官府、宗族与天主教》，第279 页。

表 7 - 6 福安守贞女的家庭成分情况分析

成分＼地点	城关	溪东	建柄	穆阳	康厝	留洋	溪填	双峰	西隐	罗江	外塘	顶头	六屿	下邳	合计
地主	11		3	17	3		11	3	5	3	2	3	9	4	74
小土地	5	1		6	2	6	1			8		3		1	33
富农				2		2		3	5	1				2	17
富裕中农						1	1								2
中农	1	2	4	4	19	17	18	14	16	2	6			5	108
贫农	2	3		8	1	2	20	11	5	3	7	2	1	1	66
工商业	3			1									1		5
工人	3			15											18
其他				4	2								5		11
总计	25	6	7	57	27	28	53	31	31	17	15	8	16	13	334

按照新中国成立初期中央人民政府在开展农村土地改革时所颁布的划分农村阶级成分的决定，地主、富农、工商业者、小土地出租者都属于社会上比较富裕的阶层，而除了小部分富裕中农外，大多数的中农与贫农，则处在社会的底层，属于比较贫穷的人群[1]。

从表 7 - 6 可见，生于地主家庭的守贞女有 74 人，占总数的 22%；生于小土地与富农、富裕中农、工商业者家庭的贞女有 57 人，占总数的 17%；生于中农家庭的有 108 人，占总数的 32%；生于贫农、工人家庭的守贞女有 84 人，占总数的 25%；其他类（指宗教职业者、船民等）有 11 人，占总数的 3%。综合分析，守贞女来自地主、小土地出租者、富农、工商业者等较为富裕的家庭达到 131 人，占总数的 39%；来自中农家庭的占 32%；而来自贫农阶层的占 25%。可见，来自富裕家庭的守贞女规模仍然相当大，保持了接近 40% 的比例。但是，我们也发现守贞女来自社会底层家庭的不在少数，如果将表 7 - 6 中所列的中农家庭与贫农家庭二者数量相加，达 57%，已过半数。由此可见，自近代以后，闽东地方守贞女的社会构成发生了不少变化，其来源变得更为多样化。

---

[1]　《中央人民政府政务院关于划分农村阶级成分的决定》，载人民出版社编辑部编《土地改革重要文献汇集》，人民出版社 1951 年版，第 33—59 页。

需要指出的是,上述近代以来闽东守贞女家庭来源的多样化,是与闽东地区社会经济环境息息相关的。一大部分贫穷家庭的女子加入守贞的行列,除了宗教方面的原因外,似乎还应当考虑到一些宗教外的因素,如近代闽东福安地方相对低下的经济发展水平,决定了大部分天主教家庭仍处于下层阶层,而当地妇女职业的多样性,则为贫苦家庭女子守贞之路提供了可行条件。关于这一点,笔者将在后文作进一步分析。

四 在基层教会中的角色

闽东福安地方这个规模甚大的守贞女群体,又在基层教会发展中扮演着什么样的角色呢?

根据《汇编》一书的记载,笔者将以守贞女为骨干的部分福安基层教会组织整理成表 7-7。

表 7-7　　　　　福安贞女主持的基层教会组织

名称	成立时间	主要作用	资料出处
城关天主堂女董事会	1934 年	负责管理天主堂事务,包括教堂的整洁卫生、洗涤圣衣、维持妇女秩序、照管儿童等	①
穆阳本堂炼灵团女团	1914 年	组织教徒替亡者念经	②
穆阳贫民收容所	1912 年	收容无家可归者	③
康厝救灵会	1929 年	组织教徒为亡者念经	④
邮亭前济贫会	1929 年	救济贫民	⑤
双峰炼灵九日团	1935 年	组织教徒为亡者念经	⑥
外塘女救灵会	1928 年	为穷苦教徒操办丧事、组织教徒为亡者念经、负责筹集神父办圣事费用等	⑦

① 《汇编》,第 58—59 页。
② 同上书,第 99 页。
③ 同上书,第 101 页。
④ 同上书,第 111 页。
⑤ 同上书,第 112 页。
⑥ 同上书,第 146 页。
⑦ 同上书,第 189 页。

表7-7中所列的基层教会组织，其性质基本可以分为三类，第一类是基层教会的管理机构，如城关天主堂女董事会，该董事会成立于1934年，会员由福安城关全体在家守贞女组成，设立正副会长、董事等职位，其职责主要是管理福安城关女性教徒的日常宗教活动；第二类是基层教会的灵修机构，如上述穆阳、康厝、双峰、外塘等地的炼灵团、救灵会，这些团体的主要职责是为本地教会成员操办丧事，如备办棺木、组织教徒，为死者念经祈祷等。负责者一般都是当地的守贞女；第三类是基层教会的慈善机构，如上述穆阳贫民收容所、邮亭前济贫会等。这些团体的主要职责是救济贫民，负责者一般也是当地的守贞女。

当然，必须指出的是，表7-7所列的内容并非就是守贞女在基层教会作用的完整反映，除了参与主持上述基层教会组织外，在日常宗教活动中，守贞女还往往要承担教导一个基层教会内部妇女、儿童诵读经卷，协助本堂神父操办诸项圣事等工作。这一点，从近期的田野调查中也可以得到反映，下面是一位福安普通女性教徒在接受采访时所表述的对于守贞女在乡村教会作用的看法：

> 她们的作用？她们的作用当然大啦。从前教人念经，经头是分开的，有男经头，女经头，女经头一般都是这些姑娘，她们从小念经，懂得很多经。……平常她们也帮助圣堂里的事，而且也会劝家里、附近的人要坚持信教。①

由上可见，在一个基层教会里，守贞女的作用是十分突出的，她们不仅参与了教会的管理，而且也是教会慈善机构的操办者，教会灵修团体的组织者，是基层教会各项宗教活动得以正常运转的关键人物。对于天主教守贞女在维持地方教会中的特殊作用，晚清重返江南的耶稣会神父曾经这样评价："这些贞女们若天神一般无声无息地完成她们的工作，人们真可称赞她们为会口之花。这些鲜花，使教会田园得到极大的荣誉……她们给予启蒙无知者极大的帮助，她们又给人付洗，抚养被遗弃的婴孩，劝化病危垂死的教外人。假如人们对她们的劝导掩耳不闻，至少也不得不盛赞她

---

① 黄德肋拉，女，53岁，天主教徒，顶头村，2002年8月2日，笔者采访笔录。

们的热心,尊敬她们的品德。欧洲圣味增爵会(仁爱会)的修女们所做的事情,中国的贞女们是完全可以胜任的。"① 在这些天主教耶稣会神父的眼中,守贞女"真是天主特派来的助手,她们关心一切、料理一切,她们的虔诚鼓舞了热心的人,敦促了冷淡的人,增加了天主儿女的数字"②,对基层教会的发展贡献很大。从教会发展的角度,结合上述福安的个案我们可以看出,这种评价是比较客观公允的。

五　妇女守贞与地域文化

在前文中,我们利用一份地方档案资料,描述了近代闽东福安地方存在着一个较大规模天主教守贞女群体的情况。这些数量众多的天主教守贞女在维持地方教会发展上起到了举足轻重的作用。我们知道,天主教守贞不嫁的行为与中国传统儒家价值观所宣扬的"婚嫁有时"观念是格格不入的,这种守贞行为显然与传统习俗有着鲜明的对立性,往往难以获得民间社会的容忍。在此背景下,一位女性决定守贞,无论是她本人还是她的家庭,乃至整个家族,都可能要面临着种种压力,那么,我们不禁要问,为什么在闽东福安仍有如此之多的女性教徒选择守贞呢?

妇女守童贞,首先当然有其宗教方面的原因。明末天主教多明我会传教士进入闽东传教,带入了天主教的守贞观念。传教士们有意识地在当地宣扬守贞的圣洁性,此举对于一些虔诚的女性教徒来说无疑有着一定的吸引力,受其影响,不少女性教徒选择守贞。然而,我们必须看到,近代以来闽东福安地方天主教妇女守贞情况,并不是零散的现象,在一个县级区域,常常保持着多达数百的守贞女,这种规模即使在全国范围内,也并不多见。由此可见,仅从宗教角度,是不能对这个现象作出充分的解释的,而应当将其置于更为广阔的地域文化范畴内加以思考。

笔者认为,闽东福安地方守贞女群体的出现,是与当地社会结构相关因素有着种种密不可分联系的。闽东历史上厚妆奁的社会习俗、妇女出嫁后的窘迫处境、女性职业的多样性以及当地女神崇拜的民间信仰氛围,所

---

① [法]史式徽:《江南传教史》,第一卷,天主教上海教区史料译写组译,上海译文出版社1983年版,第134页。

② 同上书,第249页。

有这些因素都可能对闽东女性选择守贞、一心从事诵经修道宗教活动有一定的促进作用。

　　明清以来闽东地方存在着婚姻厚嫁妆方面的社会习俗。同治年间，徽人程荣春任职福宁，曾颁布了一系列整饬社会风俗的文告，其中一节云：

　　　　婚嫁要质朴。查宁郡各属，均有溺女之风，推原其故，皆因小户贫民，生女艰于养活；中户小康之家，因女长大，难于陪嫁，以致忍心害理，随时溺毙，大伤天地之和。是在绅富之家，婚嫁先从节俭，以为表率，并于亲族中共相规劝，以期转移风俗，则小户、中户，咸相则效，不事奢靡。男家不要女家妆奁，女家不争男家财礼，两家从俭，便易举办。如生数岁，愿领作养媳者，彼此更觉省俭。各乡老成望重之人，随时随处劝导，即照古人荆钗裙布遗风，有何不美，则生女之家，无虑陪嫁，而溺女之风亦息，获福将来，未有艾也。①

　　上引文揭示的是晚清闽东地方溺杀女婴的陋俗。这种社会陋俗，并不仅为闽东独有，在旧时中国，是比较普遍的现象。然而，闽东地方此种陋习尤多，郡人曾指出："溺女之习，宁郡尤甚。婴堂、婴社之设，吾宁无此财力，鄹难集事。"② 有鉴于此，同治年间，程荣春等地方官员有倡导设立"众母堂"等机构之举，以收育婴孩。③ 而程氏所颁上述强调"婚嫁要质朴"的文告，显然也是针对当地溺女行为而发，由此可见，婚嫁费用的负担过重，是导致闽东地方溺杀女婴这种社会现象频繁发生的一个深层原因，即使是中户小康之家，也常常"因女长大，难于陪嫁"。除了狠心者将女儿溺毙外，守贞不嫁倒不失为一条两全之路。在此背景下，一些天主教家庭，特别是那些有多个女儿的家庭，因为不能承担沉重的嫁女费用，可能鼓励、支持家中女子守贞。

---

　　① 程荣春：《福宁从政纪略》卷二《劝民节俭示》，第34页，同治五年刊本，中国科学院古籍部藏书。
　　② 民国《霞浦县志》卷之二十三《惠政志》，第66页，霞浦县地方志编纂委员会整理，1986年。
　　③ 同上。

在传统中国社会里,受男尊女卑观念影响,妇女在婚姻问题上长期处于比较被动的境遇,女子出嫁,意味着要远离母家的爱护,独自面对生活,内心难免心怀忧虑,而现实中许多婚姻不幸福的实例,又加深了她们对于婚姻的恐惧。流行于福安的一些民间歌谣就深刻地反映了妇女对出嫁的这种忧虑与恐惧,例如,一首流传于穆阳地方,名为"爹娘粗心肠"的民歌,其歌词如下:

> 爹娘粗心肠,
> 嫁我木头山。
> 三年不见锣鼓面,
> 四年不见戏上台;
> 床靠壁,壁靠山,
> 山上尽是竹木林;
> 前门山鹊叫叽叽,
> 后门山猪哭嚎嚎;
> 松叶飞来做锅刷,
> 树叶飞来做锅盖;
> 树根伸进作门槛,
> 竹根伸进当火筒。①

歌中反映了出嫁女子因为夫家地处深山老林,环境恶劣,由此埋怨父母当初未择良配,导致自己婚后生活十分艰辛。

对于那些年幼时就被领做童养媳的少女,处境更为悲惨。闽东福安民间曾经流行着一首名为"佛人仔"②的民歌,山村老妇几乎都能唱诵,属于旧时福安妇女的启蒙歌谣。歌谣讲述的故事是旧时福安地方有一个少女,出嫁到霞浦周家后,受尽周家人的折磨,最后不堪忍受而上吊自杀。整个歌谣由七个部分组成:一、出嫁受苦;二、归宁诉苦;三、再回夫家;四、悬梁自尽;五、周家报丧;六、抄杀周家;七、送葬出行。歌谣

---

① 福安市民间文学集成编委会:《中国歌谣集成·福建卷·福安市分卷》,1992 年,福安市民间文学集成编委会,内部发行,第 200 页。

② 同上书,第 202 页。"佛人仔"系福安方言,指那些长得可爱的孩童。

中道尽了少女在夫家所遭受的种种苦难，由于整个歌谣较长，下面节录一节如下：

　　…………

　　嫁到周家三年头，
　　一粒饭点落灶兜，
　　呼鸡呼鸭目汁流。
　　周郎看见不做声，
　　周姐看见喝喝声。
　　周郎喊拍用拳头，
　　周姐喊拍用柴兜。
　　一个拳头五只包，
　　一下柴兜鲜血流！
　　后门一条亚藤十八节，
　　拍我全身节节痕。
　　天那未光拍三次，
　　拍到洋中雀仔好凄惶！

　　言为心声，歌谣常常是民间生活的真实写照，虽然是"田夫野竖矢口寄兴之所为，荐绅学士家不道"，但是因为朴实无华，更能真实反映基层社会生活，故此冯梦龙说"但有假诗文，无假山歌，则以山歌不与诗文争名，故不屑假"①。歌谣中的女性，在嫁到周家后，饱受夫家折磨，最后不得不以死来寻求婚姻上的解脱。这种出嫁即受苦的思想，被包蕴进上述歌谣中，在乡里村落间世代传唱，很容易在当地妇女中产生共鸣，她们惧怕婚姻不幸带来的痛苦，导致不想出嫁，宁愿守贞，向宗教寻找心灵的慰藉。特别是那些经济条件较好的天主教家庭的女子，因为从小生活比较优越，担心出嫁后要操持家务，她们中的一些人抱着"出嫁后要听夫家的，做饭洗衣也是一天三餐，如果在家念经，也是一天三餐"的思想②，宁愿做一个终身不嫁的守贞女，不愿嫁为人妻。

---

① 冯梦龙"叙山歌"，冯梦龙：《山歌》，江苏古籍出版社2000年版。
② 黄德肋拉，女，53岁，天主教徒，顶头村，2002年8月2日，笔者采访笔录。

　　还应当提到的一点是,明清以来闽东妇女职业的多样性,也为女性教徒的守贞选择提供了间接的社会经济条件,特别是对于那些经济状况不好的天主教家庭女性成员,当她们立志守贞时,也可以依靠自己的劳动来维持生计。

　　以往学者在考察传统社会中国妇女的职业情况时,大多认为存在比较单一性的特点。相对于男子而言,妇女可从事的工作要少得多,由此决定了其在家庭中往往处于从属的经济地位。然而,此处必须指出的是,对于妇女的从业情况考察,应该考虑到地区间的差异性,例如,一些学者分析了江南地区妇女半边天角色的形成,是与当地社会经济发展紧密相关的,江南地区纺织业的发达,为妇女创造了就业的较好环境,妇女通过操持纺织,不仅能够自给,而且能够负担家庭支出,从而在家庭经济中取得"半边天"的地位。① 由此可见,地区间的社会经济环境差异,可能有利于妇女在经济上获得一定的自立能力,不依靠男子而维持自身生计。闽东地方有相当部分来自贫穷家庭的妇女能够守贞不嫁,其中的一个原因,即在于当地妇女参与社会经济活动的机会相对较多。

　　在研究妇女经济活动时,由于官书正史资料上的限制,不少学者常常感叹资料上的不足,导致妇女在社会经济活动方面的情况存在模糊不清之憾,实际上,相对于官方典章,一些民间文献与口碑资料更为真实地记录了妇女在基层社会上的生活情形,例如,一些学者已经利用明清小说、契约文书等资料进行了有益的探索②,通过下引一首广泛流行于闽东福安地方的民间歌谣,我们也可以考察近代闽东福安地方妇女参与社会经济活动的情况。

　　　　溪路诗③

---

　　① 参见李伯重《"男耕女织"与"半边天"角色的形成:明清江南农家妇女劳动问题探讨之二》,《中国经济史研究》1997 年第 3 期。

　　② 参见赵世瑜《明清以来妇女的宗教活动、闲暇生活与女性亚文化》,载赵世瑜《狂欢与日常:明清以来的庙会与民间社会》,生活·读书·新知三联书店 2002 年版,第 259—296 页;阿风:《徽州文书与明清中国女性史研究》,载李小江等《历史、史学与性别》,江苏人民出版社 2002 年版,第 77—81、128—147 页。

　　③ 福安市民间文学集成编委会:《中国歌谣集成·福建卷·福安市分卷》,1992 年,第 122—124 页。

食还食，做还做，百丈妇女晒鱼奇蚵；
晒呀晒，收呀收，祭下妇女哈土鳅；
有的有，没的没，沙溪妇女织麻袋；
麻作经，苎作纬，晓阳妇女会争嘴；
争呀争，惊呀惊，洋坪妇女会"消惊"；
消惊消的好，太逢妇女养猪姆；
一群过一群，潭头妇女撑渡船；
一渡过一渡，上坪妇女做豆腐；
做的做，磨的磨，柘阳妇女会织帽；
帽织一妆过一妆，沙坑妇女会贮烟；
贮的贮，站的站，甘棠妇女会劫蜊；
蜊劫一碗过一碗，穆阳妇女会补伞；
伞补一扇过一扇，官埔妇女会做扇；
扇做一起过一起，江兜妇女会笼米；
米还米，糠还糠，白石妇女异样装；
装呀装不直，许洋妇女会拍席；
拍的拍，透的透，坪江妇女做火炮；
火炮做一联过一联，钱筒妇女做纸钱；
一墩过一墩，石二妇女做笠斗；
编的编，踉的踉，兰柄妇女会做糖；
糖还糖，芽还芽，坂洋妇女会择茶；
择茶择的真，仙岩妇女上北京。

这首歌谣生动地记述了旧时闽东福安乡村妇女从事社会经济活动的情况，从歌谣中可见，福安旧时妇女能够从事的职业比较多样，包括晒鱼奇蚵（指打鱼）、哈土鳅（抓泥鳅）、织麻袋、养猪姆、撑渡船、做豆腐、织帽、贮烟、劫蜊、补伞、做扇、笼米、拍席、做火炮、做纸钱、做笠斗、做糖、择（采）茶等。

从前一节有关守贞女的社会构成我们已经了解到，福安地方的守贞女有相当比例来自经济状况较好的地主、富农家庭，这些富裕家庭的女子守贞，自然有更好的经济保障，家庭可以为她们提供守贞所必需的生活来源。然而，我们也注意到，还有一定比例的守贞女来自那些经济状况不好的贫民家庭,这些贫民家庭的女子需要依靠自己的劳动,来维持守贞。而上述福安地方妇女这种职业比较多样化的特点,自然就为她们的守贞之路提供了社会经济方面的可能性。笔者在闽东的田野调查也证明了这一点,2002 年 8 月 2 日,顶头村黄氏宗族一位年老贞女就曾告诉我,她的父母都是农民,她从小就信天主教,决心守贞,依靠出外做佣工挣口饭吃①;当地其他的教徒也认为,贫穷家庭女子能够守贞,主要是因为"她们有手艺,可以养活自己"②。

近代江南崇明与海门地区也有着类似的情况。晚清时期,伴随着耶稣会重返该地,天主教会获得了一定的发展,女子守贞的人数曾达到了一二百人之多。③ 而这两地妇女能够守贞,一定程度上即得益于当地纺织业的发展:

> 我们这里的贞女都是自食其力的,一般就在本家单独居住,……海门的贞女中,除十来个外都是穷苦人,她们靠日夜辛勤艰苦的劳动来维持生活。在海门,只有百分之一至二的人家,生活比较宽裕。这些穷苦女孩就生活在群众之中,一天到晚就是呼呀呼地纺纱织布,往往起早摸黑地干,弥补她们念经和搞慈善工作所花去的时间。她们织成的布匹交给亲戚去市上出卖,再买进一些日用必需品回来。④

与江南上海附近地方较为富裕不同,崇明、海门的天主教徒"大都很贫穷"⑤,然而,从上引文中,我们可以看出,当地纺纱织布业的发展,显然为贫穷人家的女子选择守贞提供了维持生活的条件。

最后,历史上闽东地方比较发达的女性神灵崇拜现象,也可能从一个侧面为女性守贞创造了一种宗教氛围。在闽东地方,一些女性神灵如奶娘、天后、马仙姑等,一直在当地的民间信仰世界里占有特殊的地

---

① 黄罗洒,贞女,73 岁,顶头村,2002 年 8 月 2 日,笔者采访记录。
② 黄德肋拉,女,53 岁,天主教徒,顶头村,2002 年 8 月 2 日,笔者采访笔录。
③ 参见[法]史式徽《江南传教史》,第 250 页。
④ [法]史式徽:《江南传教史》,第 247 页。
⑤ 同上,第 142 页。

位，具有比较广泛的信仰基础，普遍受到乡民的礼敬与膜拜①，而从事宗教活动的女性，在当地人眼中，常常占有比较特殊的地位。在这种宗教氛围影响下，一些当地女子可能守贞不嫁，一心从事诵经修道宗教活动。

①　关于闽东的女神崇拜，参见李建民《长溪入海流：福安地域文化研究》，延边大学出版社 2001 年版，第 39—49 页。

第 八 章

区域信仰的变迁

——廉溪中游的汉人宗族与天主教的传播

一 前言

前人论及明清以来的天主教在华传播历史，多从宏观入手，而少见地域个案研究，特别是甚少结合地域民间社会文化背景以探讨几个世纪以来天主教在中国基层社会的传播历史。事实上，我们认为，只有把地方的天主教发展状况放置在一个相应具体的民间社会历史情境中加以考察，才能更好地揭示出天主教作为一种早期的"外来宗教"，是如何融进传统中国的基层社会结构中，乃至转变成为（至少在局部地区）一种给予乡村民间生活一定影响的"地方宗教"。

有鉴于此，从 2000 年开始，笔者在原天主教多明我会在华的传播中心地——闽东长溪流域进行田野调查研究，特别是关注长溪流域的汉人宗族与天主教传播之间的关系。依据事先拟订的研究方案，选择了构成长溪流域天主教分布的三个核心地段穆水、廉溪及白马河作为调查重点。本章即是其中有关廉溪地区的部分研究，所关注的对象是处于同一小区——廉溪中游的三个主要汉人宗族廉村陈氏宗族、溪填赵氏宗族、双峰冯氏宗族。对于天主教宗族——双峰冯氏与溪填赵氏，笔者主要采取分户调查的方法，对这两个宗族村的主要住户做了个人生活史的问卷调查，并对其中的 20 余位族人作了主要报道人问卷调查。对非天主教宗族——廉村陈氏，笔者则采取随机访谈方式。此外，笔者还在当地较为系统地搜集了一批族谱、寺庙碑铭、村志等历史文献。本章即尝试结合这些田野调查资料与相关的西班牙文献①，对明末以来上述三个汉人宗族在对待天主教传播上的不同取向及其对当地民间社会的影响加以讨论。

二　廉溪中游的汉人宗族及其早期信仰

廉溪实际上是闽东长溪最大支流穆水的下游部分，具体来说是指上接穆洋、下至廉首的一段长约四五十公里的溪流，而其得名则与素有开闽第一进士之称的唐人薛令之有关。万历《福安县志》卷之七《人物志·风节》云：

> 唐薛令之，字君珍，号明月先生，廉村人，进士。开元中累迁左补阙兼太子侍讲，会李林甫不惬于太子，故东宫官冷落不迁。令之感慨时事，题诗于壁曰："朝旭上团团，照见先生盘。盘中何所有？苜蓿长阑干。饭涩匙难绾，羹稀箸易宽。只可谋朝夕，何由度岁寒。"玄宗幸东宫，续之曰："啄木嘴距长，凤凰羽毛短。若嫌松柏寒，任逐桑榆暖。"因谢病归。玄宗闻其贫，命有司资以岁粟，令之量受之，不肯多取。肃宗即位，思东宫旧德，召之，而令之已逝矣。嘉叹其廉，因敕其乡曰"廉村"，水曰"廉溪"。②

薛氏宗族谱牒对此也有生动的记载，其略云：

> ……余祖自晋至永嘉之乱，士族多板荡渡江，薛氏初祖惟公一族始自河东南迁江左，迨天监中，光禄公贺始徙于闽，闽之有薛氏，自兹始矣。正史谓闽粤地肥饶，有山泉禽鱼，虽能通文书史

---

① 有关多明我会在长溪流域活动的西班牙文献是较为丰富的，特别是在菲律宾马尼拉、西班牙阿维拉等地多明我会档案机构收藏有许多珍贵的文献资料。多明我会学者 Jose Maria González 整理了五卷本的多明我会在华传教史：Historia de las misiones dominicanas de China tomo I-V, Madrid, 1955－67，可以提供研究所需的大部分参考资料。

② （万历）《福安县志》卷七《人物志·风节》，页六。日本藏中国罕见地方志丛刊，书目文献出版社 1991 年版。

事，不肯北宦。故自唐以前，未有以文进者。我祖自光禄公卜居之
后，至六代有补阙令之公，神龙元年首以登第，名显于朝。时东宫
官冷，见机而题朝旭首蓿之咏。是时，唐明皇因幸东宫，见之不
悦，以为讽己，命笔酬之曰"啄木嘴距长，凤凰羽毛短。若嫌松柏
寒，任逐桑榆暖"。公以此谢爵投簪东归。后安禄山反叛，明皇感
其见机，诏以长溪县赋粟资之，公量受，不肯多取。及肃宗践祚，
召公，公已逝矣。遂锡其所居之地三廉，曰"廉村"、"廉溪"、
"廉岭"。①

　　薛令之题朝旭首蓿诗及其以廉洁而受赐名的故事在长溪地方流传甚
广，并由此在当地形成了一个以崇拜"明月先生"为主的地域民间信
仰，关于这一点，笔者在后文将作进一步分析。此处首先要说明的是，
由薛令之故事可知，早在中唐时期，廉溪流域已是中原汉人卜居之地，
特别是以廉村为中心，包括溪墘、双峰在内的中游部分，由于河流冲
积形成了不少适宜农耕的小型平原，又有便利的河运交通条件，故从
唐宋以来，就不断有中原汉人迁居此地，繁衍壮大，至成一族。本章
所关注的廉村陈家、溪墘赵家、双峰冯家，就是当地具有一定代表性
的例子。

　　尽管薛姓早在中唐以前就迁居到了廉溪中游地区，而且经过累世积
淀，在家族文化上奠定较深的根基，以至产生了福建第一个科举精英薛令
之，但是，晚唐以后随着陈姓的入迁，其地方核心家族的地位却逐渐被后
者取代了。②

　　陈姓迁居廉村，大约在唐末五代。据陈氏宗族谱牒记载，陈氏祖先十
兄弟，曾是王潮部下，"自光州固始，同王潮入闽，荡平土宇，立勋受
爵"③。后"诸昆仲阅历形胜，各就迁居。始祖怀玉公迁是乡，水北田连
阡陌，则内贮处其优；水南市有富津，则外需征其足。且八景殊胜，登高
而云霞绚绘而俗尘可浣，鱼米丰饶，耕读足务"④。很显然，陈姓与唐末
五代大多数闽东地方的入迁汉人来源是一致的，即先从中原迁闽，再由

---

①　《高岑三廉薛氏宗谱》，卷首序，清抄本。
②　现今薛氏后人大多居住于廉村附近的高岑。
③　《廉溪陈氏族谱》，卷首陈又新康熙二十七年序，光绪十二年（1886）抄本。
④　同上，卷首《陈胤浚康熙二十七年序》。

福州迁往闽东，经历了多次迁徙后，当遇到合适的生活环境时，就定居下来。而当地优厚的农商资源也确实为陈姓宗族的发展创造了有利条件。廉溪北岸是当时长溪流域的主要平原之一溪北洋，拥有良田千亩；而溪南则有古老集市富溪津市，该市"在二十二都廉村，旧名石矶津。鱼盐之货丛集，贩运本县，上通建宁。旧设巡栏，今设官牙以平贸易"①。富溪津市到了明末，成为当时长溪地方重要的一个商贸集散地，吸引了不少周边商贾，聚集贩货。明崇祯年间户部郎中黄师夔因商人请而为时任县令巫三祝所立"富溪津碑记"，形象地反映出了当时商贩群集的景象：

> 去宸南三十里曰富溪，盖市舶往来之津，群邑侩走命焉，所过复壁危峦，下上走□，重研累喘，始得至。至则一带莽苍，非若波斯、陬林、五父之衢，可恣探取者。遥望一艘来，群攘之，至截流泊济以身殉，不则素手柠腹矣。来贸者益高其直，设种种诸巧蠹以周诸贾，称较者有搭头之例，增钩贯索，站立船头，不一而足。资斧几何，乃什不得六七。比归，或遇假虎横食，则有倾橐耳。②

由于有了上述农商资源的支持，廉村陈氏得以能够较快地发展，不仅人丁渐增，而且在文化上也卓有成就。特别是宋以后，科举辈出，单两宋时期，该族就产生了十四位进士③，此外还有地方理学文人如人称城山先生的陈元老。④ 到明清时，尽管渐呈衰弱，但在科举上仍然屡有题名者。表8-1为清光绪十年《福安县志·选举》中所记载的廉村陈氏宗族宋以来的科举情况（不包括武科）。

---

① 万历《福安县志》卷一《舆地志·市镇》。
② 光绪《福安县志》卷之三十六《艺文》。
③ 由于当地较为深厚的文化积淀，如今廉村已经被评为福建省历史文化名村。
④ （万历）《福安县志》卷七《人物志·艺苑》。

表 8 - 1　　　　　　　　　　廉村陈氏历朝科名

朝代	科名	人数
宋	进士	14
	特奏	1
	释褐	2
	漕举免解	1
明	举人	2
	贡选	4
清	岁贡	2
	拔贡	2

注：本表据光绪十年《福安县志》卷二十一《选举》有关资料绘制。

由上表可见，廉村陈氏是一个典型的地方势族，故该族人也自诩"屡代簪缨，至今弗替，实韩阳中著姓也"①。伴随着家族的人丁兴旺、科名显盛，廉村陈氏的族中精英，很早就进行了家族的各项整合，如在宋嘉定十三年，陈氏已修订本族谱牒②，到明初陈氏开始建立祖祠，此后多次重修家族谱牒，订立规制，以维系族人，并加强本宗族在地方上的控制能力，由此也使廉村陈氏在明初就已成为较为成熟的宗族组织。

距廉村约1.5公里，是一个名叫溪填③的村落，这里就是赵姓的聚居地。赵姓之迁居溪填，大约在北宋末年，据《新修富溪赵氏族谱》云："吾族赵氏系出炎宋，自清献公来闽，卜居霞邑北港，传自常公，始迁今所，越五世而筠公生子六人，爰分礼、乐、射、御、书、数六房，而我射房聚居富溪，则皆纲公后也。"④ 上引文所说的溪填赵氏祖先清献公很可能是当时靖康之乱后南奔的中原旧族，他先是由浙江衢州迁徙到建宁，再迁霞浦北港地方，到常公时才迁居溪填。⑤ 因此，溪填赵氏以常公为肇迁祖。⑥ 而上引文中的纲公，即第六世赵纲，据族谱记载，他是如今溪填赵

---

①　前引陈胤浚康熙二十七年谱序。
②　参见《廉溪陈氏族谱》，《历代原修族谱职名》，光绪十二年（1886）抄本。
③　溪填亦称溪前。
④　《新修富溪赵氏族谱》卷首，道光二十四年赵梦言序，民国十六年（1927）抄本。
⑤　同上书，明天启二年赵文琳序。
⑥　同上书，"肇迁"，第51页。

姓主要族支射房的祖先，并且是使赵家据有溪填的一个关键人物："宋开禧年间，纲公仕迪功郎，宦游归里，填溪架屋，命名溪填，即今聚族众居是也。"①

溪填赵姓自述是宋太祖赵匡胤之后，一直以"天潢裔派"自居。为了表明本族皇族身份并非篡冒，赵姓曾长期保留有赵太祖像等显示皇裔身份物品，并屡次在宗谱中对本族为帝王后裔这一点加以强调，如乾隆年间的一份谱序云："谱以序昭穆明世系，毋论社稷之后与亩亩之家，皆不欲斩然无闻，况天潢裔派，奕业如新，维孙与子而顾淡然忘之乎！溯受氏以来，代有伟人，而黄袍加身，混一海宇者，维吾祖宋太祖也。人有侈谈世胄，妄将前代名家，载入谱端，究无可考。吾家清献公即太祖世胄四代孙也，由浙入闽，亲携御像，左金书王子王孙，右玉篆御书至宝，巾系冲天龙绘五爪，世虽屡易，灿然夺目，岂别姓所可得同日而语耶？延及三世，而生常公，公见富溪水清且涟，山美而秀，迁移厥居遂为肇基之始祖焉"②。

赵姓在迁居溪填后，在第六世开始分六房，但到了第十八世后，情况发生了变化，礼、乐两房"已中绝，御、书、数三房已散处外乡，亦不甚繁衍。而射房之支分派别，继继绳绳，瓜瓞之绵延，实为独盛。今村中之爱处者，皆射房之后裔也"。因此，在相当长时间里，射房构成了溪填赵氏的主体。随着人丁的增长及本族产业的增置，到明正德二年（1507）开始修订本族谱牒，到了清初开始修建祠堂。③

与廉村陈氏相比，溪填赵氏在宋明以来的科举成就上显得相对不发达。构成赵氏族中科举功名的大多是生监之类的普通士人，如表 8 - 2 所示。

---

① 《新修富溪赵氏族谱》卷首，道光二十四年赵梦言序，民国十六年（1927）抄本。乾隆四十二年赵廷灏序。

② 同上书，乾隆四十二年赵廷淑序。

③ 赵姓何时肇建祠堂似已不可考，但访问该族耆老，皆云在清初。而《新修富溪赵氏族谱》卷之三《祠宇》曾记载旧祠在三门口，因为苦于地低多水患，乾隆七年族人捐地谋迁建，由此可知赵族祠堂应在乾隆前建。

表 8 - 2   溪填赵氏历朝科名

朝代	科名	人数
宋	进士	2
	举人	3
明	无载	无载
清	贡选	7
	庠生	31
	监生	24

注:本表据民国十六年(1927)《新修富溪赵氏族谱》卷之六《选举》资料绘制。

在廉村上游,与廉村相隔约 1 公里,是双峰①冯族聚居地。冯姓入闽始祖为治中公,据冯氏谱牒记载,"公原居金陵,于宋元祐三年偕二弟治平、治串来闽,卜居南台马冯巷,深明韬略,时遭寇乱,朝廷聘公,官拜大将军,通领军戎,拥钺督征,屡建奇功。厥后误中贼计,矢尽援绝,公奋然以身殉国,致命沙场。帝闻公死,优诏赙之,赐谥惠义侯,录其子孙恩荫参军"②。而冯姓迁居双峰,则是自第十世知几公始。冯知己,"继述公长子,例授郎中,……公自元至正年间由寿宁西溪迁居宸邑双峰……公生至正壬辰年四月初八日辰时,卒明永乐丙申年二月"③。由此可知,双峰冯氏肇基的时间应在 1353 年以后。冯知几原配无出,次配生廷炙、廷炎、廷奭、廷芰、廷燎、廷燮六子,分别为璧、琼、珪、璋、琥、璜六房祖。此后人丁逐渐增长,到明嘉靖年间,在族中璧房十三世孙,曾任广西太平府知事、湖广茶陵州知州的冯杰倡议下,冯姓族人开始初步整合宗族,如嘉靖二十四年(1545),冯杰在致仕归里后,聚父老建立族谱。④其后,冯氏族人将肇迁祖冯知己的房屋改为祖祠,但"仅有正座,规制未宏未备"⑤。

与前述陈、赵两族相比,双峰冯氏无论是在名望还是科举功名上逊色

---

① 双峰又称桑洋、双洋。在冯姓迁入前已有汤、郑二姓在此居住,但皆不发达。
② 《双峰冯氏族谱》,"世系",第 87 页,民国二十八年(1939)抄本。
③ 同上书,《双峰冯氏族谱》,"世系",第 89 页。
④ 同上书,《双峰冯氏族谱》,"卷首谱序",第 14 页。
⑤ 冯昭韦:《重修祖祠记》,载《双峰冯氏族谱》,第 238 页,嘉庆十八年(1813)抄本。

不少，该族并没有产生过进士之类人物，在明代以岁贡出任官职的冯杰是该族较为知名人物，而更多的则是功名不显的普通士子，如表 8 - 3 所示。

表 8 - 3 　　　　　　　　　　双峰冯氏历朝科名

朝代	科名	人数
宋	无载	无载
明	贡生	3
	监生	1
清	贡生	4
	廪生	3
	庠生	38
	监生	22

注：本表据民国二十八年（1939）《双峰冯氏族谱·选举》资料绘制。

与绝大多数由汉人移居而形成的地域社会一样，廉溪中游随着薛、陈、赵、冯等诸姓氏的移居而逐渐发展了社区的早期民间信仰格局。在廉溪中游上述陈、赵、冯三族聚居区，这种早期民间信仰格局主要可分为两部分：一部分是属于各自家族的保护神灵，另一部分则是属于地域性共有神明。前一类在廉村陈氏尤为突出。陈姓在迁居廉村后，逐渐接受了同地域薛氏宗族的神灵薛令之为本族保护神。薛氏后人在唐咸通元年就已将薛令之乡居读书时的灵谷草堂改建为灵谷寺，作为本族家庙。[①] 陈姓族人也效仿之，在本村另修建了一座后湖宫，以供奉薛令之及其四世孙、民间称为显应王的薛念。[②] 现后湖宫内保存完好的廉村陈姓乾隆四十二年（1777）维修宫庙碑文，可以看出后湖宫的创建及与陈族的关系，其文云：

> 后湖神宫创自始祖，左凤池，右狮岩，保境内，猗何盛也！惜明季因燹被毁，迄今百余年，宫址虽存而神祀之旷火矣。吾侪生长斯

① （清）陈从潮：《重修灵岩寺记》，载光绪《福安县志》卷之三十二，"古迹"。
② 薛念为薛令之四世孙，行十八，死后，"其灵凭人，自称'十八元帅'"，宋绍定三年，赐侯爵。见《福安县志》卷之三十八，"杂记"；同书卷之十三"典礼"又载："显应王，即令之四世孙，名念。"

土，睹旧基而思建，独力维艰。幸神灵之有感，合族同心，是以集缘捐题，沿户乐助，随于是泛新再建，宫宇与神像颇焕，落成，原议成两者照金多者序勒，未成两者仍议列匾。照日邀神灵，亦见吾族佐盛之休。因兹告竣，合当刻碑登匾统志以垂不朽云。

始祖陈怀玉公助银三两

长房陈雄公助银二十两

三房日升公助银六十两

…………

大清乾隆四十二年十一月　吉旦缘仝立①

前省略处为捐助兴建之陈姓族人题名，计有充作缘首的贡生、监生、庠生、乡耆、增生及信士等各种身份之陈姓族人共四十四位。由上引碑文可知后湖宫作为廉村地方的村庙，是由该地主要家族陈氏控制的，其陈姓归属性质十分明显。

至于赵、冯两族，因为长期以来其族人皆信仰天主教，其家族在天主教之前的信仰情况已十分模糊，例如，笔者前往调查时，无论赵姓族人，还是冯姓族人，只说他们的祖先从前也是信佛教的，当然，此处的"佛教"在当地的含义实际上是包含了各种神明崇拜的民间信仰。至于比较具体的家族神信仰，已无人知晓。在赵氏族谱中曾记载其族中公田、公基、公山等产业所在处有墺里宫、临水宫等庙宇字样。② 由此可推测原先赵族似也信仰某些民间神灵，但相对廉村陈族，溪填赵氏与双峰冯氏似乎并没有非常明显的宗族归属性神灵。

唐宋以降廉溪中游的地域性庙宇主要有建于廉村的文殊院、三石庵、观音寺，建于溪填附近的天后宫、六祖禅寺等。这些寺庙具有超家族性，如明初所建天后宫，立于廉溪旁，建立之初，其信众来自周围居民。

三　天主教的传入与宗族信仰分歧

明崇祯五年（1632），在福安地方文人天主教徒郭邦雍、缪士珣、

---

① 《后湖宫碑》（乾隆四十二年），此碑尚存于后湖宫。

② 民国《新修富溪赵氏族谱》卷之九《产业》。

黄大成等人的接引下，多明我会士高琦（Angel Cocchi）潜入福安，由此揭开了西班牙多明我会在长溪流域长达几世纪的传教活动序幕。由于带领高琦进入长溪流域的上述文人信徒主要来自福安城及穆洋、顶头等地，因此，早期多明我会的活动主要就集中在福安城关、溪东、穆洋、顶头这些地方，而最初的一批信徒也主要由福安城之鹿斗郭氏、穆洋缪氏、顶头黄氏等几大宗族成员构成。如长溪流域最早的一批天主教堂即先后建立在上述宗族聚居地：福安（1632）、顶头（1633）、穆洋（1646）。[①]

由于廉溪中游正处于顶头通往穆洋的必经水路上，因此，早期多明我会传教士在往返奔波于顶头、穆洋这两个传教中心区时，也开始了在廉溪中游的传教拓展，依溪而居的这三个宗族双峰冯氏、溪填赵氏与廉村陈氏自然成为多明我会传教的主要对象。例如，1634—1636年，黎玉范曾到当时福安城外的七个村子传教，并皈依了不少信徒，这里所说的七个村子，除了顶头和穆洋外，双峰和溪填极有可能也在其中。[②] 此后，双峰冯氏与溪填赵氏族人逐渐接受了天主教信仰，如1675年，据西班牙文献记载，溪填地方除了"仅有的一个仍保持他的外教信仰之外"[③]，大多数居民已受洗入教。1684年，在当地开始建起了教堂。[④] 而双峰在1657年已建有一座圣若瑟堂[⑤]，可见已有不少信徒。到1729年，清政府禁教期间，多明我会士费若用（Juan Jose Alcober，1694—1748）躲避到这里，谈到双峰的情况时，说该村"几乎都是基督徒"[⑥]，由此可以推断，至迟到清雍正、乾隆初年，住在溪填与双峰的赵、冯二姓族人，已经基本皈依为天主教徒，从而转化为典型的天主教家族了。此后，溪填赵氏与双峰冯氏一直是天主教在长溪流域的主要支持者之一，这两个家族的族人信徒不仅在清前期的历次禁教期间，为当时的多明我会士提供庇护，而且还积极地

---

① Jose Maria González：Historia de las Misiones Dominicanas de China，Madrid，1956，第1册，第671页。

② Gonzalez 上引书，第1册，第82页。

③ 同上书，第628页。

④ 同上书，第671页。

⑤ 同上。

⑥ 同上书，第198页。

在本族聚居区兴建教堂,以维系族人的信仰生活。①

为了便于较清楚地反映出清前期以来溪填赵氏与双峰冯氏的天主教信仰情况,笔者根据所见的中西文献相关资料,整理成下面两个表格(见表8-4、表8-5)。

表8-4   溪填天主教徒数量变化

年代	教徒数量	资料来源	备注
1732—1733	35(户)	Gonzalez,Ⅱ.P. 258	
1741	296人	Gonzalez,Ⅱ,P. 283	
1795	486人	Gonzalez,Ⅱ,P. 589	
1867	500(户)	Gonzalez,Ⅲ,P. 191	包括其所属行教堂人数
1875	2984人	Gonzalez,Ⅲ,P. 220	包括其所属行教堂人数
1880	3000人	Gonzalez,Ⅲ.P. 221	包括其所属行教堂人数
1950年前后	904人	天主教闽东档案数据,P.126	

表8-5   双峰天主教徒数量变化

年代	教徒数量	资料来源	备注
1732—1733	30(户)	Gonzalez,Ⅱ.P. 258	
1741	260人	Gonzalez,Ⅱ.P. 282	
1795	534人	Gonzalez,Ⅱ.P. 589	
1867	300(户)	Gonzalez,Ⅲ,P. 191	包括其所属行教堂人数
1875	1510人	Gonzalez,Ⅲ,P. 220	包括其所属行教堂人数
1880	1550人	Gonzalez,Ⅲ,P. 221	包括其所属行教堂人数
1950年前后	721人	天主教闽东档案资料,P.140	

由于赵氏宗族与冯氏宗族长期以来一直是分别构成溪填与双峰两个地方居民的主体,也就是说这两个地方大致可以视为是比较典型的单姓宗族村,因此,上述表格的人数变化基本可以反映出溪填赵姓族人与双峰冯姓族人对天主教的接受情况。另据笔者近期的田野调查,如今溪填赵姓有220户左

————————

① 关于清代禁教期间传教士在溪填、双峰的活动,见 Gonzalez 上引书,第2册,第448、451、258页。从清以后,溪填、双峰等地教堂一直有重修过。

右，1300 余人，占全村人口的 60%，其中除个别为婚入非信徒外，皆为天主教徒。[①] 而冯姓目前聚居在双峰的居民则有 194 户，1330 余人，占全村人口的 92%。其中除极个别为婚入仍未改信的非信徒外，皆为天主教徒。[②]

从清中叶以后，双峰冯氏与溪填赵氏开始不断有族人为多明我会培养成本地神职人员，如乾隆十九年福安教案中所抓获之冯文子（Juan Fung de Santa Maria，1719—1755）[③]，即为双峰冯氏第一个充当天主教神父的族人。长期以来学界对冯文子身份多有不明，大多根据当时闽督喀尔吉善的奏折，认为冯文子只是双峰地方出洋贸易返回的普通商人[④]，而不知冯文子其实是最早的中国籍多明我会士之一。《双峰冯氏族谱》对冯文子有简单的记载，其文云"二十二世，世明，字文子，受学泰西"[⑤]。由此可知冯文子原名为冯世明，是冯氏璧房之寿支族人，祖上为冯族绅耆，如其曾祖冯学孔，为一吏员。父为冯士岳（1654—1751），字岱侯[⑥]，清乡耆。冯士岳以高寿屡获清福安地方当局的褒赞，如乾隆元年他获朝廷颁赠正八品冠带，时任福安县令黄曾赠以"德冠一乡"的匾额[⑦]，乾隆十一年县令张元芝亦赠以"年高德劭"四字。[⑧] 据西班牙文献记载，冯士岳与其妻李氏都是虔诚的天主教徒，冯士岳洗名盎伯若削（Ambrosio），李氏洗名为玛利亚（Maria）[⑨]，共生有世德（予子）、世昭（明子）、世睿（圣子）、世怀（延子）、世茂（维子）、世明（文子）六子，皆为自幼受洗的天主教徒，如冯文子洗名若翰，而其长兄世德，洗名为味增德[⑩]，可能是喀尔

---

① 由于溪填在新中国成立后是溪潭镇所在地，因此随着经济的发展，其村落格局与旧时已有很大变化，迁居人口无疑逐年增多。溪填村现有户数为 417 户，2007 人。其中外姓人口也占有相当比例。笔者 2002 年 8 月调查所得。在此感谢该村教徒赵若瑟先生的热情帮助。

② 双峰目前在册户数为 237 户，人口 1458 人。笔者 2002 年 8 月调查所得。在此感谢该村教徒冯若瑟先生的热情接待与帮助。

③ 宫中朱批奏折，乾隆十九年闽浙总督喀尔吉善奏，档号 3 - 167 - 9258 - 010。

④ 参见方豪《中国天主教史人物传》，下册，中华书局 1988 年版，第 165—168 页。

⑤ 参见民国《双峰冯氏族谱》，"世系"，第 229 页。

⑥ Gonzalez 上引书，第 2 册，第 462 页，注释（40）亦提到冯文子是冯岱侯的儿子："Fr. Juan Fung, hijo de Fung Ambrosio Tay-hey"。

⑦ 参见民国《双峰冯氏族谱》，"世系"，第 227 页。黄曾，"山东人，拔贡。乾隆（元）年任，劝民止息"。传见光绪《福安县志》卷之十六，《职官》。

⑧ 参见民国《双峰冯氏族谱》，"世系"，第 227 页。张元芝，"宁德县丞，乾隆十一年署任。"传见光绪《福安县志》卷之十六，《职官》。

⑨ Gonzalez 上引书，第 2 册，第 448 页，注释（3）。

⑩ 同上书，第 451 页，注释（14）。

吉善奏折中所说的冯如（予）子。另喀尔吉善折中所提到的在福安城中
"开张面店"之胞兄信子，即可能是上述冯世睿（圣子）。此外，冯文子
另有一个堂姐为守贞女①，可见这是双峰冯族一个典型的天主教家庭。作
为地方乡绅，冯士岳的家庭一直是清前期频发禁教时西班牙多明我会士的
避难所，如雍正七年（1729）清政府禁教期间，华若亚敬（Joaquin
Royo，1691—1748）等三位多明我会传教士就曾躲藏在双峰冯士岳的家
中，受到了很好的招待。1735 年春，华若亚敬等人亲到冯士岳家，劝说
他同意让其幼子冯文子前往马尼拉神学院学习。② 1736 年 7 月 8 日，冯
文子进入马尼拉圣若翰修院学习，1744 年进入多明我会。1747 年 9 月
20 日，在信徒蔡灼之的陪同下起程回国。其时正值 1747—1748 年乾隆
朝大教案之间，白多禄（Pedro Sanz，1680—1747）等五位西班牙多明
我会士被杀后，冯文子成为 1748—1753 年间多明我会在华教会的主要
传教者，他辗转在福安穆洋、双峰、溪填及福州、漳州等地传教，1754
年 4 月，当他应福安城信徒之请，前往福安城中为一位病人做临终圣事
并准备复活节庆典时被捕入狱，随后被判流放广西，并于次年死于流
放地。③

　　除了冯文子外，双峰冯氏其后陆续有族人赴国外研修神学，如二十五
世冯潆然，谱中记其曾"受学泰西"④，很有可能是与冯文子一样入马尼
拉圣若翰修院。截至新中国成立前，双峰冯姓登司铎神品者不少于
六人。⑤

　　同样，溪填赵氏从清后期起也有族人成为天主教神父，如二十六世赵
世毲（1879—?），"圣名若翰，登司铎神品，原名光毲，字建冈，行柘
八"⑥。二十七世赵令魁（1902—?），"字玉经，行铉四，号捷三，……登
司铎神品"⑦。1813 年，时任福建主教林查拉（Fr. Carpena）为了培养本

----

① Gonzalez 上引书，第 2 册，第 471 页。
② 同上书，第 448 页，注释（2）。
③ 同上书，第 449—471 页。中文数据见前述喀尔吉善奏折，另见雅尔哈善乾隆十九年奏
折，军机处录副，档号 0859‑015。《清高宗实录》，卷 471，乾隆十九年八月甲戌。冯文子死后，
双峰冯族派人将其棺木移回，葬于本村后山。
④ 民国《双峰冯氏族谱》。
⑤ 笔者调查手记。另见《天主教闽东档案资料》，第 140 页。
⑥ 民国《新修富溪赵氏族谱》，射房谱，第 136 页。
⑦ 同上，第 186 页。

土神职人员，在溪填开办了圣十字修院①，上述赵姓族人神职人员可能是从该修院培养而出的本地籍神父。截至新中国成立前，溪填赵姓登司铎神品者约有四人。②

和溪填赵氏与双峰冯氏之向天主教宗族转化相反，廉村陈姓在对待天主教的传播上却表现出了一种截然不同的态度。由于廉村人口众多，村落较大，多明我会在最初进入廉溪中游传教时，廉村也应是其传教的重点之一，例如，华若亚敬在 1732—1733 年的传教统计中就提到廉村已经有约 30 个信徒③，到了 1741 年，他所提供的统计表上显示廉村的信徒增至 100 人④，可见，早期廉村陈氏中也有不少族人接受了天主教。然而，随着因族人信仰天主教而渐渐引起族中矛盾时，廉村陈氏宗族势力在面临外来信仰的冲击上很快有了反应，例如，在 1652 年前后，廉村陈氏宗族势力即对因为固守信仰而敢于反抗族中事务的族人进行了严惩：

> 在廉村，那些外教人打算修理祠堂，这样一来所有的人都必须承担工役或捐钱。然而，一位名叫弥格尔的基督徒，断然拒绝捐款，因为他的良知不允许他这样做。自然，那些外教人包围了他的家，放火烧了房子，又用棍子狠揍他，并将他直拖到祠堂。在祠堂里，他拒绝向那些神像敬拜，尽管身体被折磨得遍体鳞伤，但他却感谢天主使他能够为主的荣耀而受此苦。⑤

很显然，这位族人信徒因为拒绝参与宗族修理祠堂活动而触怒了陈姓宗族势力，由此招致了责打等族内惩罚。同时，对于天主教传入宗族内部所导致的对宗族传统伦理的冲击，廉村陈氏宗族中的知识精英似乎已有认识，并采取了相应的防范措施。一个突出的表现是，乾隆二十七年（1762），陈氏宗族中的知识精英利用修谱之机，设置了八条家训，其中专门制定了"杜绝异端之训"，对于族人不得信仰天主教作了正式的规定：

---

① Gonzalez 上引书，第 3 册，第 53 页。
② 笔者调查手记。另见《天主教闽东档案资料》，第 126 页。
③ Gonzalez 上引书，第 2 册，第 258 页。
④ 同上书，第 283 页。
⑤ 同上书，第 295 页。

天下之达道惟有五伦,而异端之徒必与相反,如佛氏之弃绝父母妻子,西洋之亲殁不设神主,并严禁祭祀之类,则灭伦伤化,悖本忘亲,莫甚于此。听信其说,则父子、兄弟、夫妇之间,必无恩情,必无礼义。故僧尼与西洋人引诱煽惑,其害无穷。今吾族子孙、妇女不许烧香念佛,与僧尼往来。至西洋教混入四民衣冠之中,犹与僧尼之披缁削发者不同,且其教又善为邪咒迷药,从之者死心塌地,不啻敬神明而亲父母,终身不返。故王法严禁,列之左道诬众、律不胜诛之条,此则尤宜痛绝者。不得惑于天堂地狱之说,至身为叛民,罹于法网而不顾也。戒之!戒之!①

在这条家训中,除了因为天主教不祭祖先有违宗族伦理外,陈氏宗族还强调了它的"左道"身份,属于"王法严禁"之类。值得注意的是此时正值清政府严厉禁止天主教时期,陈氏宗族在这个特殊时期制定这种禁教条例,很显然既包含有迎合官府反教之举,同时也有防止本宗族因为信教而利益受损的考虑。到光绪十二年(1886),尽管此时天主教早已在列强枪口下获得合法地位,但陈氏宗族在重修本族谱牒时仍然重申了这条规定,并增加了"戒革鸦片之训"②。陈氏宗族势力禁止族内信仰天主教的规定,起了不少作用,从清中叶以来,尽管周围双峰、溪填都是天主教的传播中心区,但廉村陈氏族人一直少有人接受天主教信仰,到解放初,廉村只有三户14人是信徒,是双峰本堂下除阪尾(一户)、山后(一户)外最少信徒的村子。③ 如今的陈姓族人大多强调本族是信仰"佛教的",以示与周围信仰天主教家族的区别。同样,在周围溪填赵氏与双峰冯氏族人眼中,他们与廉村陈氏的区别也在于后者"不拜天主、圣母"④。当然,如前所述,廉村陈氏这种"佛教"信仰并不是指纯粹的佛教崇拜,而是世俗化了的民间宗教信仰。据笔者调查,目前廉村陈姓主要以崇拜本族的

---

① 《廉溪陈氏族谱》卷之七《家训》,乾隆二十七年(1762)重修本。
② 《廉溪陈氏三房支谱》卷之三《家训》,光绪十二年(1886)重修本。
③ 《天主教闽东档案资料》,第140页。
④ 2001年8月,笔者调查手记。

保护神明薛令之及其侄薛芳杜[①]、四世孙薛念为主，如 20 世纪 90 年代，廉村陈氏族人对后湖宫进行较大规模的重修，并立碑记事：

> 本宫乃唐补阙薛先生之神嗣，亦本境土主显应侯王宫也。自历代至今，其神祇英灵，共仰于合众，史志悠久。迨清道光五年迄今，虽有几番修复，远不及前之壮观。今日发扬先生之精神，为后人缅怀瞻仰，幸合族继志述事，鸠匠兴工，重修宫宇，雕塑神像。兹将上援及题捐乐助，勒碑登匾以示不朽。
>
> 始祖怀玉公助款四千圆
>
> ………………
>
> （省略号内为百余位陈族子弟题名簿，捐钱不等）
>
> 公元 1993 年农历 10 月初二日吉旦
>
> 本村陈瑞琪拟稿，吴亮忠书刻。[②]

除此之外，目前廉村陈氏族人所崇拜的还有一些在长溪流域一带有广泛影响的地方神灵如林公大王、奶娘等。例如，每年正月廉村陈氏族人一般都要往周宁玛坑乡杉洋宫迎请林公大王，并在祠中演戏娱神。冬至时则在后湖宫演神戏，由当年族中做寿者操办，按丁纳捐。[③]

四　固守与转化：宗族信仰分歧的根源

由上可见，围绕着天主教在当地的传播，身处同一社区的赵、冯两族与陈氏宗族采取了截然不同的态度：一方是接纳了天主教信仰，并逐渐转化为长溪流域典型的天主教宗族；另一方是固守传统信仰，并对天主教在本族内部的渗入进行了坚决抵抗。那么，同为以祖先崇拜为纽带而成长起来的这三个汉人宗族，为何在对待天主教传播问题上有如此不同的取向呢？

如今的溪填赵氏族人与双峰冯氏族人已难以说清本族接受天主教的具

---

① 薛芳杜为薛令之侄，曾随令之官补阙，"令之休，芳杜不仕。英明果断，人有讼者，得一言而服。……杜卒，乡人祠之。宋赐名灵佑。"见万历《福安县志》，卷七《士行》。

② 《后湖宫碑》（公元一九九三年），此碑尚存廉村后湖宫内。

③ 2001 年 8 月，笔者调查手记。

体原因,他们所强调的一点是天主教是祖先传下来的,因此"祖先信了,我们也就跟着信了"①,同样,廉村陈氏族人也认为其"佛教信仰"是祖传的,"祖公是信佛教的,我们当然也要信佛教"②。由于廉村陈氏与溪填赵氏、双峰冯氏在天主教传入的时空背景上基本是一致的,即不存在天主教传入的先后顺序问题,换句话说,他们在天主教传入的"外部动因"方面是平等的,因此,要探究这三个汉人宗族在天主教问题上的分歧,从他们各自的宗族组织结构及其所处的地域社会文化背景、族中知识阶层的认识等方面入手不失为一个可以尝试的方法。

周锡瑞在探究义和团的起源问题时,引用了马克·布洛克所著《史学家的技艺》一书中的一段话以强调义和团的起源与华北地区的地域社会文化背景是密切相关的,其中他借布洛克"小小的橡子只有在遇到适宜的气候土壤条件时,才能长成参天大树"的比喻以说明洪秀全拜上帝教的传播与义和团的起源,主要是此二者各自在广西东南部地区及鲁西地区找到了适宜的生长条件。③受此启发,我们同样要问,廉溪中游上述三个汉人宗族各自之间有没有适宜天主教发展的"气候土壤条件"呢?

首先,我们来审视一下明末清初天主教多明我会进入长溪并开始发展这一关键时期,上述三个汉人宗族各自的发展历程。如前所述,赵姓与冯姓分别在宋元时期迁居溪填与双峰,经过一段时间的发展,到明崇祯——清康熙(1628—1722)时期,人口都在150—200人④,尽管两族都各自修订了本族谱牒,但由于族中力量仍较单薄,积贮有限,因此并未能对本族进行进一步的整合,例如,双峰冯姓在清初初步建造了祖祠,但也是"仅有正座,规制未宏未备",到乾隆五十年(1785),"合族因蒸尝勤积多年,为之革故鼎新,并起前后座与左右庑,比前则为宏备"⑤,由此可见,到乾隆末年双峰冯族的祖祠才算初具规模。至于溪填赵姓情况也大致相当。当然,乾隆以后由于双峰冯族与溪填赵氏已向天主教家族转化

① 2001 年 8 月,笔者调查手记。
② 同上。
③ 参见周锡瑞《义和团运动的起源》,张俊义、王栋译,江苏人民出版社 1998 年版,第 361、370—371 页。
④ 笔者此处根据两个家族的族谱简单推算。
⑤ 冯昭韦:《重修祖祠记》,载《双峰冯氏族谱》,嘉庆十八年(1813)抄本,第 258 页。

有年，其族人在此之后兴建祖祠的活动所包含的意义当另当别论。此处我们要说的是，在明末清初天主教进入廉溪中游时，双峰冯族与溪填赵族家族组织结构尚未完善，再加上明末的海寇骚扰、清初郑清交战及禁海迁界的多次冲击①，使这两个家族尚无力通过建立有效的家族法规以约束族人入教的行为，因此，当多明我会传教士在长溪流域已经皈依为天主教徒的其他家族上层士人如郭邦雍、缪士珣等人的帮助下前来传教时，尽管这些西班牙传教士对汉人祖先崇拜习俗甚少宽容，斥之为充满迷信色彩的异端行为，但溪填赵姓及双峰冯姓却没有强有力的族权抵抗，使天主教得以渗透进来，并通过族内纽带传播，进而转化为天主教宗族。

　　而廉村陈氏则有所不同。在天主教传入之前，廉村陈氏已经是丁口近千、修有族谱、建有祖祠的较大宗族，其宗族组织结构已比较完善。而且相对另两个宗族而言，廉村陈姓由于文化较发达、族中精英敬宗收族的思想似更为牢固，例如，康熙二十七年（1688）廉村陈氏在海疆初平之后，马上重修本族谱牒，以凝聚族人。这一点在该族陈胤浚所撰序文中得到清楚的反映，其文云："……自前后诸逆扰攘，吾家村属孔道，蹂躏之余，奚能聚而不散，求其叙彝伦、别亲疏，讵不难哉！今也山海宁静，哀鸿既集，市贸商贾，家延馆传，颇复故旧之遗风。莫（暮）春时，叔祖二三弟昆六七闲聚风晨之下，谓余兄曰'世既升平，诸务聿兴，幸谱牒未失，尤为要务'，于是会而修焉。未几而竣，族各与祭。余适在是，宗老谓余曰'尔后辈知立谱之意乎？'余恭而答曰'莫非念人本乎祖之意，祀宗缵绪，明昭穆、别亲疏、敦孝弟、敬长上、继嫡无紊、婚嫁以时、褒善贬恶，以为惩创。……'宗老笑答曰'然'。"② 正是由于廉村陈氏"宗老"十分注意凝集族众，因此尽管经历了明末清初的多次冲击，仍然能够比较有效地控制族人，保持相对较强大的宗族势力。③ 当族人因为信仰天主教，而危害了本族尊祖敬宗思想时，陈氏族权即能较快地作出反击，从

---

　　① 明中叶以后，长溪流域经历了倭乱、郑清交战、清初迁界等多次冲击，关于这些动乱对当地社会所造成的危害，见光绪《福安县志》卷之三十七《祥异》；Gonzalez 上引书，第 1 册，第 321、336—337 页。

　　② 《廉溪陈氏三房支谱》，旧序，光绪十二年（1886）抄本。

　　③ 廉村从明中叶起，为了抵抗倭寇的袭扰，陈氏族人已筑墙设堡，属于典型的防卫型宗族。

而运用制定反教族规、惩治信教族人等手段,抵制天主教的进一步渗透。

其次,这三个汉人宗族所处地域本身民间信仰的发展情况似也与其对天主教的选择不无关系。如前所述,廉村地方民间信仰一直较为发达,早在唐咸通年间,当地薛氏族人就建有灵谷寺,供奉薛令之,后来,薛族中薛芳杜、薛念①、薛逢②等相继成为护佑一方的神灵,而廉村陈氏族人亦专门兴建后湖宫以奉祀薛令之为首的薛系神明。此外,廉溪中游的其他民间庙宇也大多位于廉村,如前述之三石庵、观音寺等,可以说民间信仰格局相对较完善。在这种情况下,天主教作为一种外来的宗教信仰不太容易渗入。至于分布在溪填与双峰的民间庙宇则相较而言少得多,特别是双峰,除了与梧溪村交界处有一处梧溪黄氏族人兴建的以供奉林公大王为主的神宫外③,并没有其他庙宇留存的记载。其族人也曾自云"本族自先世不信浮屠之说,一切道姑、灵姑之迹屏绝"④。1733 年,多明我会传教士罗罗各(Fr. Blas de Sierra, 1690—1746)亦曾在一份有关当地的传教情况的报告中提到双峰村"目前已没有偶像庙宇,几乎都是基督徒",同样,他在谈到溪填时也说该村亦"没有偶像神庙,(村民)几乎都是基督徒"⑤。对天主教而言,双峰冯族与溪填赵族这种信仰上的相对空缺自然易于填补而入。这一点似乎符合 20 世纪 70 年代以来欧美一些宗教学者所提出的信仰皈依"短缺"理论。⑥

最后,更重要的是,对于冯、赵两族的知识精英来说,他们并不认为信仰天主教与尊祖敬宗存在直接的矛盾,作为天主教宗族,无论是冯族还

① 薛念为芳杜四世孙,行十八,死后,"其灵凭人,自称'十八元帅'",绍定三年,赐侯爵。见《福安县志》卷之三十八,"杂记"。

② 薛逢,受斋成道,元代时,荡寇显灵,受封"灵惠英烈王"。见《霞浦县志》卷之二十四《祠祀志》。

③ 2001 年 5 月,笔者调查手记。

④ 冯瑞藩:《里俗论》,载《双峰冯氏族谱》,嘉庆十八年重修本,第 244 页。

⑤ Gonzalez 上引书,第 2 册,第 256 页。

⑥ 关于"短缺"理论,请参见〔美〕罗纳德·约翰斯通《社会中的宗教:一种宗教社会学》,尹今黎等译,四川人民出版社 1992 年版,第 128—132 页。关于该理论在中国学界的运用,参见张坦《"窄门"前的石门坎——基督教文化与川滇黔边苗族社会》,云南教育出版社 1992 年版;刘昭瑞:《上帝的山葡萄园——关于揭西县一个天主教教徒村的调查与思考》,载黄淑聘主编《广东族群与区域文化研究调查报告集》,广东高等教育出版社 1999 年版,第 440—468 页。

是赵族，从他们的族人开始接受天主教始，他们并没有停止本宗族的修谱建祠等活动，例如，从乾隆三十年起到民国二十八年间，双峰冯氏宗族修谱即有五次，而从乾隆元年到咸丰九年间，整修祖祠的活动也有九次之多。① 这两个宗族的文人信徒为本族谱牒所写序文中，尊祖敬宗仍然是最主要的宗族伦理核心，例如，曾肄业于多明我会所办私立福州扬光学校（Colegio de Santo Domingo de Foochow）的双峰冯族二十六世孙冯绍英，其为民国二十八年冯族重修谱牒时所作序文就称"是以尊祖敬宗，代有垂训。未有不尊祖敬宗友爱弟兄之家族，其子孙能雄立于社会的"②。同样，赵、冯两族的文人信徒也继续秉承祖祠与汉人祖先崇拜之间的直接关系，尽管因为入教而除去了祖先牌位③，但在他们眼中，祖祠仍为祖先神灵憩息之所，如民国赵氏族中文人信徒所作《祠宇小序》即有很好的反映，其文云："古者营宫室必先寝庙，诚以祖考未得凭依，子孙安敢宅处，则祠宇重焉！本族祖祠，由来旧矣。嗣重建于嘉庆间，复重修于道光、光绪间。虽未立主位而既有庙貌巍然，彼历代祖宗之声灵，何尝不（栖？）于此焉……"④ 可见嘉庆后溪填赵祠因为信仰天主教的缘故而"未立主位"，但赵姓族人仍认为祖先神灵可以憩息于祠中。因此，对他们而言，信仰天主教并不会给本族操办宗族事务造成什么障碍。用现在冯、赵族人的话说，就是"在祠堂做敬祖先的事，在圣堂做敬天主的事"⑤，言外之意是信教与尊祖敬宗完全可以两全。显然，来自冯、赵族人的这种认识十分有助于他们接受天主教信仰。如今，信仰天主教的溪填赵氏与双峰冯氏的祖祠仍然是他们联系非天主教信仰的外地同宗族人的一个重要场所，例如，1998 年 11 月，溪填赵氏借助重修本祠的机会，成功地举办了闽东第一届赵族宗亲恳亲会，来自宁德八都、霞浦赤岭及本市湾坞、潭头等地的其他六个信"佛教"的赵姓祠堂的代表齐聚溪填赵祠。溪填天主教族人在祖祠上挂好宋太祖像，与其他佛教族人一起参拜，完

---

① 参见《双峰冯氏族谱》，"历代修谱职名"、"历次修祠职名"，民国二十八年重修本，第38—42 页。

② 《双峰冯氏族谱》，卷首序，民国二十八年重修本，第 3 页。

③ 目前，溪填赵氏与双峰冯氏祠中没有一般非天主教宗族所常有的祖先牌位，这是笔者所调查过的所有长溪流域转化型天主教宗族的一个特点，而在那些相容型宗族（即天主教徒与非天主教徒各占相应比例的宗族）中，则仍然保留着相应的祖先牌位。

④ 《新修富溪赵氏族谱》卷之三《祠宇小序》，民国重修本。引文中着重线为笔者所加。

⑤ 2001 年 8 月，冯若瑟先生所语。

成了同姓不同信仰之间的一次祭/敬祖盛会。① 同样，1995 年，双峰冯族重修谱牒，并修整了祖墓，来自霞浦一带的同宗亦前来祭祖。这些外地"佛教"信仰者带来了牲禽供品，与双峰族人齐聚双峰冯祠内，外地"佛教徒"临时做了祖先木主，双峰天主教徒则挂上了圣母像，双方一起拜，内心各有所祷，如此也完成了一次同宗异教共同操办的祭/敬祖盛典。②

五　守贞、婚姻与地方传统的变迁

溪填赵氏与双峰冯氏宗族的天主教化，对廉溪中游的民间社会生活无疑产生了一定程度的影响。除了信仰上的改宗外，随之而来的是原有地方传统也发生了某些变化，女性守童贞③现象的出现及传统婚姻圈的变迁即为其中较为显著者。

在宋代程朱理学对女性贞节观的畸形推崇下，宋明以后，妇女守节成为传统中国社会的普遍现象，历代朝野联合运作的结果是使旌表节妇、烈女、贞女之风愈演愈烈，以至在清代，"贞节"二字成为规范妇女"人伦之大，风化之美"的最高准则④，各地并以本邑节妇烈女之多为荣，福安地方也是如此：

> 安邑风气亮直，节义炳著。女有士行者，十室而九。本朝旌淑表贞，泽被婺纬。荆钗椎结之伦，一失所天，类能饮冰茹蘗，之死靡他，而圭筚姓氏，未由上达，故旌典多所不及，当世士夫亦鲜有发其幽光，笔诸彤史者。虽幽兰不以无人而不劳，贞女不以无知而该操，

---

① 对溪填赵氏族人来说，对于"祭"字他们一般不用，而是用"敬"字。2001 年 8 月，原任赵祠理事长赵若瑟先生向笔者讲述了这次盛会的情况，并赠予反映当时盛举的照片。在此感谢赵先生的热情帮助与接待。

② 2001 年 8 月，笔者前往双峰时，在冯族父老冯若瑟先生带领下参观了冯祠，祠中仍保留着反映当时盛会的一些记录，其正厅一联，颇有现实意义，姑抄录于此：敬主必益人福音有训，信教当爱国圣经明言。

③ 关于清代四川天主教贞女的研究，请参见 Robert E. Entermann："Chrisian Virgins in Eigh-teenth-Century Sichuan"，in Daniel H. Bays（ed）：*Christianity in China：From the Eighteenth Century to the Present*，Stanford University Press，1996，pp. 180 – 193。

④ 参见郭松义《伦理与生活——清代的婚姻关系》，商务印书馆 2000 年版，第 386 页。

而其志则重可悲矣。①

传统的守贞女或指女子行聘后，因未嫁夫亡，该女子终身为之守节。这种守节行为通常是往未婚夫家，承担起照顾未婚夫父母、抚育嗣子的责任，如"林旦使，松罗郑颂华未婚妻。颂华卒，林闻讣奔丧，朝夕哭奠，抚夫侄为嗣，誓志守节。乾隆三十八年卒，旌表建坊于东坑"②。或指既嫁夫亡而终身为之孀守者。然而，随着天主教传入廉溪中游地区，赵、冯两个宗族间出现了另一种形式的守贞者，即天主教的守贞女。

明末耶稣会入华后，对西欧男女未婚者入院修道已有介绍，如艾儒略在福建传教时，就曾谈及此事：

> 问：一夫一妇，道也。闻亦有不婚配者，是否？曰：婚配自是常礼，圣教未尝禁人。第有一意自修，不愿婚配者，此自超世志操，乡党所共钦，父母所甚嘉，又奈何禁之？守贞男女，固有在家精修，然多离家入修道诸大殿，为古圣人圣女所立者，静居共修焉。其弃世而入圣会者，虽不问贫富，然多为王侯巨室子女，从幼慕道，立志守贞。童女进会，自守甚严，非父母至戚，不得相晤，若系寡守之妇，愿精修者，则另有别院，与童女不同处焉。③

但真正把天主教守贞行为移植入华则是西班牙多明我会。1632 年多明我会进入长溪流域传教后，逐渐在当地妇女中培植守贞者，其著名者是明末下邳的陈子东④，她因多明我会士山济各（Francisco de Capillas）的引导成为早期的守贞女。其后，守贞的观念逐渐在长溪流域流传开来，不少妇女拒绝出嫁，成为天主教守贞女。⑤ 如乾隆十一年福建巡抚周学健就

---

① 光绪《福安县志》卷之二十七《列女》。

② 光绪《福安县志》卷之二十七《列女·节孝》。在已婚者当中亦有个别者因特殊情况而往娘家守贞，如"阮铃娘，郭良三妻。年十八，娠二月而夫卒，育一男，家窘。庶姑王氏待之刻，勒令改适，族人怜而劝之，曰：'妾打死、饥死何害，岂可以身鬻？'姑愤，阴置药饭中，以毒其子。事觉，乃逃之外家。茕茕抚孤，纺绩自给，终身无怨悔，乡里咸嘉其节。年八十六卒"。同上书。

③ 艾儒略：《西方答问》上卷《守贞》，崇祯十年晋江景教堂刻本。

④ 下邳陈氏于宋理宗时迁入，分上陈、下陈，陈子东属下陈，如今，下陈二十余户皆为天主教徒。

⑤ 关于明末清初长溪流域的守贞女状况，见 Gonzalez 上引书，第 1 册，第 181—192 页。

曾提到在福安"守童贞女有二百余口"①,可见人数之多。

双峰冯氏与溪填赵氏明末清初的守贞女情况现已难以考实,但可以推定在清初两族应已有不少人守贞,如前述乾隆年间冯文子之堂姐冯姑娘(? —1756),即为当时较突出者②,清中叶以后,双峰冯氏与溪填赵氏族谱中对守贞女的记载逐渐增多,如冯氏第二十六世冯琼(1845—1897)有三女,"长龄娇,适康厝监生王昌邦;次云娇,守贞未字;三名静娇,适穆水监生缪柏聚嗣子。云娇自幼堂弟琦抱养为女"③。冯毓龄(1866—1908),"邑庠生,……(生)女二,长香玉守贞,次瑶玉福州扬光职业中学毕业,现充崇一校教员"④。冯宪锺(1857—1898)"生二女,长月弦、次月琴,均守贞"⑤。赵氏谱中尽管没有直接点明守贞二字,但依然可以看出该族守贞女的情况,如二十三世赵德梁,"(生)女二,长玉贞不字,次适廉首高其淑"⑥。德樟,"(生)女三,长雅使不字,次适国泽林玉蔚,三适苏洋庠生刘开榜"⑦。到解放初期,赵氏、冯氏守贞女各有二十余人,由此可见,守童贞已成为两个宗族认可的一种行为。

传统社会讲求的是男女婚嫁有时,因此,前所述及的为儒家伦理所认可的贞妇烈女,其前提是她们都有"法定"婚姻,或者已嫁,或者是已聘未嫁,其守贞是对儒家"从一而终"的贞节观的回应。而天主教的守贞则不同,这种守贞观念宣扬的是将童贞奉献给天主,女性要发愿终身不嫁,潜心修道。因此,它与儒家的守贞观距离甚远,由此也引起了清代正统儒家知识界的反对,视之为有碍风俗之举。⑧ 然而,天主教的守童贞却最终能深入廉溪中游传统农耕社会中,显然首先是归因于赵、冯宗族的天主教化,正是这两个宗族接受了天主教信仰,才能够容忍族中妇女在家守贞。

廉溪中游赵、冯宗族的天主教化,还使当地传统的婚姻圈发生了变化,一个突出的表现就是赵氏与冯氏逐渐脱离了与陈氏原有的比较密切的

---

① 中国第一历史档案馆藏朱批奏折,乾隆十一年五月二十八日周学健奏。另西班牙文资料也证实了其时福安的贞女人数有 250 人左右,见 Gonzalez 上引书,第 2 册,第 441 页,注释(78)。

② Gonzalez 上引书,第 2 册,第 441 页,注释(77)。

③ 民国《双峰冯氏族谱》,第 118 页。

④ 同上书,第 131 页。

⑤ 同上书,第 251 页。

⑥ 民国《溪填赵氏族谱》,射房,第 81 页。

⑦ 同上书,第 82 页。

⑧ 中国第一历史档案馆藏朱批奏折,乾隆十一年五月十二日周学健奏。

联姻关系。

传统上廉溪中游的上述三个宗族存在不同程度的通婚关系，即使是在清前期，上述三个宗族之间的通婚仍然有一定比例，以冯氏为例，据笔者初步统计，从第十世始迁到第二十世之间，冯氏有比较明确记载婚入行为的有 63 例，其中属于与陈氏联姻的有 9 例，占 14% 左右。同样，赵氏与陈氏之间在早期也是互有通婚。[①] 可以说围绕着这三个宗族间曾经存在着一个比较稳定的通婚圈。但是，从乾隆以后，双峰冯氏、溪填赵氏与廉村陈氏之间的通婚行为逐渐减少，这两个天主教宗族除了相互之间的通婚外，开始与周围其他的天主教传播中心地的宗族如穆洋缪氏、西隐郭氏、罗江罗氏、顶头黄氏保持着相当高的通婚比例。近期笔者对冯氏与赵氏族人的婚入状况调查所得也反映了这种变化。

此次溪填赵姓接受调查的共有 150 户，其中，148 户为有婚入行为户，2 户为未婚户（序号分别为第 110、第 118 号）。婚前女配偶为非信徒的有 19 人，其中 7 人婚后入教，12 人未入教。溪填赵氏除本族外，其女配偶来自顶头、西隐、双峰等 30 余个地点，20 余个不同姓氏。其通婚在五人以上的宗族如表 8-6 所示。

表 8-6 溪填赵氏婚入情况

地点	姓氏	人数
本村（溪填）	赵	14
	魏	6
	李	5
顶头	黄	7
西隐	郭	6
双峰	冯	5
穆洋	缪	5
罗江	罗	5
前浦	阮	5
总计		58

① 如万历《福安县志》卷七《人物志·列女》载："陈氏，廉村陈季中女，富溪赵德谦妻。年二十四寡，娠七月，生子邦泰，陈矢志抚之，年七十七。"

由表 8-6 可见，溪填赵氏除本村本族及魏、李二姓外，其比较稳定的通婚对象有顶头黄氏、西隐郭氏、双峰冯氏、穆洋缪氏、罗江罗氏、前浦阮氏，值得注意的是上述宗族皆为长溪流域天主教成员占有相当比例的汉人宗族。而赵氏女配偶来自廉村陈氏仅为 1 户（序号第 69 号）。

双峰冯氏接受调查的共有 166 户，其中，164 户为有婚姻行为户，2 户为未婚户（序号为第 121、第 128 号），婚前女配偶为非信徒 3 人（序号为第 8、第 152、第 160 号），1 人情况不明（序号为第 74 号），此 3 人中，婚后入教的有 2 人（第 8、152 号），至今仍未入教者 1 人（第 160 号）。除本村外，其女配偶分别来自溪填、穆洋、留洋、西隐等 20 余个地方，10 余个不同姓氏。其通婚在五人以上的宗族如表 8-7 所示。

表 8-7　　　　　　　　　双峰冯氏婚入情况

地点	姓氏	人数
本村（双峰）	冯	50
溪填	赵	23
西隐	郭	11
穆洋	缪	11
留洋	林	9
上湾	陈	2
总计		106

由表 8-7 可见，双峰冯氏除本族外，其比较稳定的通婚对象还有溪填赵氏、西隐郭氏、穆洋缪氏、留洋林氏、上湾陈氏，此外，来自罗江罗氏亦有 3 人。同样，上述宗族也是长溪流域天主教成员占有相当比例的汉人宗族。而 164 例通婚对象中无一来自廉村陈氏。

从上述分析我们不难看出，赵氏与冯氏之所以将陈氏排除出传统通婚圈之外，其关键因素即在于双方在宗教信仰上的分歧。由于天主教必须由神父行婚配，因此，通婚双方往往以互相都是天主教信仰者为宜，上述两姓族人配偶婚前基本上是信徒即可验证。① 这样一来，赵氏、冯氏与以"佛教"信仰为主的廉村陈氏的通婚日渐减少，而与长溪流域同为天主教信仰占多数的其他汉人宗族之间的通婚关系则日益密切，由此也在长溪流域形成了一个以宗教信仰为基础的宗族间的通婚圈，这种信仰圈和通婚圈的紧密叠合，是长溪流域的一个社会文化特征，同时也是值得我们深入探讨的一个现象。

六　余论

前文论述了在同一个社区里的三个典型汉人宗族在对待天主教传播上的不同取向：溪填赵氏与双峰冯氏选择了天主教，而廉村陈氏则对天主教在本族的传播采取了强烈抵抗。正如我们在前面所描述的，廉溪中游的这三个宗族之间所存在的信仰分歧对当地民间社会亦产生了某些具体的影响，文中所探讨的守童贞与婚姻关系的变化只是其中的部分表现，至于天主教的传入对廉溪中游民间礼仪方面的变迁所产生的冲击，笔者另有专文分析，此处暂略。

还应当提起注意的是，本章的研究实际上揭示了明清以来天主教在基层中国社会活动所存在的一个地域性特征，即天主教的传播与所传播地的宗族社会关系密切，在长溪流域，其突出表现就是传教过程的宗族依附性，而这种传教的宗族依附性特征又是与长溪流域的地域社会背景息息相关的，具有比较明显的地域性。② 正是这种汉人宗族的天主教化，才使天主教能够在长溪流域扎下根来：一方面，天主教得以依附于宗族，依靠宗族的繁衍壮大而发展；另一方面，又通过宗族间的联姻等关系而巩固并扩

---

① 在长溪流域，女方与男方在缔结婚约前，对男方的宗教信仰情况尤其重视，如果男方是"佛教徒"，而女方是天主教徒，其婚姻往往要经受一番波折。笔者在调查时，就曾听到过许多女方母亲阻拦女儿与异教男子结婚的故事。同样，妇女在长溪天主教发展中的作用也很突出，因为娶了天主教女配偶而改信天主教的情况时有发生，这也就是通常所说的"婚姻教"、"娘子教"。

② Alan Richard Sweeten 对江西的研究认为江西天主教在乡村的传播未表现出宗族传播的情况，见 Christianity in Rural China: Conflict and Accommodation in Jiangxi Province, 1860 – 1900, Michigan, 2001, p. 36。他所依据的主要资料是《教务教案档》，由于这类资料是以"冲突"为前提的，换句话说，是历史"非常时刻"的文献记录，而非"平常时刻"的文献记录，因此，无疑并不能真正全面地反映出乡村教会的发展情况。实际上，据笔者目前的田野调查及文献资料所见，闽东南沿海、浙南山区、赣东、粤东地方都有天主教成员占主体的汉人宗族存在。有关这个大区域的宗族与天主教传播情况的研究，只有通过广泛而深入的田野调查后，才能获得一个比较客观的认识。

大。从清初以降，这类接受了天主教信仰的汉人宗族在长溪流域日益普遍，他们作为天主教徒，并非如柯文所说的"成了一个与世隔绝的、孤立的和自外于中国同胞的团体"①，而是完全融进了长溪流域民间社会中。而这种宗族的天主教化又是天主教最终成为长溪流域的一种"地方宗教"的重要原因。在长溪汉人宗族眼中，信仰天主教从某种程度上说与信仰其他的宗教并无显著区别，拜天主、圣母在绝大部分信徒看来，与信"佛教"的拜其他地方神存在某种相似之处，其最终目的大抵不离生死大事：生前求主保平安、死后能入天堂享永福。这种天主教的地方信仰化也体现于某些具体的仪式上，例如，在廉溪中游天主教宗族看来，圣母能保佑妇女平安生产、儿童健康成长，这与其他女性神灵如临水奶等何其相似；圣母像塑好后，也一定要请到本堂让神父"圣"一下，这样才能有效力。由此可见，与其他"佛教"宗族崇拜某些本土民间神灵一样，长溪汉人宗族对天主教的接受其出发点大致相当，而教堂的兴建，从某种意义上说，也只是在地方上多了一个信仰中心。

---

① 费正清、刘广京编：《剑桥中国晚清史》（上卷），中译本，第 614 页，中国社会科学出版社 1996 年版。

第 九 章

福音与半边天

——毓德女中与近代闽南地区妇女教育的发展

自清政府被迫开放五口通商，并逐步弛禁基督教后，西方教会掀起了入华活动的新高潮。为配合传教活动的开展，晚清以降，西方教会在华开办了各类学校。其中，形形色色的各类教会中学最为普遍。教会中学虽非如教会大学一样属于高等教育院校，但是，这些教会中学处于教会大学与教会小学之间，是承上接下重要的一类中等学校，为近代中国培养了难以计数的各类知识分子。而作为教会中学中的专门学校——教会女中，她的开办，更是直接为妇女这个近代弱势群体提供了一个难得的受教育机会，对近代妇女教育的发展起着相当重要的作用，因此，其历史演变值得我们深究。本章以厦门私立毓德女子中学为研究个案，探讨毓德女中的发展概况及其在推动民国时期闽南地区妇女教育发展上的角色意义。

一 女学与女校

基督教教会中学在厦门地区的发展，是与基督教传入厦门同步相随的。1839 年 2 月 24 日，就在鸦片战争硝烟未散之际，美国归正教（Board of Foreign Missions of the Reformed Church in America）牧师雅裨里（David Abeel）到达厦门。他在英军的支持下，先在鼓浪屿落脚，然后于是年 3 月 3 日由此渡海到厦门岛，开始在厦门岛的传教活动。随后，美国归正教会相继派遣该会传教士波罗满（W. J. Pohlman）、罗啻（Elihu Doty）于 1844 年 6 月抵达厦门，并于 1848 年在厦门新街建起了第一座基督教教堂。继美国归正教之后，美国长老会（American Presbyterian Mission）、英国伦敦会（London Missionary Society）与长老会（English Presbyterian Mission）也派遣本会传教士进入厦门传教，如 1842 年 6 月，美国长老会传教士 Mcbride 夫妇抵达厦门，1843 年至 1844 年间，该会相继又有合文（J. C. Hepburn）、娄理华（W. M. Lowrie）、卢一（John Lloyd）等传教士来厦传教。1844 年 7 月伦敦会派遣施敦力（John Stronach）夫妇来厦门传教，1846 年该会又有养为霖（William Young）夫妇抵达厦门。1850 年，英国长老会派遣用雅各（James H. Young）来厦，次年，同会传教士宾为霖（W. C. Burns）亦抵达厦门。至此，近代在厦门地区最有影响的几大主要差会相继进入厦门，开始揭开基督教在厦门地区的活动序幕。①

基督教传入厦门地区后，上述主要差会都十分注意运用开办教会学校方式来扩展宗教。如早在 1846 年，伦敦会传教士施阿栗（Alexander Stronach）就在厦门创办了英华小学。除了男子学校外，当时 19 世纪下半叶进入厦门的新教差会，也相继开办了一些教会女子学校。如怀仁女子中学、明道女学、毓德女子中学、田尾妇学堂等，其中，毓德女子中学是厦门地区影响最大的一所教会女子中学。

1941 年，长期执教毓德女中的朱鸿谟在回顾该校历史时，曾经发出这样的感慨："现在的毓德女子中学很得社会人士的信任，名闻遐迩，但在当时的毓德中学，社会上的一般人以它是虚有其名而无其实的女子中学而已。教外之人的态度如此，教内之人的态度亦何尝不如此！"② 确实，毓德女子中学的发展，经历了一段不寻常的历程。毓德女中是从毓德小学发展而来的。1847 年，美国归正教会传教士打马字（T. V. N. Talmage）的二女儿打马字·玛利亚（M. E. Talmage）在厦门寮仔后开设了第一个小学程度的女学堂，学校开设时，只有 12 个学生。1880 年，该校迁到鼓浪屿田尾，当时称作田尾女学堂。后来命名为毓德女学校。最初，该学校只招收小学程度学生。到 1920 年时，毓德小学举行 50 周年纪念，当时有几位从南京汇文女子中学肄业回来的校友参加了纪念会，受她们的影响，数位刚毕业的毓德小学学生亦拟在秋季继续赴南京升学，而不愿升入当时毓德小

---

① 以上有关近代基督教传入厦门地区情况，参见 Philip Wilson Pitcher, *In and About Amoy*, Shanghai and Foochow, 1912；林金水主编：《福建对外文化交流史》，福建教育出版社 1997 年版，第 384—389 页。

② 厦门市档案局、厦门市档案馆编：《近代厦门教育档案资料》，厦门大学出版社 1997 年版，第 106 页。

学附设的师范班。有鉴于此，时任校长理清莲（Lily Duryees，又称理莲姑娘）认为有必要添设中学部以适应社会的需要，因此，在她的主持下，于当年秋季将原有的师范二班，改为修习中学课程，同时将已经毕业的学生 3 人编为第三年级。这样，毓德女子中学初具雏形。毓德女中正式成立是在 1921 年，据朱鸿谟回忆：

> 民国十年（1921）春，中学部正式成立。毓德女子中学校之匾额，乃悬挂在靠近东山顶的一间校舍之前（由是毓德中学的行政和校舍与小学部分开办理。校舍合宿舍不过是小小的一座半洋楼）。理清莲师姑为主理，林安国为校长，鄙人亦于此时受聘到校任数理化教员之职。学生共分甲、乙、丙三级，31 人，是为闽南首创之女子中学校。①

毓德女中的创办人理清莲师姑是美国归正教女传教士，她于清末抵厦门，一手创办了毓德女中，树人发轫，贡献很大。从 1921 年到 1924 年，这四年属于毓德女中的"草创奋斗"时期。学校初创，办学条件十分简陋，"该时校舍狭小，设备简陋，所有校具只有课室中应用之桌椅和大风琴一具而已，并无所谓图书仪器者——显微镜一架为仅有的仪器"②。学生上课需用理化仪器，必须向邻近同属美国归正教会所办的寻源中学借用。而此期间该校所有费用，全部由理清莲个人负责支理。由于理清莲对毓德做出了重要贡献，也赢得了毓德师生的尊敬与爱戴。1925 年春，寻源中学因为学校规模扩大，"校舍不敷分配"，迁移到漳州龙溪芝山（今龙海），美国归正教会就将鼓浪屿的寻源中学校舍让渡给毓德女中，于是毓德女中得以迁入东山顶寻源中学旧校舍。当毓德师生把寻源中学的校名撤下来，准备安上毓德校名时，有人提议毓德学校英文名就采用理清莲的名字，称为 Duryee's Girl's Middle School，以表彰理清莲本人的创办之功，但因理清莲本人坚决拒绝未果。③

毓德女中在迁入东山顶校舍后，发展很快，当年学生已经从最初的三

---

① 《近代厦门教育档案资料》，第 105 页。

② 同上。

③ 参见邵有文《本校创办人理莲姑娘》，《毓德校刊》，复校第 2 期，1948 年 1 月，第 31 页。

十余人扩展到八十余人。由于学生人数增多,该校积极筹划修建新宿舍,以"容纳内地和南洋来的学生120人的寄宿"。1926年,一幢四层高的宿舍楼建成。这样,"校舍和宿舍乃分设于两大楼,且辟设理化实验室,购置大批的仪器,而图书阅览处亦另设在一约6方丈的室中"①,办学条件大大改善。同年,当时教育部通令全国中学校改新学制,因此,毓德女中在当年秋季改设三三制两级中学,"收入毓小高等二、三年毕业生为初中第一、二年级,其余三级仍按旧制课程学习,共计五级160余人"②。到1929年,旧制最后一级(辛级)毕业,总计旧制毕业者共有八级。从此以后,毓德女中成为闽南地区一所采用新学制的典型女子完全中学,毓德也成功地度过了其稳固时期。

从1930年到1940年这十年时间可以看作是毓德女中的发展时期。1930年春,为了应对政府立案要求,毓德女中成立校董会,美国归正教会就将全部校产租借给校董会,毓德女子小学也被并入为毓德女中附属小学,并向政府注册。第二年,福建省政府教育厅正式批准立案。同时聘请邵庆元为校长。在该校师生的努力下,学校亦随之逐步扩大:

> 由是学生数日增,原有校舍不敷应用。因于民国21年(1931)下,在原校舍之东拓地建筑3层新楼一座,接连旧舍,于秋初完成。以最底层两室为理化实验室,最上层两室为图书阅览储藏室;中层两室为普通教室(每室可容学生50人),共费7000余元,全由校董薛永黍、吴景星等向本地人士募捐。民国22年,由校董会议决派校董麦邦镇偕同校友蔡心慈赴菲募捐,添筑西翼校舍,以底层辟为雨天操场,中层两室为普通教室,上层为美术教室和生物教室。民国23年秋,由在校之教职员学生与校董会合作,分组募捐,改建中楼,于是4层大厦因以告成,……当时学生教职员等之努力合作殊可嘉许,故校董会特为铸碑以垂纪念。③

到1941年秋季,毓德女中已经发展成为一所拥有高中部三级145人,

---

① 《近代厦门教育档案资料》,第106页。
② 同上书,第106页。
③ 同上书,第107页。

初中部三级 303 人，总计 448 人的中学，成为厦门地方规模最大的一所女子中学。

抗战期间，日军屡次进犯厦门岛，毓德因处于鼓浪屿租界，尽管难免战乱影响，但仍得以维持发展。1941 年 12 月 8 日，鼓浪屿被日军占领后，毓德女中遭日人封闭停校，直到 1945 年抗战胜利后才得以复校。从 1921 年中学正式创办，到 1946 年毓德女中学生人数增长情况可以归纳成表 9 - 1。

表 9 - 1　　　　　　　1921—1946 年毓德女中学生数

年份	初中部人数	高中部人数	合计
1921	—	—	31
1925	—	—	80 余人
1926	—	—	160 余人
1935	155	94	249
1937	154	66	220
1941	303	145	448
1946	332	159	491

资料来源：根据历年《毓德校刊》统计。

由表 9 - 1 可见，从创办之初的 31 人，到 1946 年发展到学生人数 491 人，毓德女中已经成为闽南地区重要的一所女子中学。

二　地域与生源

毓德女中创办后，对闽南地区妇女教育产生了重要的影响。旧时国人有重男轻女风俗，闽南地区尤甚，如厦门地方普通人家的女孩遭溺杀与遗弃的现象较为普遍，"闽人习俗，凡女子遣嫁，夫家必计厚奁，故生女之家，每斤斤于后日之诛求，辄生而溺毙"①。光绪年间，邑人叶文澜不忍弃婴遍地的悲惨状况，联络当地士绅，重修育婴堂，筹款救济弃婴，"开

---

① 蔡琛：《普济堂碑记》，载（民国）《厦门市志》，第 465 页。

办迄今,活女孩已 7 万余口矣"①。民国肇造,上述现象虽有减少,但是,溺、弃女婴仍然是闽南地区一个十分严重的社会问题。女子生存尚且不易,受教育的机会则更是微乎其微。在这样的社会背景下,私立毓德女子中学的创办,直接为闽南地方妇女提供了受教育的机会。相较其他女校,毓德女中在招收女生的数量上一直处于领先,这一点可以从表 9-2 看出。

表 9-2　　　　　　　1935 年度厦门中等学校女生统计表

校名	女生数	校名	女生数
省立厦门中学	85	私立同文中学	未详
私立双十中学	117	私立中华中学	76
私立厦大附属中学	未详	私立英华中学	未详
私立毓德女子中学	232	私立慈勤女子中学	98
私立怀仁女子初级中学	76	私立大同初级中学	未详
私立桥南女子初级中学	46	私立闽南职业中学	未详
私立怀德幼稚师范	72	私立助产学校	32

资料来源:《近代厦门教育档案资料》,第 22—23 页。

从表中可见,毓德女中入学的学生人数大大超出当时同一地区的其他学校,由此可以推知毓德女中在厦门以至整个闽南地区妇女教育方面的重要地位,从一定意义上说,它是闽南地区最重要的一所女子中学。

毓德女中创办之初,学生来源主要集中在厦、鼓两地,而且主要是基督教家庭的子女。随着学校规模日渐扩大,在社会上的影响日增,生源也从厦门、鼓浪屿向外扩展,特别是闽南地区。可以看出毓德女中在闽南妇女教育中的重要地位。下面根据一份 1946 年《厦门私立毓德女子中学校校务概况报告册》所载学生状况,来考察该校生源分布地区。先来看高中部。在 1946 年,毓德女中共有高中部普通科学生 159 人,其中,一年级为 51 人,二年级 74 人,三年级 34 人。其学生来源地区列表如下(见表 9-3 至表 9-5)。

---

① 叶文澜:《育婴堂记》,载(民国)《厦门市志》,第 465 页。文中"7 万"疑为"7 千"之误。

表9－3 　　　　　　　毓德女中高中部普通科一年级学生籍贯

地区	人数
福建省厦门市	13
同安县	7
南安县	7
晋江县	5
安溪县	4
惠安县	3
金门县	2
海澄县	2
诏安县	1
龙溪县	1
漳浦县	1
林森县	3
闽侯县	1
浙江省杭州市	1
合计	51

资料来源：《厦门私立毓德女子中学校校务概况报告册》，1946年，厦门市档案馆藏。

表9－4 　　　　　　　毓德女中高中部普通科二年级学生籍贯

地区	人数
福建省厦门市	10
晋江县	11
同安县	10
惠安县	8
南安县	5
安溪县	3
海澄县	3
漳浦县	3
龙溪县	2
金门县	3
诏安县	1

续表

地区	人数
东山县	1
龙岩县	1
林森县	6
广东省汕头市	1
大埔县	1
浙江省上虞县	1
绍兴县	1
镇海县	1
宁波县	1
江苏省吴县	1
合计	74

资料来源:《厦门私立毓德女子中学校校务概况报告册》,1946 年,厦门市档案馆藏。

表 9 - 5　　　　　　　毓德女中高中部普通科三年级学生籍贯

地区	人数
福建省厦门市	7
同安县	8
南安县	7
晋江县	7
海澄县	2
龙溪县	1
永春县	1
闽侯县	1
合计	34

资料来源:《厦门私立毓德女子中学校校务概况报告册》,1946 年,厦门市档案馆藏。

　　根据上列表格资料,在高中部一年级的 51 名女生中,来自厦门、漳州、泉州等闽南区域的共计有 46 名,占总数的 90%。高中部二年级的 74 名女生中,来自上述闽南区域的共计有 60 名,占总数的 81%。高中部三年级的 34 名女生中,除一人来自闽东闽侯县外,其余都是闽南籍学生,比例高达97%。综合三个年级的平均数,高中部普通科生源来自闽南地区的约占总数的87%。高中部情况如此,那么,初中部的情况又是如何呢?

该年毓德女中初中部普通科女生共有332人。其中,一年级164人,二年级96人,三年级72人。其学生来源地区表列如下(参见表9-6至表9-8)。

表 9 - 6　　　　　　　　毓德女中初中部普通科一年级学生籍贯

地区	人数
福建省厦门市	33
晋江县	20
龙溪县	13
同安县	14
惠安县	18
南安县	15
安溪县	7
漳浦县	4
平和县	2
海澄县	5
闽侯县	3
金门县	3
长泰县	2
安海县	1
福清县	1
云霄县	1
龙岩县	2
永定县	1
林森县	1
台湾省台北市	3
广东省南海县	2
汕头市	1
新会县	1
东莞县	1

续表

地区	人数
番禺县	1
三水县	1
中山县	1
河北省北平市	2
浙江省绍兴县	1
江苏省常州县	1
合计	164

资料来源:《厦门私立毓德女子中学校校务概况报告册》,1946年,厦门市档案馆藏。

表9-7   毓德女中初中部普通科二年级学生籍贯

地区	人数
福建省厦门市	26
同安县	12
晋江县	12
南安县	10
惠安县	9
龙溪县	6
安溪县	4
海澄县	4
漳浦县	2
闽侯县	2
金门县	1
古田县	1
林森县	1
永定县	1
龙岩县	1
广东省中山县	1
番禺县	1
文登县	1
江苏省上海市	1
合计	96

资料来源:《厦门私立毓德女子中学校校务概况报告册》,1946年,厦门市档案馆藏。

表 9 – 8　　　　　　　毓德女中初中部普通科三年级学生籍贯

地区	人数
福建省厦门市	19
惠安县	7
南安县	7
安溪县	6
同安县	4
龙溪县	3
海澄县	3
晋江县	2
东山县	2
漳浦县	1
龙岩县	2
金门县	1
闽侯县	4
永春县	1
永定县	1
林森县	2
广东省汕头市	2
三水县	1
浙江省堇县	1
绍兴县	1
河北省北平市	1
江苏省上元县	1
合计	72

资料来源：《厦门私立毓德女子中学校校务概况报告册》，1946 年，厦门市档案馆藏。

　　根据上述表格资料，在入学初中部普通科一年级的 164 名女生中，来自厦门、漳州、泉州等闽南地区的共计有 138 人，占总数的 84%。初中部二年级的 96 名女生中，来自上述闽南地区的共计有 86 人，占总数的 90% 左右。初中部三年级的 72 名女生中，来自上述闽南地区的共计有 56 人，占总数的 78%。综合三个年级的平均数，初中部普通科生源来自闽南地区的占总数的 84% 左右。

由上可见，超过 80% 的毓德女生来自闽南地区。特别值得注意的是，除了毓德女中所在的厦、鼓两地外，相当多的生源是来自周边漳州、泉州各县，这种生源的集中性，反映了毓德女中在近代闽南地区妇女教育的发展上所扮演的重要角色。

三　教育与宣教

与晚清时期不同，民国时期是基督教在教会学校中发展的艰难时期，受非基运动及民族主义等思潮的影响，教会学校中也涌起了反对基督教的各类声音。而且，在向政府立案后，教会学校在开设宗教课程、向学生宣教上都有所限制。这些都对教会学校的基督教传播产生了一定程度上的影响，削弱了其"基督教化"基础。但是，毓德女中的基督教传播却仍然保持着很兴盛的态势。毓德女中属于美国归正教会背景，其经营目的就在于"培植富有基督精神之人才，以服务于国家社会"[1]。因此，学校当局十分重视基督教宣教工作，不仅校内宗教活动很频繁，而且还积极向校外社会上宣教，成为闽南地区传播基督教非常活跃的一支力量。

如前所述，毓德女中在 1931 年已经正式向福建省政府立案，在宗教教学与组织上自然有一定限制，但是毓德校内的基督教活动却未受到影响。学校仍然开设圣经等宗教课程，供学生选修。此外，学生每日除上课外，又有特别聚会与团体聚会，如星期一至星期四早上有期会，全体齐集礼堂崇奉上帝；星期五则各级于课室中举行祈祷会，主席由学生轮流担任。此外，校内也常常召开奋兴会，激励学生皈信基督教。[2]

在组织校内基督教活动过程中，基督教女青年会扮演了十分重要的角色。毓德女中自创立之际，即在校内设立基督教女青年会，以砥砺教徒师生，并向未入教同学宣道。青年会组织完善，设有正副会长、传道部长、灵修部长等职。学校也很重视女青年会的工作，如 1934 年第十三届女青年会就职典礼：

　　二月廿一日，下午三时三刻，本校第十三届青年会职员在大礼堂

---

① 毓德女子学校校董会章程，1938 年，载《近代厦门教育档案资料》，第 154 页。
② 参见林群端《过去的毓德》，《毓德校刊》，复校第 2 期，1948 年 1 月，第 32 页。

举行就职典礼，并开同乐会。到会者除全体新旧青年会员以外，并有同学，师长，和鼓屿各校青年会职员如英华、养元、福民、怀仁等均有代表列席，全体计二百余人。会场布置虽简朴，但却颇端重庄严。开会钟一鸣，全体职员整队由前任青年会长前领入席，且行且唱校歌。入席以后由邵校长祷告，继而行燃烛典礼，在烛光辉煌里轻唱"耶稣叫吾人做真光的灯"一歌，全堂空气一时极为肃穆。①

　　毓德女中教职员大抵皆是虔诚基督徒，除授课外，亦热心向校内非教徒学生传教。在该校教员议事会中，向学生宣教是其中的一项重要议程。如1929年10月8日下午四时半，该校教员议事会在校图书馆举行，会上教员何淑贞就提议教员议事会应该组织一部分教员在每个礼拜日下午住校，"与诸非基督徒之学生讨论得救之道"，该提议得到全体与会教员同意通过。② 在每届学生毕业时，教师都会谆谆劝勉毕业生要终身服信耶稣基督。如陈梅卿致1946级毕业生赠言的第一条就是"对神——希望大家能努力追求。世界上的学问很广博，不是我们所能获得完的，我们若自以为有智慧而没有主耶稣，则我们的生命仍然觉得空虚"③。

　　此外，毓德女中还通过邀请校外基督教界人物来校讲演等方式，以吸引学生，引导其入教。如1937年4月23日上海中华基督教女青年协会干事施葆真抵该校演讲，并与本校青年会职员会晤讨论会务进行计划。④ 1937年5月7日至11日，在华北一带中学校传道成效卓著的该校校友叶敏钦女士也应邀返校讲经，"并于课余向慕道生个别谈话"，劝导学生入教。⑤ 1947年，美国归正教传教士 Rev. A. Van Westernburg 亦应邀在该校宣讲圣经。⑥

　　由于毓德女中十分重视校内基督教传播，因此，在女中内部学生奉教的比例是非常高的。1928年，中华基督教教育会拟针对全国基督教中学校的宗教教育设施状况进行调查。受该会委派，从1928年10月到1929

---

①　佚名：《记青年会就职典礼》，《毓德校刊》，第26期，1935年2月23日。
②　参见《毓德基督教女书院教员会议事录》，第21页。厦门市档案馆藏。
③　《师长赠言》，《厦门私立毓德女子中学1946级纪念刊》，第3页。
④　《名流莅校演讲》，《毓德校刊》，第47期，1937年5月15日，第18页。
⑤　《叶校友来校讲经》，《毓德校刊》，第48期，1937年5月25日，第17页。
⑥　《Rev. A. Van Westernburg 在本校演讲演辞纪要》，《毓德校刊》，复校第2期，1948年1月，第4页。

年5月间,缪秋笙与毕范宇二人赴国内辽宁、河北、山西、山东、两湖、江浙、福建及广东等省调查基督教中学校的宗教状况。缪秋笙曾将华东地区的调查结果撰为《华东各中学最近宗教事业实施概况》一文,对华东地区的二十五所基督教男女中学校的宗教状况进行详细的分析。根据缪秋笙的调查数据,华东地区基督教女中学校的基督徒学生与非基督徒学生的比例为:基督徒占43%,非基督徒占57%。基督徒学生不足半数。① 可见,民国时期,在一些教会中学校内,非基督徒的比例是很高的。然而,毓德女中的情况却与此大相径庭。在毓德女中的学生中,基督徒的比例要大大超过非基督徒的比例。这种状况,明显地反映在现存一份该校针对学生宗教情况进行的调查报告中。1941年秋,毓德女中曾经对本校所属初中部三个年级303名学生,高中部145名学生,总计448名学生的基督教信仰情况展开详细的调查。被调查项目包括学生的家庭宗教、个人信仰、个人对于宗教之经验(含冷淡、得胜、波浪式)、新志愿(含得胜、顺服)、奉献传道、入教(含已入、愿意)等几大项。其结果如表9-9所示②。

表9-9　　　　　　　　　　1941年秋季宗教调查统计

要项 级别	家庭宗教		个人宗教			入教		奉献传道
	基督教	非基督教	1941年以前重生	1941年秋重生	不信	已入	预备	
高三	11	25	34	2	0	9	2	4
高二	12	24	28	0	4	11	5	
高一	33	40	61	5	7	5	12	6
初三	29	39	63	1	6	1	4	2
初二	38	71	97	19	3	0	24	9
初一	37	89	99	19	8	2	36	12
统计	160	288	380	46	28	28	83	35
百分率	35%	65%	83.7%	10%	6.42%	0.62%	1.80%	

① 参见缪秋笙《华东各中学最近宗教事业实施概况》,载《中华基督教教育季刊》,第四卷,第二期,1928年6月,第55页。中华基督教教育会出版。

② 参见《1941年秋宗教调查统计》,载《私立毓德女子中学校档卷》,第26—34页。厦门市档案馆藏。

从表 9 - 9 可见，毓德女中学生来自非基督教家庭比例达到 65%，而来自基督教家庭的只占 35%，然而，学生中信教的比例却高达 93% 以上，只有 6.42% 的学生不信仰基督教。学生中还有一定数量的人员立志奉献传道。上述比例远远超出缪秋笙所调查的华东地区基督教中学基督徒学生只占 43% 的情况，由此也可推论，毓德女中在学生的基督教信仰方面，与国内其他基督教中学相比，是有过之而无不及的。毓德女中在吸引学生皈依基督教上能够独树一帜，既与前所提及毓德女中重视向学生宣教有关，同时也与毓德女中所处鼓浪屿是华南重要的基督教中心地不无关系。

在加强向校内学生宣教的同时，毓德女中也重视在社会上的宣教活动。毓德女中与闽南地方基督教会的联系十分紧密，在活动上亦互通声息。当地基督教会的不少活动就是直接在女中举行。如 1934 年 11 月 16 日，全国基督教教育会总干事葛德基博士在毓德女中召开鼓浪屿中等学校教职员谈话会。"先由葛氏报告全国中等学校宗教教育状况，继则提议组织华南基督教教育会，藉以互相联络声气"[1]。1934 年 12 月 2 日，厦门新（街）竹（树）厦（港）三堂住鼓会友第一次联合礼拜在该校礼堂召开。[2] 毓德女中的不少教职员本身就兼任着地方教会的一些重要职位，如该校校长邵庆元就曾担任中华基督教闽南大会文字事业委员会委员长，教会公报董事部成员，而福懿慕师姑则担任青年事功委员会主席等职。[3] 毓德女中亦曾于 1935—1936 年间积极筹设"农村教会服务人员养成所"，推动基督教在乡村的传播。其创办缘起云：

> 本校校董及教职员鉴于中国农村及教会目前需要特别训练之人材以推行复兴农村改造社会之计划，爰创拟办农村教会服务人员养成所，招考有志服务教会及农村事业之青年女子入所，施以特别训练，为期两年，目的在造成（一）对于教会事业有深切之了解，能襄助教会领袖推行各种工作者。（二）对于复兴农村社会提高农村生活具宏伟之志愿与热诚，又能根据专家计划实施种种工作程序者。

---

[1] 《毓德校刊》，第 26 期，1935 年 2 月 23 日，第 6 页。
[2] 参见《大事录》，《毓德校刊》，第 26 期，1935 年 2 月 23 日，第 6 页。
[3] 参见《个人消息》，《毓德校刊》，第 44 期，1937 年 1 月 15 日，第 18 页。

　　该养成所主要学员来自闽南教会,毓德女中为学员提供"圣经研究"、"宗教教育"、"社会学"等一系列课程,冀以培养出一批"矢志愿为基督教会或农村服务者"①。

　　正因为教会把毓德女中视为向知识青年女子传播基督教的重要阵地,因此,与毓德有着直接联系的美国归正教会一直很重视对该校的控制。尽管民国政府通过立案手段,以中国人掌校,名义上剥夺了教会直接管理学校的权力,但是,美国归正教会却通过校董会的设置,仍然得以掌控毓德。由于校董会的这种特殊作用,民国后期,美国归正教会与福建省教育厅之间在毓德校董会设置问题上还发生了一场争议。1945年抗战胜利后,日军占领期间被迫停办的毓德复校,拟定了复校后的第一届"私立毓德女子中学校董会",呈报福建省政府教育厅备案,其名单如下(见表9-10)。

表9-10　　　　　　　1945年毓德女子中学校董会成员一览

姓名	职务	身份
丁锡荣	董事长	英国驻厦领事馆秘书
卓全成	司库	同英布店经理
吴著盎	秘书	厦门溪岸传道士
邵友义	校董	前任怀仁校长
庄谦逊	校董	救世医院医士
何恩及	校董	福音学院院长
礼振铎	校董	美国归正教宣教师
密路德	校董	美国归正教宣教师
洪威廉	校董	美国归正教宣教师

资料来源:《近代厦门教育档案资料》,第291页。

　　从表9-10可见,毓德女中提出上述校董成员,明显是为了控制该校。为此,厦门市教育局特发训令,责其重组,列举了数条理由,其中明确提出"校董人数依照规定应为11或13、15人,应饬增聘填表呈核"。"校董资历至少须有四分之一校董以曾经研究教育或办理教育之人充任之"②。

_____

　　① 《本校拟创办农村教会服务人员养成所》,《毓德校刊》,第39—40期,1936年7月15日,第25页。
　　② 《近代厦门教育档案资料》,第292页。

由于缺乏资料，我们不清楚其后毓德女中是否遵照厦门教育局的训令重组了校董会，但是，从毓德女中对本校校董会校董人选及数量上的这种精心安排，不难看出美国归正教会与毓德不愿意让外人控制学校的意图。教会与地方政府之间在教会中等学校上的控制与反控制，是民国时期教会中学与政府、教会之间复杂关系的一种典型反映。

四　社会影响

毓德女中自创办后，经过多年经营，成为闽南地区闻名遐迩的名校，"辉煌成果，为社会人士所乐道"①。毓德女中的教学水平在民国时期闽南地区属于上乘，较一般普通公、私立中学校要优秀。其根源不仅在于学校的财力比较充足，教学基础设施得以不断完善，同时也与毓德拥有一支高素质的教师队伍有着直接关系。

毓德女中的经济来源主要由美国归正教会贴补、校董会筹募与学杂费收入组成，特别是前两项。在创办之始，美国归正教会负担了学校主要经费支出。即使从1933年起，因为毓德已向政府立案，美国归正教会名义上不再负担学校主要经费，但仍然每年拨予毓德一定费用，以负担该校"西教员的薪俸及房租之费"②。此外，该校校董会在向社会上募捐方面发挥了重要作用，获得了大批捐款，特别是东南亚一带华侨校友，常常捐资助校。如1936年，该校派出教师麦淑禧、洪瑞雪远赴菲律宾及南洋群岛一带，访问校友，募捐了不少款项。③1946年当毓德校董会发起复校募捐活动时，"槟城校友……踊跃输将，计得港币一千二百元，又江仲仁校友捐叻币二百元充添置椅桌之用。沪方校友响应筹募基金运动。第一次筹得二千五百万元，第二次五十万元，第三次得七百一拾万元，现仍在继续筹募中"④。菲律宾群岛校友亦积极响应是次筹募，捐助美元、菲币不少。⑤在多方面的支持下，毓德女中得以获得比较宽裕的办学经费。由于经费充

①　《校董会积极筹募基金募捐启》，《毓德校刊》，复校第2期，1948年1月，第38页。

②　佚名：《厦门私立毓德女子中学概况》，载《毓德女中学1937级纪念刊》。

③　参见《毓德校友会宿务支会成立》，《毓德校刊》，第43期，1936年12月10日，第3页。

④　《槟沪校友捐献基金》，《毓德校刊》，复校第2期，1948年1月，第38页。

⑤　参见《菲岛校友响应筹募基金运动》，《毓德校刊》，复校第2期，1948年1月，第39页。

足,毓德女中的教育基础设施相较普通私立中学要完善得多。在创办十年左右时间里,学校已经设有化学室、物理室、生物室、史地教室、家事教室、图书馆等科室。这些科室的设备都力求完备,如物理室,"十余年来不断增置补充,举凡声光力热以及无线电科,无不应有尽有"。图书馆"年来大事扩充,地点轩昂,光线充足,搜集中外图书,不遗余力,总计书籍约两万余卷"①。完善的教学设施无疑为毓德女生提供了良好的学习条件。

毓德女中高素质的师资力量,也保证了该校能够维持着优良教学质量。毓德的教职员中,具有大学以上学历者占绝大多数。如1946年该校的28位教师中,只有6位学历低于大学本科,参见表9-11。

表9-11　　　　　　　　　毓德女中师资一览

毕业院校	人数
北平燕京大学	4
上海沪江大学	4
福州华南大学	3
美国哥伦比亚大学	1
同济医学院	1
国立厦门大学	6
上海之江大学	1
国立中央大学	1
上海东吴大学	1
毓德女中高中部	4
沦陷区中等学校高中部	1
厦门美术专门学校	1
合计	28

资料来源:《厦门私立毓德女子中学校校务概况报告册》,1946年。

其中,如校长陈兢明、教师陈梅卿都毕业于著名的燕京大学研究院,福懿慕则毕业于美国哥伦比亚大学,皆获得硕士学位。可见,毓德女中拥有一支出色的教师队伍。

———————

① 佚名:《厦门私立毓德女子中学概况》,载《毓德女中1937级纪念刊》。

在教育设施相对完善、教师队伍素质优良的基础上，毓德女中逐渐形成该校的教学特点："本校为普通科女中学，于教学上不但望其各科平均发展，又复偏重女子教育，俾致实用。普通教学除用启发式外，并利用课外时间，养成自学习惯。对于科目，则竭力使各科互相联络，冶为一炉。学生课外，更有各科研究会之组织，并须填写心得，由教员分头指导批解。教员方面，则每月均有教学讨论会，各提应兴应各之事项，作改进之资料云。"① 由于学校的上述努力，毓德女中为社会上培养了不少女性专门人才，学生毕业后，从事教育、医疗、社会服务者很多，这一点，典型地反映在一份撰写于1937年有关该校的介绍文字中："本校创办已历十七年，计旧制中学毕业八届，八十五名。新制高中毕业七届，计一百三十名。新制初中毕业十届计二百七十二名。毕业生升入国内外大学及专门学校者占百分之二二，任小学教师者占百分之二四，医师及看护占百分之四点三，治家兼教育者占百分之八点六，其余或宣道救世，或相夫教子，盖绝无一人焉无所事事。"②

毓德女中这所教会女子中学的开办，在为闽南地区女子提供接受中等教育之机会、为社会培养女性专门人才的同时，也促进了闽南地区知识女性主体意识的萌动，促使她们在思考妇女的社会地位、权利问题上发出了自己的声音。民国时期，毓德女生以所办校内刊物——《毓德校刊》为阵地，发表了许多有关妇女社会问题的讨论文字。例如，王爱华在一篇题为《我们所需要的教育》文章中，批评了"把女子压在十八层地狱里，永远不许她们翻身"的传统观念与习俗，提出应当讨回妇女的受教育的权利。③ 张丽璧在《我的新妇女观》一文中，倡导"现代的妇女"，应当是"不图虚荣、养成耐劳苦干精神、富有高深的学问、独立特行之精神以及健强的体魄、道德涵养的新妇女"④。黄淑惠在同名文章中，认为新的妇女"要抱着像苏俄的女子有那种自立的精神。……要有实际的学问和才能。……要有健强的体魄和妇女应有的道德"，如此，才会替家庭社会国家造福"⑤。在毓德学生眼中，妇女受教育是妇女在政治、经济上平

① 佚名：《厦门私立毓德女子中学概况》，载《毓德女中学1937级纪念刊》。
② 同上。
③ 参见王爱华《我们所需要的教育》，《毓德校刊》，第28期，1935年3月23日，第6页。
④ 张丽璧：《我的新妇女观》，《毓德校刊》，第47期，1937年5月15日，第10—11页。
⑤ 黄淑惠：《我的新妇女观》，《毓德校刊》，第47期，1937年5月15日，第11页。

等的重要前提，这种看法典型地反映在一篇题为《求学与女子》的文章中:

> 求学是每个中国的国民都需要的，尤其是我们中国女子。为了要求得真正的男女平等，我们要求学来充实自己。过去几年中我们所听到的，只是唱"男女平等"的高调，实际上我们并没有见到男女平等的实现。在社会上仍然是男子占着优越的地位，任职的妇女，除了教师、护士之外，所见到的都是脱不了脂粉花瓶式的女职员，这能算得是平等了吗? 我觉得要得到真正的平等，我们女子就不得不求学，至低限度，普通的学识我们是不得不求的，这样我们才能在社会上占得住脚。在这多数的男子占着优势的社会中，我们要达到真正的平等，就要经济能独立，能达到经济的独立，我们就非得有够我们应用的学识不可。因此，求学在我们女子实是当前的要务。①

在融入民国妇女运动潮流的同时，身处社会剧变时代背景下的毓德女中学生，也走出了个人、家庭、宗教小圈子中，积极关怀国事，显露出普通的女性基督徒对祖国存亡的关心。以抗日战争为例，早在"九一八"事变日本侵占东北后，毓德女中学生就对国家命运给予相当的关注，邀请了当地著名人士如陈一民等来校讲演《中日问题之过去与将来》、《日本南进政策与福建》等专题②。日军逼近平津，绥远抗战爆发，毓德女中学生更是行动起来，投入抗日救亡的行列中。她们组织救国宣传队，动员民众，发表了《勉前敌将士文》、《起来，援助绥远杀敌的将士们》等文章③，并且开展募捐救国，向本校教职员工和校外行人、住户、商铺募捐，所得款项寄交"绥远前锋抗敌将士"④。1938 年 5 月 12 日，日军进攻厦门，毓德女生组织起来，救济因战乱涌入鼓浪屿的同胞，到医院中看护

---

　① 路:《求学与女子》，载《厦门私立毓德女子中学 1946 级纪念刊》，第 16 页。

　② 参见陈一民《中日问题之过去与将来》，1935 年 3 月 11 日、18 日毓德女中讲演，《毓德校刊》，第 29 期，1935 年 4 月 6 日，第 3—8 页;《日本南进政策与福建》，1937 年 5 月 10 日毓德女中讲演，《毓德校刊》，第 48 期，1937 年 5 月 25 日，第 1—3 页。

　③《毓德校刊》，第 43 期，1936 年 12 月 10 日，第 9 页。

　④《募捐救国》、《一片热烈爱国表示》，《毓德校刊》，第 43 期，1936 年 12 月 10 日，第 8—9 页。

受伤战士[1]，为祖国抗战做出了应有的贡献。

五　结语

从最初简陋的教会小学堂发展成为东南沿海地区重要的一所教会女子中学，厦门私立毓德女中的成长历程，是教会中学在近代中国发展的一个缩影。一方面，作为与美国归正教会渊源颇深的教会女中，它有着相当浓厚的宗教色彩，传教是其办学的一个重要目的；另一方面，作为以女子教育为主的一所完全中学，它也为近代闽南地区妇女接受教育提供了难得的机会，为社会培养了不少女界人才。传教与办学，难分难解，纠葛一处，近代在华教会中学的这种复杂性，实在值得我们对之进行更加深入的剖析。

---

[1]　参见林群端《过去的毓德》，《毓德校刊》，复校第 2 期，1948 年 1 月，第 32 页。

第十章

边际的对话

——基督宗教在闽南地区的传播历程

作为世界三大主要宗教之一，基督宗教①在人类文明发展史上占有重要的地位。闽南地区由于地处中国与海外交通要津，很早就与基督宗教结缘。早在宋元时期，这里已经是景教与天主教在华传播的一个中心地。明末清初，天主教耶稣会与多明我会传教士纷至沓来，在闽南各地开展传教活动。鸦片战争前后，欧美各国基督新教主要差会也接踵进入闽南，并以此为传教中心，向中国东南各地拓展教务。经过多年的传播积淀后，基督宗教已经成为在闽南社会具有广泛影响的一种宗教。

一　闽南基督宗教的传播历史

基督宗教在近代闽南地区的传播历史，大致可以分为明以前、明末至清前期、晚清至 1949 年等三个主要的阶段。

（一）明以前的初传

基督宗教来华有确切记载的年代可以追溯到初唐时期。明天启五年（1625），陕西西安出土的一方《大秦景教流行中国碑》中，记载了早期基督教的一支聂斯托利派（Nestorianism）传教士在唐代贞观九年（635）来到西安传教的情况。碑文中提到："真常之道，妙而难名。功用昭彰，强称景教。"由此可见，基督教聂斯托利派在唐时被称为景教。景教在唐

---

① 本处采用的"基督宗教"一词包括景教、天主教与基督新教等派别。

代曾经兴盛一时，如据《大秦景教流行中国碑》记载，唐高宗时，"而于诸州，各置景寺，仍崇阿罗本为镇国大法王。法流十道，国富元休。寺满百城，家殷景福"①。从文献记载和实物遗存可证，除西安以外，景教在敦煌、灵武、洛阳、成都、扬州等地都有传播。而作为唐代重要的对外贸易港口，泉州也极有可能在唐代时就有景教传教士前来传教。只是随着世易时移，文献湮没无征。到南宋中后期，尽管景教在中国内地绝大多数地区已经难觅踪迹，但是泉州却仍然有景教徒。如 1994 年 1 月，泉州市城区发现了一方有纪年的景教徒墓碑，碑面上部正中浮刻一个尖拱状形龛，龛内浮刻高 9 厘米的十字架，下刻有云朵承托。碑面中部刻有七行汉字，由右至左依次是："至元丁丑　郭氏十太孺　故妣二亲　陈氏十太孺　正月日吉戴舍王氏十二小娘丙戌仲秋壬申"②。据学者研究，此墓碑反映了生活于南宋中后期泉州一个景教家族戴氏的两位妇女郭氏、陈氏相继去世后，在元至元丁丑年（1277）正月合葬。迨至元至元丙戌年（1286），戴氏家族妇女王氏十二小娘又为故去亲人重立墓碑。③ 由此可以推断，在南宋时期泉州已经有一些汉人家族皈依了景教，而且这些皈依了景教的汉人家族仍然保留了本地的一些习俗。碑文中提到王氏有两位"故妣"，分别是郭氏和陈氏，这极有可能表明当时汉人士大夫景教家族在婚姻上仍然存在多配偶的现象。而这与宋元时代中国其他一些地方景教徒的生活习俗相类似。如鲁布鲁克就曾描述宋元时期生活在新疆的景教徒，"他们中某些同鞑靼人住在一起的人甚至有几个妻子，像鞑靼人一样"④。

　　由于目前发现的可以反映唐宋时代基督宗教在闽南地区传播历史的文献与实物不多，因此这一时期闽南地区的基督宗教传播状况仍然是迷雾重重。相比之下，因为遗存的相关文献与实物比较丰富，今人对于元代基督宗教在闽南地区的传播状况则有着更为深入的了解。近代以来，泉州地方陆续发现了数量不菲的元代景教碑刻，从而向世人展示了元代泉州景教兴盛的情况。由于元代统治者推行宗教包容政策，当时泉州地方接纳了来自

　　① ［英］阿·克·穆尔：《一五五〇年前的中国基督教史》，郝镇华译，中华书局 1984 年版，第 43 页。
　　② 吴文良原著，吴幼雄增订：《泉州宗教石刻》，科学出版社 2005 年版，第 413—414 页。
　　③ 同上书，第 415 页。
　　④ 周良宵：《金元时期中国的景教》，载 Roman Malek, ed., *Jingjiao, The Church of the East in China and Central Asia*, Sankt Augustin: Institut Monumenta Serica, 2006, p. 204。

各方的景教传教士与景教徒，他们在当地兴建起景教堂，进行传教与习教活动。元政府也为此在当地设职官管理，如 1984 年在泉州涂门外津头埔吊桥边所发现的一块景教碑上，就刻有"管领泉州路也里可温掌教官兼住持兴明寺吴咹哆呢口思书"一行字，[①] 由此证明当时泉州已设有负责管理景教事务的掌教官。可见，元代泉州是景教在南中国一个重要的传播中心。[②]

除景教外，天主教方济各会也在元代时进入闽南地区传播。1289 年，罗马教宗尼古拉四世得知元世祖忽必烈实行宗教宽容政策，善待各教派传教士，因此派遣方济各会士约翰·孟德高维诺（John Montecorvino）担任教廷使节入华。孟德高维诺携带教宗致忽必烈信函经亚美尼亚、波斯、印度洋来华。他在泉州港登陆后，经过 3 个月左右的行程，最终抵达元都城汗八里（今北京）。元朝廷允准孟德高维诺在北京自由传教。他在北京先后建起了三座教堂，并将《新约》和《圣咏》译成蒙文，广为宣讲，皈依了近万人。由于传教成绩卓著，1307 年，罗马教廷委任孟德高维诺为汗八里总主教，全权管理中国传教区事务。[③] 为了扩展在华传教事业，罗马教廷又命令方济各会总会长贡萨乌斯（Gonzalvus of Vallebona）挑选七位本会传教士充任在华各教区主教，携带教宗训谕来华。[④] 这 7 位方济各会士中，哲拉德·阿尔比（Gerard Albccini）、帕拉格林·卡斯特洛（Peregrine Castello）、安德烈·佩鲁贾（Andrew Perugia）等三位传教士曾相继被委任为刺桐（泉州）教区主教。

1313 年，时任汗八里总主教孟德高维诺在泉州增设了一个主教区，任命哲拉德·阿尔比为首任主教。当时泉州有一位富有的亚美尼亚妇人出资修建了一所"十分雄伟华丽的教堂"，并且"自愿将此教堂交与哲拉德主教及其同伙修士"，此外，在她死后，"又遗赠彼等相当一笔捐款"。孟德高维诺将此教堂作为总教堂，由哲拉德主持管理。哲拉德死后，该教堂由第二任刺桐主教帕拉格林·卡斯特洛接管。他在管理教堂数年后，于 1323 年去世。其职位由原汗八里主教安德烈·佩鲁贾接任，是为第三任

---

① 吴文良原著，吴幼雄增订：《泉州宗教石刻》，科学出版社 2005 年版，第 418—419 页。

② 相关研究请参见杨钦章《元代南中国沿海的景教会和景教徒》，《中国史研究》1992 年第 3 期；杨钦章：《泉州新发现的元代也里可温碑述考》，《世界宗教研究》1987 年第 1 期；牛汝极：《从出土碑铭看泉州和扬州的景教来源》，《世界宗教研究》2003 年第 2 期。

③ 参见［英］阿·克·穆尔《一五五〇年前的中国基督教史》，郝镇华译，中华书局 1984 年版，第 210—213 页。

④ 同上书，第 208—209 页。

刺桐主教。安德烈·佩鲁贾在帕拉格林·卡斯特洛去世前四年已经从北京来到泉州，他在泉州城附近修建了"一所舒适而华丽的教堂，堂内有各种办公室，足够二十位同事使用，另有四室，可供任何高级教士享用"。由于安德烈·佩鲁贾将自己从元朝廷所获得的丰厚俸金大部分用于建造这所教堂，因此该教堂在华丽舒适方面，"全省的教堂寺院无出其右者"①。安德烈·佩鲁贾在被任命为刺桐主教后，他"有时住自建教堂，有时住总教堂"，开展传教工作。14世纪东游的方济各会士鄂多立克曾经来到泉州，他不仅见到了主教安德烈·佩鲁贾，而且也在其所著游记中提到了上述两座天主教堂。② 1338年，另一位方济各会士约翰·马黎诺里（J. Marignolli）奉教宗伯奈狄克特十二世之命，携带国书和礼物出使元朝。在返回欧洲途中，马黎诺里曾经于1346年前后经过泉州，他在游记中描绘了泉州城及方济各会在当地的传教情况："还有刺桐城，这是一个令人神往的海港，也是一座令人惊奇的城市。方济各会修士在该城有三所非常华丽的教堂，教堂十分富足，有一浴堂，一栈房，这是商人储货之处。还有几尊极其精美的钟，其中二钟是我命铸造的，在铸成悬挂时，举行了隆重仪式。"③ 由上可见，至迟在元代中期，方济各会在泉州已建有三座天主教堂，成为除北京之外另一处重要的天主教在华传教中心。

由于元朝廷实行宽松的宗教政策，因此，方济各会传教士在泉州可以自由传教而不必担心遭到干涉。令这些来闽南传教的天主教先驱们担心的是后继乏人，如帕拉格林·卡斯特洛在一封书信中提到："我们一切不缺，只盼有修士来。哲拉德主教已去世，此间其他修士在世之日也不会长久，而其他人尚未到来。如无继承人，此教堂将无人举行洗礼，也无人居住。"④ 第三任刺桐主教安德烈·佩鲁贾在泉州传教多年后逝世于当地，1946年，其拉丁文墓碑在泉州通淮门靠近龙宫的城墙基础内掘获。⑤ 继安德烈·佩鲁贾之后，又有一些方济各会传教士在泉州传教，例如，根据史料记载，最后一位刺桐主教是詹姆士·佛罗伦萨。可能由于元末泉州频遭

---

① ［英］阿·克·穆尔：《一五五○年前的中国基督教史》，郝镇华译，中华书局1984年版，第220页。

② 同上书，第272页。

③ 同上书，第289—290页。

④ 同上书，第236页。

⑤ 参见吴文良原著，吴幼雄增订《泉州宗教石刻》，科学出版社2005年版，第373—376页。

兵乱，危及天主教会，他在 1362 年时已经离开泉州返回欧洲，并在米提亚帝国与另一位传教士古格列莫·坎巴诺因为坚持天主教信仰而被萨拉森人杀害。① 而泉州景教与天主教会也在元末迅速衰落。

（二）　明末至清前期的重播

元亡明兴，原本在中国比较活跃的基督宗教活动也随着元明易代战火燃遍各处而戛然中断。一度是基督宗教在华中心地之一的闽南地区，在相当长一段时期内已难觅传教士与教徒的踪迹。直到明末以后，基督宗教才重新在闽南地区传播。

明末最早计划向闽南地区派遣传教士，开展传教工作的是奥斯定会、多明我会、方济各会等托钵修会组织。由于闽南与东南亚各地很早就保持着密切的商贸关系，当上述托钵修会传教士们跟随西班牙、葡萄牙殖民者进据东南亚时，他们就希望借助闽南地区与东南亚之间的贸易往来渠道进入闽南传教。事实上，明末皈依天主教的第一批华人就是常年在东南亚一带经商的闽南人。例如，1581 年，菲律宾群岛首任主教、多明我会士 Fray Diego de Salazar 到达菲律宾群岛时，他看到已有一些华人天主教徒居住在靠近马尼拉城的侗多（Tondo）镇子里。② 他们都是明末前往日本长崎一带经商，并在那里接受了天主教的闽南商人。由于日本幕府严厉禁教而被迫转往菲律宾群岛贸易。③ 当西班牙各修会传教士来到菲律宾群岛时，他们开始有计划地向住居此处的闽南华商传教。早期闽南人接受洗礼皈依天主教时，必须遵守西班牙殖民当局及天主教会的规定，削去长发，如张燮《东西洋考》云："华人既多诣吕宋，往往久住不归，……间有削发长子孙者。"④ 这种削发要求一度导致不少华商因顾虑会因此不能返回

---

① 参见［英］阿·克·穆尔《一五五〇年前的中国基督教史》，郝镇华译，中华书局 1984 年版，第 225 页。

② *The Chinese in the Philippines*, Volume I, Manila、Bombay and New York：Solidaridad Publishing House, 1966, p. 123.

③ 关于日本早期天主教传播状况，见 C. R. Boxer, *The Christian Century in Japan*, *1549 – 1650*, Berkeley：University of California Press；London：Cambridge University Press, 1951。关于长崎闽南商人情况，参见王赓武《没有帝国的商人：侨居海外的闽南人》，《海交史研究》1993 年第 1 期，第 120—123 页。

④ ［明］张燮著，谢方点校：《东西洋考》卷 5《东洋列国考·吕宋》，中华书局 2000 年版，第 89 页。

闽南故里而拒绝受洗，从而成为阻碍马尼拉闽南华商皈依天主教的一个重要因素。尽管如此，仍然有不少闽南人皈依了天主教。如在 1589 年这一年，已经有 120 人接受了洗礼，以致在耶稣升天节时，多明我会士高口母口羡（Juan Cobo）可以组织一次闽南人教徒的宗教游行。① 1588 年 Fray Diego de Salazar 主教也报告该年在巴石河（Pasig）右岸的巴利安（Parian）中居住有大约 150 位华人教徒。② 可见此时在马尼拉的闽南人中皈依天主教的人数有了一定的增加。此后，多明我会为了吸引更多的闽南华商皈依，与西班牙殖民当局配合，采取了各种方法来扩大受洗的人数。如他们在西属菲律宾群岛总督 Santiago de Vera 的支持下，继续在华人聚居的地方建造教堂，并设立了一所服务华人的医院。此外，西班牙殖民者还采取了一系列的经济优惠措施来推动皈依。如 1627 年 7 月 14 日西班牙国王菲利浦二世（Philip Ⅱ）下令华人皈依天主教者不仅从皈依当年起十年之内都不要纳税，而且此后也只需与那些菲律宾土著人一样缴纳相同数量的赋税。在当时，土著人每年只要缴纳 4 个雷阿尔（Real）的年税，而非天主教徒华人却要缴纳 64 个雷阿尔。③ 皈依天主教的闽南人还可获准耕种土地，他们也不会被局限在巴利安居住，而可以居住在城里。如此一来，皈依天主教的闽南人逐渐增多，如 1700 年这一年，马尼拉及侗多、比农多等地的闽南人教徒数量就达到了 637 人。④ 这也标志着一个以马尼拉为中心的菲律宾群岛早期闽南华商天主教群体已经形成。

托钵修会传教士们当然不会只满足于皈依在菲律宾群岛经商的闽南人，他们的一个最终目标是进入闽南本土传教。早在 1575 年，西班牙奥斯定会传教士马丁·德·拉达（Martin de Rada）就从厦门港登陆，经泉州前往福州，请求能够居留福建传教。⑤ 而西班牙多明我会也从 16 世纪末期起，多次派遣传教士，试图沿着闽南华商长年往返的马尼拉—漳泉航线进入闽南，从而实现传教中国的目的。1590 年，多明我会决定派遣本会传教士前往中国试探传教，目的地即是在菲律宾群岛经商的闽南华人的家乡漳泉地区。

---

① *The Chinese in the Philippines*, Volume I, Manila、Bombay and New York：Solidaridad Publishing House, 1966, p. 136.

② Ibid., p. 177.

③ Ibid., pp. 60–61.

④ Ibid., p. 191.

⑤ 关于拉达出使福建，参见［英］C. R. 博克舍编注《十六世纪中国南部行纪》，何高济译，中华书局 2002 年版，第 171—183 页。

恰好其时在马尼拉有两位闽南华商教徒，名叫方济各（Don Francisco Zanco）和多默（Don Tomas Syguan），他们分别是马尼拉华商首领和船主。此二人因为受洗时间较早而没有削发。当他们得知多明我会欲派遣传教士入华后，就告诉传教士高口母口羡愿意带领传教士到闽南。而作为回报，他们得到西班牙人的允准，在接下来的六年之内每年都可免税带一船货物前来交易。① 1590 年 5 月 22 日，两位多明我会士胡安·德·卡斯特罗（Juan de Castro）、弥额尔·德·贝纳维德士（Miguel de Benavides）在上述两位闽南教徒的陪同下乘船驶往闽南。然而，当他们抵达漳州海岸，就被驻扎在当地的一处卫所士兵抓获，先被关押在海澄县的一座"娘妈宫"（Neoma）②，然后又被带往海澄县衙审问，最后他们被当作间谍而遭监禁，直到 1591 年 3 月底才获释返回马尼拉，而两位闽南商人教徒也被判充军。③ 此次传教尝试失利后，马尼拉多明我会并没有放弃利用闽南华商网络进入漳泉地区传教的企图。1593 年，西属菲律宾群岛发生了华人潘和五等人杀死菲总督戈麦斯·佩雷斯·达斯马纳士（Gomez Perez Dasmariñas）的事件，其子路易斯·佩雷斯·达斯马纳士（Luis Perez Dasmariñas）继任后，于是年底派遣其表兄唐·费尔南多·德·卡斯特罗（Don Fernando de Castro）携带致明政府信件前往交涉。在路易斯·佩雷斯·达斯马纳士（Luis Perez Dasmariñas）的请求下，当时菲律宾群岛的多明我会圣玫瑰省省会长阿隆索·希门内兹（Alonso Jimenez）命令时任马尼拉修院院长的多明我会传教士路易斯·卡斯特罗（Luis Gandullo）与胡安·卡斯特罗（Juan Castro）陪同唐·费尔南多·德·卡斯特罗（Don Fernando de Castro）前往福建，以寻机获得传教准许。路易斯·甘杜佑（Luis Gandullo）与胡安·卡斯特罗（Juan Castro）等人因途中遭遇风暴，在经历一番周折后，才抵达福建泉州，

---

① *The Chinese in the Philippines*，Volume I，Manila、Bombay and New York：Solidaridad Publishing House，1966，p. 131.

② 乾隆《海澄县志》卷 7《兵防·城守分汛》载云："娘妈宫，目兵三十名"，由此或可推知此次多明我会士登陆地点即在此娘妈宫附近。

③ Diego de Aduarte，*Historia de la provincia del Santo Rosario de la Orden de Predicadores en Filipinas*，*Japon y China*，Tomo I，pp，188 – 190；José María González，*Historia de Las Misiones Dominicanas de China*，Madrid，1962，Tomo I，pp. 37 – 39. José María González 此书共五卷，出版地相同，但出版年代不一。其中，第 2 卷出版于 1964 年，第 3 卷出版于 1959 年，第 4 卷出版于 1952 年。下引同名书仅注卷数及出版年代。

最终还是无功而返。[①] 1603 年，西班牙殖民者在马尼拉屠杀了大批华人。因为担心此次屠杀事件影响闽南华商与菲岛之间的贸易往来，就派遣多明我会士路易斯·甘杜佑（Luis Gandullo）作为使节，在船长马库斯（Marcos de la Cueva）的陪同下，于 1604 年前往泉州，向明福建当局解释此事，同时也欲寻机留在当地传教。尽管路易斯·甘杜佑（Luis Gandullo）等人从泉州有司处获得继续通商的许诺，但却未能获准留在当地传教，他只得返回马尼拉。[②] 虽然多明我会历经多次尝试仍未能居留闽南地方传教，但却至少为此后的传教工作奠定了基础。尤其是 1626 年西班牙人侵入台湾后，更加拉近了与闽南地区的距离，为西班牙多明我会跨越台湾海峡进入闽南地区提供了便捷的交通条件。

　　尽管托钵修会很早就希望利用闽南人的海外商业网络进入闽南地区传教，但是明末首位进入闽南正式开展传教活动的天主教传教士却是耶稣会士罗儒望（João da Rocha），他于 1616 年由南京经南昌辗转前来漳州，在此建立若干传教点。[③] 1624 年年底意大利籍耶稣会士艾儒略（Giulio Aleni）来闽传教后，更是极大地推动了天主教在闽南地区的传播。艾儒略，字思及，是明清之际来华的著名耶稣会士。他在闽活动近 25 年，八闽各地，周游殆遍，其中，闽南是艾氏传教的重点地区。如泉州及其所属各县，经由艾儒略施洗入教的人数很多，"儒略跋涉山川赴永春及其附近传教，所至之处皆留有热心传教痕迹。每年新入教者八九百人"[④]。除泉州城外，永春、德化、安海、惠安都是天主教活动比较活跃的地方。尤其是晋江、永春和德化三地，艾儒略曾经数次出入、居留在这些地方传教。明末以艾儒略为首的耶稣会士曾经在福建掀起一场广建教堂的行动，"无智愚贵贱，皆捐资建堂为昭事地，自七郡而邑而乡，凡建堂二十余所"[⑤]。其中泉州府在 1638

---

①　Diego de Aduarte，上引书，第 1 卷，第 312—313 页。José María González，上引书第 1 卷，第 40 页，注释（22）。

②　José María González，上引书，第 1 卷，第 40—41 页。

③　参见［法］费赖之《在华耶稣会士列传及书目》，上册，冯承钧译，中华书局 1995 年版，第 72 页。

④　同上书，第 135 页。

⑤　李嗣玄：《西海艾先生行略》，载钟鸣旦、杜鼎克编《耶稣会罗马档案馆明清天主教文献》，第 12 册，台北利氏学社 2002 年版，第 252 页。

年福建教案发生时就已经建有十三所教堂。[①] 比较著名的教堂有泉州景教堂、天学堂、永春桃源堂等。由此可见,泉州府已是明代中国一个相当重要的天主教中心。同样,漳州府也是明末天主教活动兴盛的地方。艾儒略入闽后曾在 1633 年、1635 年、1637 年三进漳州地方传教,成效甚大。如 1633 年艾儒略首次入漳,即"归人如市,又欲买地构堂"[②],不仅"钝汉逐队皈依",更有"聪明者素称人杰,乃深惑其说,坚为护卫,煽动风土"[③]。1638 年耶稣会在当地已建有一座教堂"景教堂"。可以推知,明末耶稣会在漳州地方皈依的教徒不在少数,以致引起颜茂猷等漳州反教士人"目击心怖",产生极大恐慌。[④] 尤为重要的是,在艾儒略比附儒家学说传教策略影响下,当时闽南地区许多儒学士人皈依了天主教,如表 10 - 1 所示。

表 10 - 1　　　　　　　明末闽南地区儒士天主教徒一览

姓名	籍贯	身份
张赓	晋江	举人、教谕
张识	晋江	
谢受谦	晋江	
谢懋明	晋江	庠士
郑东里	晋江	文学
丁志麟	晋江	
颜维圣	晋江	
苏负英	泉州	诗人
粘懋科	泉州	医生
郭焜	泉州	贡生
张玛谷	晋江	
张默觉	晋江	
陈养初	晋江	
洪启朱	泉州	
张奇勋	泉州	
性福禄	晋江	

---

①　参见［法］费赖之《在华耶稣会士列传及书目》,上册,冯承钧译,中华书局 1995 年版,第 136 页。

②　颜茂猷:《〈圣朝破邪集〉序》,载(明)徐昌治辑《圣朝破邪集》卷 3,日本安政乙卯冬翻刻本。

③　黄贞:《请颜壮其先生辟天主教书》,载《圣朝破邪集》卷 3。

④　参见颜茂猷《〈圣朝破邪集〉序》,载《圣朝破邪集》卷 3。

续表

姓名	籍贯	身份
诸葛羲	泉州	进士、户部员外郎
林启甫	惠安	
陈三南	惠安	
郭春	惠安	
麦肇美	惠安	
严赞化	漳州	贡生
严谟	漳州	
严刚克	漳州	
林有杞	漳州	
吴任恒	漳州	
徐羽伯	漳州	
孙儒理	漳州	
朱时亨	漳州	

资料来源：林金水：《艾儒略与福建士大夫交游表》，载《中外关系史论丛》第 5 辑，书目文献出版社 1996 年版，第 184—202 页。

　　以上儒士教徒大多是艾儒略在闽南传教时受洗入教的。他们中既有出入官场的仕宦人物，也有饱读诗书的生员举子，作为艾儒略的得力助手，这些闽南儒士教徒在推动天主教在闽南地区的传播方面发挥了重要的作用。除艾儒略外，明末清初在闽南传教的耶稣会士还有聂伯多（Pierre Canevari）。聂伯多，字石宗，意大利热那亚人，他于 1630 年来华，1635 年被委派到福建协助艾儒略传教，主要负责闽南地区教务。聂伯多曾经长期在泉州地方传教，当时闽南郑氏家族蓄有一队黑人士兵，他们大多是在澳门等地受洗的天主教徒，聂伯多也为这些黑人士兵提供宗教服务。1652 年间，因为清军与郑氏军队久战不利，采取了野蛮的迁界政策，闽南漳、泉府县沿海乡村市镇尽被夷为平地，沿海居民流离失所，"因是教区全毁，教民尽他适"①，聂伯多离开闽南，前往江西南昌。康熙后期，耶稣会士利国安（Jean Laureati）也曾经到厦门地方传

――――――――
　　① ［法］费赖之：《在华耶稣会士列传及书目》，上册，冯承钧译，中华书局 1995 年版，第207 页。

教。利国安,字若望,生于意大利马切拉塔。他于 1697 年来华,曾在陕西、广东一带传教。1716 年间被委派管理福建教务,其间曾经住在厦门岛,向当地居民传教。① 除此之外,清代前期还有一些耶稣会士利用进出闽南的各种时机开展传教活动。如据蓝鼎元记载,1696 年至 1709 年间长期担任漳浦县令的清儒陈汝咸,曾经在任内禁止天主教传教士进入漳浦地方传教:

> ……西洋天主教流毒至浦,将开堂以惑四方之士,先生峻拒之,无敢容纳。有西洋人奉钦差道经浦邑,以好言浼先生,继以威挟,先生弗顾。属诸上官为先生言,先生仍弗顾也。②

上引文中所提奉钦差道经漳浦的西洋人,显然指的是康熙四十五年(1706)间先后奉康熙帝命令,就中国礼仪问题出使罗马教廷,向教宗做证的耶稣会士龙安国、薄贤士。他们于 1706 年 10 月 17 日离开北京③,在前往广州搭船期间,道经漳浦。由于陈汝咸不允许天主教在当地传播,他们就利用钦差的身份干预此事,希望陈汝咸可以给予传教士传教便利。耶稣会士薄贤士 1704 年间曾经在福州地区传教④,自然与省府官员颇有交往。他让省府"诸上官"出面说情,但仍然遭到陈汝咸的拒绝。同样,康熙五十三年(1714),雷孝思、德玛诺、冯秉正三位耶稣会士奉康熙命令进入闽台两地测绘舆图。他们也利用在闽南地方进行地图测绘工作的时机,开展了一些传教活动。

自 1724 年以后,随着清廷重新确定了禁教政策,耶稣会逐渐退出了福建地区。而承担起闽南地区传教工作的基本上是多明我会,在相当长一段时间里,该修会一直负责闽南地区天主教事务。

如前所述,早在 1616 年首位耶稣会士罗儒望进入闽南之前,多明我

---

① 参见〔法〕费赖之《在华耶稣会士列传及书目》,上册,冯承钧译,中华书局 1995 年版,第 497 页。

② 蓝鼎元:《鹿洲全集》,上册,蒋炳钊、王钿点校,厦门大学出版社 1995 年版,第 128 页。

③ 参见〔法〕费赖之《在华耶稣会士列传及书目》,上册,冯承钧译,中华书局 1995 年版,第 67 页。

④ 参见〔法〕费赖之《在华耶稣会士列传及书目》,下册,冯承钧译,中华书局 1995 年版,第 639 页。

会士已经试图通过马尼拉—漳泉商贸航线进入闽南地区传教。尽管遭遇多次失利，但该会传教士并没有气馁。1632 年，多明我会传教士高琦成功进入闽东，开辟了该会在中国大陆的第一个传教区。此后，闽南也逐渐成为多明我会在华的一个传教据点及进入中国东南其他地区的重要中转站。1649 年夏天，多明我会传教士黎玉范（Juan Bautista de Morales）带领一批多明我会士与方济各会士由马尼拉搭乘郑氏家族商船抵达安海。由于清军与南明军队正在闽东地区交战，局势险恶，这些本来计划由此转赴闽东教区的传教士们被迫逗留安海。此时期的郑氏家族势力因急于与西属马尼拉建立稳固的商贸往来，就给予这些来自马尼拉的传教士们不少传教便利，使得他们得以在安海短暂传教。而郑氏家族中也有一些成员皈依了天主教，并建有一座家族教堂。尽管其后不久多明我会士黎玉范等人就相继离开安海前往闽东，但此次停留无疑为多明我会在闽南地区开展传教活动创造了有利条件。从 1655 年起，多明我会开始正式在闽南地区设立比较稳定的传教区。这一年夏天，为了加强福建传教区的力量，马尼拉多明我会圣玫瑰省决定继续派遣本会传教士入闽。在罗文藻的带领下，利胜（Victorio Riccio）、赖蒙笃（Raimundo del Valle）、郭多明（Domingo Coronado）、丁迪我（Diego Rodriguez de Villalobos）等数位多明我会传教士乘船从马尼拉抵达厦门。利胜此前曾经身染重病，在经历一番航行风浪后，抵达厦门时病患加重，几涉于死，但不久就奇迹般地痊愈了。此后，利胜受命留在闽南地区，一方面负责为那些从马尼拉返回的闽南华商教徒提供宗教服务，向当地居民传教；另一方面承担马尼拉和多明我会在华传教区之间的人员、书信、补给往来等一系列中转任务。[①] 利胜在闽南传教期间与当时占据闽南地区的郑氏家族势力建立起了良好的关系。郑成功允许利胜等多明我会传教士在当地自由传教，郑氏军队中也有不少将士信奉天主教，例如，据多明我会的史料记载，在郑军中就有一位统领七千士兵的周姓高级将领是天主教徒。利胜在厦门地方建起了一所教堂，并在同会阮神父（Jaime Verge）的协助下积极开展传教活动，皈依了不少教徒。此外，他还曾经多次担任郑氏家族派往马尼拉西班牙殖民当局的使节，为协商郑氏家族与西班牙殖民当局之间的各类事务往来奔走。在利胜等人的努力下，清初闽南地区多明我会传教区一度呈现出较为兴盛的状态。但 1660

---

① José María González，上引书，第 1 卷，第 303—304 页。

年至 1663 年间，由于清军与郑氏军队在厦漳地区频繁交战，当地天主教会遭受到重大损失。身处险境的利胜与阮神父依靠降清的郑泰弟弟郑鸣骏的帮助才死里逃生，并在 1664 年 1 月跟随郑鸣骏来到泉州。当他们抵达泉州后，这两位多明我会士开始重振当地天主教会。当时在泉州担任府学训导一职的是福清人林一儁，这位明末就已由耶稣会士艾儒略施洗的教徒官员给予利胜许多帮助。不久，利胜就在泉州城南街大门铺地方建起了一座天主教堂，并将明末泉州武荣狮山所出土的一块古十字架碑重新迎入新堂。为纪念此事，利胜曾经专门将这块古十字碑描绘成图，在上面刻上拉丁、汉文两种文字，广为印刷①：

> 显迹圣号：此十字圣号石碑，不知镌自何代，埋在泉州城外十里许武荣狮山中，时发异光。崇祯己巳年（1629）掘之获此。艾先生初因张公赓等言，携入北门外崇福岭天主堂中。今重立新堂于大门铺，迎而志之。时康熙叁年甲辰拾壹月初拾日，泰西传教士利胜志。②

有意思的是，从上述刻版中落款"康熙叁年甲辰拾壹月初拾日"可知，此前曾经长期在奉南明为正朔的郑军中生活的利胜，此时已经改用清朝纪年了。不久，由于杨光先掀起历狱案，清政府开始驱逐各地传教士，利胜不得不辗转潜藏到福州，并于 1666 年 1 月 10 日乘坐荷兰人的船只离开福州前往台湾基隆，其后又辗转回到马尼拉。直到 1685 年 2 月逝世于马尼拉，这位与清初闽南历史有着深刻渊源的多明我会传教士再也没有能够返回他所热爱的闽南教会。③

继利胜之后，清初又有不少多明我会传教士陆续进入闽南地区传教。多明我会士、福安人罗文藻在康熙初年曾经负责闽南地区的传教事务，他在利胜离开泉州后，承担起照管泉州新教堂的工作。此外，他也曾经在 1680 年初到漳州地方传教，并购屋建堂。当罗文藻在漳州时，他还介入

---

① Victorio Riccio, *Hechos de la Orden de predicadores en el Imperio de China*, Manila, 1667, 第 1 册，第 3 章，第 4 段。

② 《熙朝崇正集·熙朝定案（外三种）》，韩琦、吴旻校注，中华书局 2006 年版，第 436—437 页。

③ José María González, 上引书，第 1 卷，第 622 页。

了中国礼仪之争，并于 1681 年 12 月 12 日撰写了一篇讨论礼仪问题的文章。① 1669 年康熙为历狱案平反，传教士又开始陆续到各地传教。在此背景下，多明我会士欧加略（Arcadio del Rosario）被派遣到闽南传教，他于 1676 年在漳州城开设了两所教堂，一所在城内，一所在城外。但 1677 年清军与郑经在闽南交战，城内教堂被清军占据，而城外教堂则毁于战火。② 1681 年，欧加略还在漳州与闽南著名教徒严赞化就中国礼仪问题进行过一番深入的对话。③ 1683 年，他还受命到泉州建堂传教。④ 除了欧加略、罗文藻外，马熹诺（Ma gino Ventallol）也是清初长期在闽南传教的著名多明我会士。马氏 1647 年出生于西班牙巴塞罗那，1679 年抵达马尼拉，1681 年来华，此后一直在华南传教，直到 1732 年去世，总共在华超过 50 年，是清初在中国传教时间最久的外国传教士之一。马熹诺在华大部分时间都在闽南地方传教，他曾经在漳州城和后坂村各修建了一座教堂，不少当地居民皈依。1684 年 1 月，当巴黎外方传教会的陆方济主教（Francisco Pallu）由台湾乘船进入福建时，马熹诺曾经专门从漳州前往厦门港迎接，并于当月 27 日陪伴陆方济抵达漳州传教区。陆方济在漳州停留了四个月左右，为当地教徒施行了坚振礼。此后在欧加略的陪伴下离开漳州，前往泉州，并经莆田到福州。⑤ 陆方济死后，颜珰主教（Charles Maigrot）1693 年在福建长乐发布训令，严格禁止教徒遵行中国礼仪，马熹诺在漳州积极响应颜珰的训令，禁止严谟等漳州地方天主教团体中赞同耶稣会做法的教徒们领受告解圣事，促使严谟撰写了《草稿》一文，反对多明我会士的做法。⑥ 当康熙末年因为礼仪争端而驱逐传教士时，马熹诺因为年老而得以留在漳州。1718 年，他被委任为多明我会在华传教区主教，并在后坂严氏家族的保护下长期住在漳州后坂村，将之作为清初重要的一个传教据点。1727 年，由于年老体弱，马熹诺离开闽南前往广州，住在当地一所属于传信部传教士的住院里，1732 年 1 月 3 日

① José María González，上引书，第 1 卷，第 645 页。

② José María González，上引书，第 1 卷，第 490—491、630 页。

③ 参见钟鸣旦《可亲的天主：清初基督徒论"帝"谈"天"》，何丽霞译，台北光启出版社 1998 年版，第 5 页。

④ José María González，上引书，第 1 卷，第 498—499 页。

⑤ José María González，上引书，第 1 卷，第 565、582 页。

⑥ 参见钟鸣旦《可亲的天主：清初基督徒论"帝"谈"天"》，何丽霞译，台北光启出版社 1998 年版，第 9 页。

辞世。①

1724 年 1 月，清政府正式禁止天主教在华传播，从此进入所谓的百年禁教时期。但此时期仍有不少多明我会传教士进入闽南地区传教。例如，1727 年，马尼拉多明我会应在福建福安传教的罗巴拉斯（Blas de Si-erra）的请求，派遣三位多明我会士德方济（Francisco Serrano）、谢玛禄（Manuel Tenorio）、胡玛窦（Mateo Villafa ña）入华。其中，胡玛窦就被委派到漳州，负责照管闽南地区的天主教会。他曾于 1733 年间到厦门传教。② 1728—1729 年间，多明我会士白多禄（Pedro Sanz）也在漳州及其附近的石码、岭东等村落秘密传教，由于清政府严厉查禁民间传习天主教活动，他被迫于 1730 年离开漳州，前往广州。③ 白多禄在乾隆十一年福安教案中被捕，后被清廷下令斩杀于福州。1733 年 8 月底，多明我会士赖若翰（Juan de la Cruz y Moya）④ 带领同会传教士万济公（Francisco Sáenz）从马尼拉乘船抵达厦门港，随后进入漳州后坂传教。此前赖若翰已经在漳州传教一段时间，当地教徒达到 700 余人。但赖若翰等人抵达后坂不久就被一位背教的当地信徒举报，漳州地方官府派兵将赖若翰与万济公两人抓获，同时被捕的还有后坂村武生信徒严登一家。赖若翰在 1734 年初被清廷下令从厦门搭船返回马尼拉，而万济公则由官府押送澳门。⑤ 1775 年以后，漳州籍多明我会士韩本笃（Benito Hang）也长期在闽南地区传教，他于 1794 年死于漳州。⑥

尽管天主教遭到清政府的严厉禁止，不能公开传播，但是在禁教时期，闽南地区的天主教信仰活动仍然持续不断，教徒的人数也在不断增加。例如，从 1741 年的一份统计数据中我们可以了解到当时闽南地区的一些天主教信仰情况（见表 10 - 2）。

---

① José María González，上引书，第 2 卷，第 227 页。
② José María González，上引书，第 2 卷，第 186—187 页。
③ José María González，上引书，第 2 卷，第 208—209 页。
④ 在中文档案中又记作"圣哥"。
⑤ José María González，上引书，第 2 卷，第 248 页。
⑥ José María González，上引书，第 2 卷，第 588 页。

表 10 - 2　　　　　1741 年多明我会在闽南地区传教情况一览①

地点	教堂	教徒人数
漳州城	1	108
后坂	1	160
岭东	1	112
石码	1	70
泉州城	1	50
合计	5	500

从表中可见，在清政府颁布禁教令十余年时间后，闽南地区天主教徒人数仍然达到 500 人，这些教徒主要集中在漳州城、后坂、岭东、石码、泉州城等 5 个地方。而在 1795 年的一份统计数据中，闽南地区的天主教徒人数已经达到 1514 人。② 由此可知，清代前期天主教在闽南地区的传播取得了一定的进展。

值得一提的是，清代前期出现了第一批的闽南天主教神职人员。为了推动天主教本土化，当时在闽南地区传教的多明我会注意培养本地传教士，他们挑选了一部分闽南青年到国外神学院校留学。这些早期闽南籍天主教传教士基本上来自漳州后坂严氏家族与岭东蔡氏家族。例如，后坂严氏家族著名的教徒严登的儿子严伯多禄（Pedro Nien）就在 1737 年被送到马尼拉多明我会的圣若翰修院（El Colegio de San Juan de Letrán）学习，1753 年返回福建，此后大部分时间都在闽东传教，1797 年去世。同样来自后坂严家的另一位青年严保禄（Pablo Nien，1729—1797），13 岁时被送入设于暹罗的圣若瑟修院（El Seminario de San José de Siam），此后又到巴黎继续学习拉丁文与哲学。1763 年回国后被委派到闽东多明我会传教区传教，直到 1797 年去世。③ 除此之外，不少闽南籍的教会家庭子弟还被送到由清初来华传教士马国贤（Matteo Ripa）在意大利故乡那不勒斯创办的著名的圣家书院（La Sainte-Famille，又称中国书院）留学。根据该书院的入学记录可知，在 1795 年以前，至少有五位漳州籍的教会青年就读于该校，如表 10 – 3 所示。

表 10 – 3   1739—1795 年间意大利圣家书院的闽南籍神学生①

汉名	西名	籍贯	生年	入学年	晋铎年	回国年	卒年	卒地
蔡文安	Paulus Z'ai	福建龙溪	1720 年	1739 年	1747 年	1751 年	1782 年	广东
严雅谷	Jacobus Jen	福建漳州	1736 年	1756 年			1762 年	意大利那不勒斯
蔡若祥	Petrus Z'ai	福建龙溪	1739 年	1761 年	1767 年	1767 年	1806 年	广州
严宽仁	Vincentius Jen	福建漳州	1757 年	1777 年	1784 年	1792 年	1794 年	湖北天门七星坅
严甘霖	Dominicus Jen	福建漳州	1774 年	1795 年	1806 年	1823 年	1832 年	湖北省城外洪山

这些留学意大利圣家书院的闽南籍传教士回国后都成为传教骨干，像蔡若祥（又名蔡如祥、蔡鸣皋、蔡伯多禄）在乾隆后期成为中国天主教传教区的重要人物。乾隆皇帝曾多次严令各地督抚大员抓捕他，但都未果。在禁教时期蔡若祥辗转潜藏到印度、马来西亚及印度尼西亚等地，并于1788 年前后秘密返回中国，在陕西、湖广一带传教。1806 年死于广州。②

（三）晚清至民国的发展

鸦片战争以后，清政府逐渐开放禁教。在列强的武力胁迫下，基督宗教获得了前所未有的传教便利。特别是道光二十四年（1844），法使剌蓴尼（Théodose-Marie de Lagrené）与清两广总督兼钦差大臣耆英签订了中法《黄埔条约》，其第二十二款中对于天主教在华传教做出了如下规定："凡佛兰西人按照第二款至五口地方居住。无论人数多寡，听其租赁房屋及行栈贮货，或租地自行建屋建行。佛兰西人亦一体可以建造礼拜堂、医

---

① 本表资料系引自 Karl Josef Rivinius, *Das Collegium Sinicum zu Neapel und seine Umwandlung in ein Orientalisches Institut*, Sankt Augustin: Institut Monumenta Serica, 2004, pp. 150 – 152. 表中关于蔡若祥的卒年及卒地系根据下引注释中友人梅欧金教授（Eugenio Menegon）的最新研究成果填补。

② 关于蔡若祥的生平，请参见 J. De. Moidrey S. J., *Confesseurs de la Foien Chine, 1784 – 1862*, Shanghai: Zi-Ka-Wei Press, 1935, p. 34. Eugenio Menegon, *Asian Native Voices in Southern European Archives: The Case of Pietro Zai（Cai Ruoxiang, 1739 – 1806）, Pupil of the Chinese College of Naples*, Paper present for the meeting "Documentation on Asia in Southern European Archives", Barcelona, September 14 – 15, 2006。感谢梅欧金教授惠赠此文。

人院、周济院、学房、坟地各项。地方官会同领事官酌议定佛兰西人宜居住宜建造之地。……倘有中国人将佛兰西礼拜堂、坟地触犯毁坏，地方官照例严拘重惩。"① 咸丰十年（1860），在英法联军的武力逼迫下，清政府又被迫与法国签订了中法《北京条约》，法国天主教传教士私自在该条约第六款有关传教规定中添加了"并任法国传教士在各省租买田地，建造自便"的字句，从而为天主教会由五口扩展到内地提供了条约保护。随着《黄埔条约》和《北京条约》的陆续签订，西方传教士逐渐获得在华自由传教的权利，基督宗教在闽南地区的传播也随之进入一个新的阶段。

自 1844 年以后，伴随着清廷解除此前的禁教谕令，闽南地区的天主教会逐渐发展。当 1842 年英军侵占厦门鼓浪屿时，马尼拉多明我会就派遣传教士林方济（Francisco Zea）于当年来到鼓浪屿传教。1844 年时，林方济离开鼓浪屿前往漳州后坂，其在鼓浪屿地方的传教工作由抵达此处不久的蒋玛禄（Manuel Rosada）等人接管。② 在此后的一百多年时间里，数十位西班牙多明我会传教士曾经陆续进入闽南地区传教，表 10 - 4 中所列是 1842—1949 年间来闽南传教的部分多明我会传教士名单。

表 10 - 4　　　　近代在闽南传教的部分西班牙多明我会士③

西名	汉名	来闽年代	卒年	卒地
Francisco Zea	林方济	1842 年	1875 年	漳州港尾
Justo Aguilar		1843 年	1874 年	
Manuel Rosada	蒋玛禄	1844 年	1876 年	漳州
Angel Bofurull	洪保律	1851 年	1856 年	厦门
José Dútras	罗若瑟	1859 年	1887 年	后坂
Nicolás Guixá	梁神父	1858 年	1890 年	厦门
Andrés Chinchón	杨真崇	1884 年	1892 年	厦门
Ramón Colomer	黎亚尔	1875 年	1906 年	厦门
Ignacio Ibáñez	冯主教	1872 年	1893 年	厦门
Ramon Maria Alier	刘神父	1872 年	1898 年	漳州港尾

① 王铁崖：《中外旧约章汇编》，第 1 册，生活·读书·新知三联书店 1957 年版，第 62 页，
② José María González，上引书，第 3 卷，第 115 页。
③ 表中资料引自 José María González，上引书，第 4 卷，第 443—446 页。

续表

西名	汉名	来闽年代	卒年	卒地
Alejandro Cañal	张神父	1876 年	1898 年	厦门
Esteban Sánchez de las Heras	周主教	1878 年	1896 年	厦门
Mariano Jimeno		1878 年	1898 年	后坂
Celedonio Esteban Arranz	胡神父		1922 年	厦门
Isidoro Clemente	黎城辉	1900 年	1915 年	厦门
Juan Giralt	顾心明	1885 年	1925 年	后坂
José Ramos	安若瑟	1887 年	1925 年	厦门
Pedro Aguirre		1890 年	1904 年	厦门
Jose Vicente Blasco		1895 年	1920 年	厦门
Serafín Moya	任道远	1897 年	1944 年	泉州
Manuel Part	马守仁	1916 年	1947 年	厦门鼓浪屿
Eduardo Martínez		1902 年	1945 年	厦门
Melecio Rodríguez	芦沛扬	1940 年		
Juan Bautista Velasco	茅中砥	1936 年		

由于传教人数增多，天主教闽南地区教务逐渐兴盛。1860 年，经过八年的准备后，多明我会终于在厦门修建起了一座天主堂。而在此之前，传教士洪保律（Angel Bofurull）已于 1855 年在港尾地方建起了一座教堂。① 尽管 1864 年 10 月太平军李世贤部攻陷漳州后，漳州地方的天主教会受到严重的冲击，教徒逃亡，教堂被毁②，但在 1865 年战事平息后，闽南教会又得到恢复。如 1865 年传教士罗若瑟（José Dútras）重修了被毁的后坂天主堂。1866 年传教士梁神父（Nicolás Guixá）在港尾修建了一处神父楼。1869 年他到同安地方传教，许多当地居民皈依。③ 1867 年时，多明我会在漳州传教区已有 300 户左右的教徒，教堂两座，一座建在厦门，由林方济担任本堂神父。另一座建在港尾，由梁神父负责。④ 传教士在闽南各地传教，接受洗礼的人数日渐增多。如 1873 年，多明我会士梁

---

① José María González，上引书，第 3 卷，第 142 页。
② 同上书，第 171—175 页。
③ 同上书，第 183—184 页。
④ 同上书，第 192 页。

神父在龙海颜厝乡港口一带一天时间内就为超过 39 个成年人施洗。1874
年该地又有超过 40 位成年人和许多幼孩接受洗礼。1876 年，多明我会在
白水建起了传教点。同年，在大林地方皈依了 8 户家庭，一共 35 个成
员。① 1875 年漳州传教区教徒人数达到 2185 人，而到了 1880 年，当地教
徒的人数则上升到 2652 人。这一年，多明我会在闽南已经建有五座教堂
及数处讲经所、三处育婴堂，分别由五位多明我会传教士驻扎照管。② 由
于教务增长，1883 年闽南传教区从福州教区分出来，单独成立了厦门代
牧区，辖地包括厦门、泉州及漳州等府县。台湾也被划归厦门代牧区，直
到 1913 年才成立单独的代牧区。③ 从 1886 年到 1896 年间，厦门代牧区的
教徒数量仍保持着比较稳定的增长态势，如表 10 - 5 所示。

表 10 - 5　　　　　1886—1896 年间厦门代牧区天主教徒人数④

年代	教徒人数
1886 年	2916
1887 年	2692
1888 年	2791
1889 年	2679
1890 年	2623
1892 年	2840
1893 年	3700
1894 年	3158
1895 年	3020
1896 年	3045

注：原文中无 1891 年统计数据。

　　1900 年的义和团运动对闽南天主教会带来了一定的影响，像惠安、
漳州等地都发生了不同规模的民众冲击天主教会的事件⑤，但这些事件很

① José María González，上引书，第 3 卷，第 219—220 页。
② 同上书，第 223 页。
③ 同上书，第 230—232 页。
④ 同上书，第 278、343 页。
⑤ 同上书，第 309—312 页。

快平息,各地传教活动持续发展。从 1901 年到 1949 年新中国成立前夕,闽南天主教会发展比较迅速,不仅新的传教点不断开辟,而且教徒的人数也不断上升,兹根据多明我会的统计资料,摘取这一时期比较有代表性的年代的教徒人数列成表 10-6。

表 10-6　　　　　　　1901—1949 年间闽南地区天主教徒人数①

年代	教徒人数
1901 年	3308
1902 年	3537
1904 年	3856
1906 年	4225
1907 年	4441
1909 年	4448
1919—1920 年	13000
1922 年	12294
1930 年	13303
1933—1934 年	14191
1949 年	16588

从表 10-6 可见,进入 20 世纪以后,天主教在闽南地区传播很快。1901 年时,教徒人数只有 3308 人,但经过近半个世纪的努力,1949 年时教徒人数已经上升到前所未有的 16588 人。此外,到 1949 年时,天主教在闽南已建起了 28 所教堂,89 处讲经堂,超过 45 所的各级学校,1 所医院,2 个诊所,3 所育婴堂。② 毫无疑问,天主教会已经成为闽南地区一个相当重要的宗教组织。

除天主教外,鸦片战争后基督新教也开始进入闽南地区传教。在基督新教入华历史上,闽南地区同样占有极为重要的地位。早在鸦片战争硝烟刚刚散尽,新教传教士就登陆厦门。1842 年 2 月 24 日,美国归正教(Board of Foreign Missions of the Reformed Church in America) 牧师雅裨理

---

① 表中资料系引自 José María González,上引书,第 4 卷,第 54、100、209、210、300、350 页。

② José María González,上引书,第 4 卷,第 350—351 页。

（David Abeel）到达英军占据的厦门鼓浪屿，与他同时抵达的还有美国圣公会传教士文惠廉（W. J. Boone）夫妇。但文惠廉很快因为夫人染病身亡而离开厦门。1842 年 6 月，美国独立医务传教士甘明（W. H. Cumming）也来到厦门鼓浪屿，与雅裨理一起暂住鼓浪屿，展开传教工作。1844 年，雅裨理和甘明开始迁居到厦门本岛，他们先在寮仔后靠近一座妈祖庙的地方租了两栋民屋居住，随后又迁居太史巷，一边行医，一边传教。[1] 应雅裨理的请求，随后美国归正教会相继派遣该会传教士波罗满（W. J. Pohlman）、罗啻（Elihu Doty）于 1844 年 6 月由南洋婆罗洲抵达厦门。1846 年 4 月 5 日，就在雅裨理因病返美一年余时间，波罗满为当地两位老人王福桂和刘殷舍施行了洗礼，此二人成为厦门当地第一批新教徒。次年，王福桂将新街仔的一小块地及几间房屋卖给归正教会。1848 年，波罗满利用从美国募得的三千美元，在新街仔建起了厦门的第一座基督新教教堂，"是为全国首建之第一会堂"。同年秋，波罗满陪伴其妹由厦门前往香港就医，顺道为新建成的新街教堂购买灯饰，但却在次年返航途中遭遇飓风，溺水而逝。波罗满死后，负责早期美国归正教会在厦门传教事务的主要有罗啻、打马字（J. V. N. Talmage）等人。罗啻在厦门传教达二十余年，尽管期间因为家属患病逝世而几度返回美国，但他大部分时间都在厦门地方传教，为归正教会在早期闽南地区的传播做出了重要的贡献。同样，打马字也是美国归正教在近代闽南传播史上的一位重要人物。他于 1847 年被委派到厦门传教，此后四十五年间基本上都在闽南地区传教，"于厦门初期教会，建树良多"[2]。

继美国归正教之后，美国长老会（American Presbyterian Mission）、英国伦敦会（London Missionary Society）与英国长老会（English Presbyterian Mission）也相继派遣本会传教士进入厦门传教。如 1842 年 6 月，美国长老会传教士 T. L. Mcbride 夫妇抵达厦门，1843 年至 1845 年间，该会相继又有合文（J. C. Hepburn）、娄理华（W. M. Lowrie）、卢一（John Lloyd）、H. A. Brown 等传教士来厦传教。但美国长老会在 1848 年以后就撤离了厦门，前往中国其他地区传教，因此该会在近代闽南地区影响不大。英国伦

---

① Philip Wilson Pitcher, *In and About Amoy*, Shanghai and Foochow: The Methodist Publishing House in China, 1912, p. 231.

② 吴炳耀：《百年来的闽南基督教会》，载《厦门文史资料》第 13 辑，1988 年，第 79 页。

敦会是近代闽南地区除美国归正教会之外又一个具有重要影响的新教差会。1844 年秋，该会传教士施敦力（John Stronach）夫妇抵达鼓浪屿，未几迁居厦门寮仔后龙女妈渡头，由此揭开了英国伦敦会在近代闽南长达百年传教历史的序幕。① 施敦力是苏格兰人，抵厦门之前曾经在新加坡传教七年，并向当地华侨学会了厦门方言，由此在抵厦之初就可以用厦门话向当地人传教。1846 年，该会又派遣养为霖（William Young）夫妇携带施敦力的胞妹来到厦门。此后，施敦力的胞兄施阿惒（Alexander Stronach）也在当年由南洋携带家眷抵达厦门，寓居寮仔后潮源宫前。从 1848 年到 1850 年，伦敦会又相继派遣了海雅各（James Hyslop）医生、夏密（Harvitt）女士、纪牧师（T. Gilfillan）等人来厦门。② 伦敦会在近代闽南的传教工作离不开施氏兄妹的努力。1853 年，当施敦力从上海返回厦门后，他联合其兄施阿惒又在祖婆庙九龙崎脚地方租屋传道，旋又迁至卖鸡巷，在此建起了伦敦会在福建的第一所教堂泰山堂。③ 1856 年，一位名叫吴涂的老年制花匠及其儿子接受了洗礼，成为伦敦会抵达厦门十二年后所皈依的第一批信徒。此后，入教人数逐渐增多。1862 年，伦敦会又在厦门关隘内街兴建起了该会在闽南的第二所教堂，是为关隘堂。1872 年，伦敦会同时选聘黄承宜、林贞会两位华人分别为泰山堂和关隘堂牧师，奠定了该会在厦门的基业。④

与伦敦会一样，英国长老会也是在近代闽南地区具有广泛影响的新教差会。1850 年，英国长老会派遣用雅各医生（James H. Young）来厦门，次年，同会传教士宾为霖（W. C. Burns）亦抵达厦门。⑤ 1853 年至 1864 年间，英国长老会又相继派遣本会传教士仁信（J. Johnston）、杜嘉德（Carstairs Douglas）、山大辟（David Sandeman）、宣为霖（W. S. Swanson）、倪为霖（W. M. Gregor）等人来厦。⑥ 这些长老会传教士在厦门设医馆，办义学，分书传道，为该会在闽南地区的传播打下基础。至此，近代在闽南地区最有影响的三大新教主要差会都已进入厦门。除以上英美三公会之

---

① 参见周之德编《闽南伦敦会基督教史》，闽南大会，1934 年，第 1 页。

② Philip Wilson Pitcher, *In and About Amoy*, p. 234.

③ 参见周之德编《闽南伦敦会基督教史》，闽南大会，1934 年，第 4—5 页。

④ 同上书，第 5 页。

⑤ Philip Wilson Pitcher, *In and About Amoy*, p. 235.

⑥ Jas. Johnston, *China and Formosa*, *The Story of the Mission of the Presbyterian Church of England*, London: Hazell, Waston, & Viney, LD., 1897, p. 387.

外，基督教复临安息日会也于 1905 年由传教士韩景思（W. C. Hankin）夫妇传入厦门，次年 3 月，该会又派遣传教士安理纯（B. L. Anderson）夫妇来厦传教。①

基督新教各差会在近代闽南地区开展传教活动，都是以厦门作为向闽南内地扩散传播的基地。以英美三公会为例，它们在抵达厦门不久就向闽南内地延伸，"先是联合布道，通力合作，后是划分区域，以专责守"。其中，美国归正教以同安中部、安溪上游以及漳州西溪为布道区。英国长老会以漳州南溪、泉州、晋江、南安、下安溪及永春、德化为布道区。伦敦会的布道区则包括惠安和同安马巷、灌口，以及漳州海澄、北溪一带。② 首先来看英国长老会在闽南内地的扩展情况。早在 1853 年，该会传教士宾为霖就率领林德全等数位厦门教徒来到漳州南溪白水营地方传教，"得人欢纳，赁厝居住两月，有十余人信道。教会在白水营，从此奠定根基"③。1854 年，宾为霖回国后，白水营被暂时托付给美国归正教会的罗啻、打马字照管，施洗了十多位当地居民。年底归还给英国长老会，由该会传教士仁信管理。④ 1862 年白水营正式成立堂会。此后，英国长老会继续向漳州其他地方拓展教务，"东南推进于西洋墟、洋尾桥、马坪、龙文时等处；西南沿溪到官浔，陆行而设教于长桥、坑尾、桥内、漳浦，直达云霄、诏安、东山等处"⑤。英国长老会向泉州地方拓展教务则从安海设教开始。1856 年，该会传教士杜嘉德乘"福音船"到安海传教，最初遭到当地人的极力反对，"始而禁人赁以第宅，继而禁与牧师传道者之交游，终且掷石扬沙。镇中二十四境绅商街众，均各演戏禁阻传授"⑥。长老会先是在镇中咸德境黄宅赁屋为讲堂，其后又迁至玄坛宫后蔡相公私塾连街店。尽管迭遭冲击，但在英驻厦领事及泉州官府的干预下，该会最终得以在当地立足，并于 1860 年施洗了郑爽、郑坦及吴江等数人。1871

① Philip Wilson Pitcher, *In and About Amoy*, p. 237.
② 参见吴炳耀《百年来的闽南基督教会》，载《厦门文史资料》第 13 辑，1988 年，第 81 页。
③ 同上书，第 82 页。
④ Jas. Johnston, *China and Formosa*, *The Story of the Mission of the Presbyterian Church of England*, p. 92.
⑤ 吴炳耀：《百年来的闽南基督教会》，载《厦门文史资料》第 13 辑，1988 年，第 82 页。
⑥ 许声炎：《闽南中华基督教简史》第 3 卷，中华基督教会，1934 年版，第 2 页。

年,安海成立堂会。1880 年购买兴胜境两座店铺,翻建成一处宽广的会堂。此后,金井、石井、官桥等地相继设立支堂,安海最终发展成为近代闽南"一大教会"①。在创设了安海传教据点后,长老会很快由此向泉州城推进。1860 年至 1866 年间,杜嘉德多次带领郑坦、陈强等安海教徒来到泉州布道,但屡遭当地居民阻挠。1866 年春,在泉州人谢琛的帮助下,杜嘉德得以租借开元寺附近旧馆驿李坦店屋为讲堂,此后因为屋小,改租南街头新花山为教堂。当地士绅群起反对,冲击教堂,酿成教案。在杜嘉德的请求下,英驻厦领事向泉州官府施压,要求保护教会。此后,长老会在泉州的传教事业逐渐发展,1876 年成立了泉州堂会,1877 年在新花山修建新堂。"更沿东溪而设教于洪濑、诗山、永春。沿西溪而设教于溪尾、大宇、安溪、湖头等处"。长老会相继派遣多位传教士来到泉州各地传教,"教会规模,益见扩展"②。

与此同时,美国归正教会也紧随英国长老会积极向闽南内地宣道。该会在漳州开设的首个传教点是石码镇。1854 年,传教士打马字来到石码地方传教,为当地数名居民施洗。此后入教人数渐增,并于 1859 年正式成立石码堂会,以打马字为首位牧师。1862 年推派代表参加漳泉长老大会,1872 年改选华人张益三为牧师。在成功设立石码堂会后,归正教教会逐渐沿着九龙江两岸向漳州各地展开传教活动。1862 年,石码堂会传道赖板龙首先来到漳州传教,1865 年,归正教会开始在漳州城内购地建堂。1871 年脱离石码堂会,自组独立的漳州堂会。"厥后更沿溪而上,设教于天宝、山城、侯山、小溪、板仔、南胜、龙山、五寨。"③此外,1866 年,打马字等传教士也派遣本土传道员郑国樑、吴铎、黄和成、郑江宁等到同安地方传教。1888 年成立同安堂会,1905 年以后逐渐设立了杜桥、湖井、五显宫、石浔等支堂。④除漳州地方外,归正教会也向泉州拓展教务。1877 年,安溪籍牧师叶汉章与传道施贵德鉴于安溪坂头、西坪一带人烟稠密、交通便利,就向传教士打马字建议在坂头设立宣道所,派遣李成良驻扎传教。1902 年,在西坪、半岭分设宣道所。1906 年在蔡厝寨购地建堂,次年在教堂附设男校。由于教徒人数增多,1917 年脱离

① 许声炎:《闽南中华基督教简史》第 3 卷,中华基督教会,1934 年,第 2—6 页。
② 吴炳耀:《百年来的闽南基督教会》,载《厦门文史资料》第 13 辑,1988 年,第 83—84 页。
③ 同上书,第 85 页。
④ 许声炎:《闽南中华基督教简史》第 4 卷,中华基督教会,1934 年,第 7—9 页。

同安堂会，另与周围半岭、大坪、产治等宣道所组成清溪堂会。①

英国伦敦会由厦门向闽南内地发展始于海沧、灌口和同安马巷一带。1856 年，传教士李为霖（William Lea）派人前往海澄县管辖的海沧地方，租堂布道。经过多年的发展，1922 年海沧自立堂会。此外，李为霖有派遣"林贞会、庄善语、许锡锯开教于同安县辖之灌口"。灌口地处厦门与同安水陆交通要道，附近村庄林立，人烟稠密。伦敦会在此派驻传道人员，苦心传教，使灌口逐渐发展成为一个重要传教点。教会极盛时期，"分设讲堂于今之鹤浦、角尾、石美、壶屿、东美、北洲等处"②。1870 年以后，伦敦会又到同安马巷同美乡建堂传教，"教友渐增，颇见兴盛"。1888 年至 1912 年间，先后选聘华人郑其文、刘向荣为牧师。教务也逐渐由同乡推广开来，"分设讲堂于马巷、新墟、溜江、莲河溪东等处"③。伦敦会在设立了海沧、灌口、马巷等处传教点后，继续向漳州、泉州拓展。1864 年，伦敦会派遣传道钟廷芳到漳州城内少司徒街开堂传教，是年 9 月，太平军攻陷漳州，钟廷芳死于战乱中，草创未久的教会也遭到打击。1876 年，传教士施约翰捐资在接官亭地方建造新堂，先后选聘华人何志仁、许酒钟、杜本有、周之德、余传书等担任牧师，教务逐渐振兴。伦敦会相继派遣男女传教士来漳州，在当地设立学校、医院，漳州成为英国伦敦会在闽南内地拓展的一个中枢。其属下东美（1869）、长泰（1870）、桥圩（1871）、浦南（1873）、岩溪（1883）、国卿（1886）、漳南（1888）、枫洋（1888）、蔡坑（1888）、鹭鹚（1892）、林墩（1898）、青洋（1903）、北洲（1904）等十四堂会也次第开设。④ 除漳州外，伦敦会也向泉州地方发展，其重点放在惠安县。1865 年，惠安县慕平乡人何乌梨在海沧入教，随后引导传道员张四经返回惠安家乡，"先劝家人皈主，继在本乡租屋为堂，宣传福音"。其时惠安全地"受粮胥之敲诈"，百姓苦不堪言，许多人为躲避苛捐重税而入教寻求庇护。1866 年，传教士施约翰决定在惠安县城北门街设立讲堂，并以之为中心向周围发展，"东分于东山、山前，北分于叶厝、山腰"⑤。1876 年，伦敦会在惠安县城城隍

---

① 许声炎：《闽南中华基督教简史》第 4 卷，中华基督教会，1934 年，第 11—12 页。
② 周之德编：《闽南伦敦会基督教史》，闽南大会，1934 年，第 10 页。
③ 同上。
④ 同上书，第 15—41 页。
⑤ 同上书，第 47 页。

口购地建堂，但因当地士绅反对，酿成教案，教堂也为乡民拆毁。1882
年，教会以教案赔款在当地重建新堂，名为"天道堂"。此后，伦敦会又
在惠安开设学校、医院，作为传教辅助，并派遣男女传教士与传道员，长
期驻扎惠安传教，惠安逐渐发展成为伦敦会在泉州地区的一个传教中心
地，其周围的山前（1866）、辋川（1867）、山腰（1869）、郭厝
（1871）、瀰头（1868）、东坑（1869）、洛阳（1877）、浮坑（1879）、崇
武（1883）、涂岭（1885）、前坑（1888）、梅林（1890）、前内（1891）、
东园（1893）、霞浦（1902）等十余处地方也陆续开教。① 到 1930 年，惠
安伦敦会属下习教人员达到三千余人，会所达到二十五处。②

　　从 1842 年起，以英美三公会为主的基督新教会先后派遣了近百名西
方传教士进入闽南地区开展传教活动。他们与数量众多的闽南本土传教士
一样，是闽南基督新教的奠基者。此外，在这些西方传教士中，一部分人
因为长期居留闽南，熟谙当地社会文化，成为"闽南通"，他们撰写了不
少论著，向西方介绍闽南地区文化习俗，为中西文化交流做出了一定的贡
献。表 10－7 所列是部分近代在闽南地区传教的新教传教士名单。

表 10－7　　　　　近代在闽南传教的部分西方新教传教士③

西名	汉名	所属差会	抵达闽南年代
David Abeel	雅裨理	美国归正教	1842 年
Elihu Doty	罗啻	美国归正教	1844 年
W. J. Pohlman	波罗满	美国归正教	1844 年
J. Van Nest Talmage	打马字	美国归正教	1847 年
Alvin Ostrom	胡理敏	美国归正教	1858 年
Daniel Rapalje	来坦履	美国归正教	1858 年
John Otte	郁约翰	美国归正教	1888 年

---

　　①　参见周之德编《闽南伦敦会基督教史》，闽南大会，1934 年，第 68—112 页。
　　②　同上书，第 112 页。
　　③　本表资料引自《闽南圣会报》续刊第 1 期，1944 年 7 月 15 日，第 6 页，"百年中来闽工
作之伦敦会牧师"。Jas. Johnston, *China and Formosa*, *The Story of the Mission of the Presbyterian
Church of England*, Appendix, "list of Missionaries sent to China since the origin of the Mission",
pp. 387－388. Philip Wilson Pitcher, *In and About Amoy*, pp. 229－237. 林金水主编：《福建对外文
化交流史》，福建教育出版社 1997 年版，第 387—389 页。

续表

西名	汉名	所属差会	抵达闽南年代
Leonard William Kip	汲沣澜	美国归正教	1861 年
P. W. Pitcher	毕腓力	美国归正教	1885 年
John Stronach	施敦力	英国伦敦会	1844 年
William Young	养为霖	英国伦敦会	1846 年
Alexander Stronach	施阿慄	英国伦敦会	1846 年
James Hyslop	海雅各	英国伦敦会	1848 年
T. Giffillan	纪牧师	英国伦敦会	1850 年
H. J. Hirscherg	夏示柏	英国伦敦会	1853 年
William Lea	李为霖	英国伦敦会	1856 年
John Macgowan	麦嘉湖	英国伦敦会	1863 年
James Sadler	山雅各	英国伦敦会	1867 年
Edevin Dukes	陆一约	英国伦敦会	1874 年
Charles Budd	布茂林	英国伦敦会	1881 年
George Bondfield	文显理	英国伦敦会	1883 年
Richard Ross	卢度量	英国伦敦会	1885 年
Frank Joseland	兰成美	英国伦敦会	1887 年
James Wasson	胡修德	英国伦敦会	1896 年
Arthus Hutchinson	英亚提	英国伦敦会	1896 年
Thomas Brown	万多马	英国伦敦会	1907 年
Ernest Hughes	修中诚	英国伦敦会	1911 年
Gordon Phillips	力戈登	英国伦敦会	1911 年
Noel Slater	施耐劳	英国伦敦会	1913 年
Edgar Preston	傅牧师	英国伦敦会	1917 年
Rohin Turner	陈乐民	英国伦敦会	1926 年
Frank Griffiths	魏沃壤	英国伦敦会	1931 年
Harold Marsden	马牧师	英国伦敦会	1932 年
Frank Bakchin	慕乐真	英国伦敦会	1937 年
James Neave	倪任石	英国伦敦会	1940 年
James H. Young	用雅各	英国长老会	1850 年
W. C. Burns	宾为霖	英国长老会	1851 年
James Johnston	仁 信	英国长老会	1853 年

西名	汉名	所属差会	抵达闽南年代
Carstairs Douglas	杜嘉德	英国长老会	1855 年
David Sandeman	山大辟	英国长老会	1856 年
George Smith		英国长老会	1857 年
John Carnegie		英国长老会	1859 年
W. S. Swanson	宣为霖	英国长老会	1860 年
W. M. Gregor	倪为霖	英国长老会	1864 年
James L. Maxwell	马雅各	英国长老会	1864 年
Henry Thompson		英国长老会	1877 年
David Grant	颜大辟	英国长老会	1880 年
Arch. L. Macleish		英国长老会	1881 年
Philip B. Cousland		英国长老会	1883 年
James M. Howie	厚雅各	英国长老会	1888 年
Benjamin Lewis Paton		英国长老会	1889 年
T. E. Sandeman		英国长老会	1892 年
C. Campbell Brown		英国长老会	1892 年
John Cross	骆约翰	英国长老会	1893 年
Muir Sandeman		英国长老会	1894 年
W. J. Boone	文惠廉	美国圣公会	1842 年
W. H. Cumming	甘明	独立医务传教士	1842 年
L. B. Peet	弼来满	美部会	1846 年
T. L. McBride		美国长老会	1842 年
J. C. Hepburn	合文	美国长老会	1843 年
W. M. Lowrie	娄理华	美国长老会	1843 年
John Lloyd	卢一	美国长老会	1844 年
H. A. Brown		美国长老会	1845 年
W. C. Hankin	韩景思	基督教复临安息日会	1905 年
B. L. Anderson	安理纯	基督教复临安息日会	1906 年

在近代中国基督教史上，闽南教会的自立与合一运动是一个标志性的事件。自新教传入闽南地区后，英美传教士就十分注重推动当地教会的自治及自养，其中，美国归正教会传教士打马字贡献颇大。早在 1856 年，

他就在厦门新街、竹树两堂策划联合举办长执选举，推选华人长老、执事，成功创立首个长执会，借以培养华人自治教会能力，此举开启了闽南新教教会的"堂会"自治制度，为其后闽南教会的自立运动初步奠定了基础。① 1862 年 4 月，打马字和英国长老会传教士杜嘉德在石码堂召开会议，正式成立漳泉长老大会。② 该大会宪章规定，闽南长老会的日常事务由华人处理，归正、长老两会传教士不得控制大会决议，只能担任咨询顾问者的角色，大会更可以核准或取消个别传教士在大会内的列席资格，由此表明漳泉大会已初步具备自治教会组织的条件。③ 此后，漳泉大会为了加速闽南教会自立发展，积极鼓励各地堂会自聘牧师，推行"自养"与"自治"并行策略，带动了闽南各地堂会发展，教徒与堂会数量不断增多。为了更好地管理闽南教会，在西方传教士的建议下，1892 年分成泉属大会和漳属大会，取代原来的漳泉大会。1893 年又成立闽南总会，由此进一步推动了闽南教会自立与合一运动的发展。伦敦会由于不属长老宗派，没有参加漳泉大会，而另行于 1873 年将闽南伦敦会各地教会组成统一的和会，该和会在协调伦敦会在闽南各地的传教活动上发挥了积极的作用，同时也为长老宗闽南总会与伦敦会和会之间的合一创造了基础。从 1909 年始，闽南总会与伦敦会和会多次协商合一事宜，1920 年 1 月 6 日，闽南长老总会与伦敦会省议会代表在鼓浪屿召开大会，正式宣布合一，成立"中华基督教会闽南大会"，其宗旨是"联络闽南基督教会合力进行，共辟自养、自治、自传之教会，普及救世之精神，发明基督教完全之主义于世界上"④ 此后，在中华基督教会闽南大会的组织下，教会稳步发展。例如，1945 年，在闽南大会成立二十五周年之际，闽南大会对于本会 1944 年的情况与该会刚成立时的情况做了一番列表对比（见表 10-8）。

---

① 参见姜佳荣《近代中国自立与合一运动之始源：闽南教会》，载《近代中国基督教史研究集刊》第 5 期，2002/2003 年版，第 6—7 页。

② 参见许声炎《中华基督教会闽南三公会合一之经过》，载《闽南圣会报》续刊第 11—12 期合刊，1945 年 6 月 15 日，第 3 页。

③ 参见姜佳荣《近代中国自立与合一运动之始源：闽南教会》，载《近代中国基督教史研究集刊》第 5 期，2002/2003 年版，第 7 页。

④ 陈秋卿：《闽南教会合一的经过》，载《中华基督教会年鉴》第 6 期，1921 年版，第 186 页。

表 10 - 8　　　　　1920 年、1944 年中华基督教闽南大会教务概况

年代	礼拜堂	牧师	传道	长老	执事	进教友	幼洗	慕道	捐款
1920 年	256	37	187	219	459	9246	6213	8000	62134
1944 年	388	59	233	450	856	15774	9580	16558	5568900

　　资料来源：吴炳耀：《廿五周年之闽南大会》，载《闽南圣会报》续刊第 11—12 期合刊，1945 年 6 月 15 日，第 6 页。

　　由表 10 - 8 可见，在闽南大会成立之后的二十余年时间里，基督新教在闽南地区取得了较大的进展。

　　总之，晚清民国时期是基督宗教在闽南地区传播的一个重要阶段。此时期，由于得到不平等条约的保护，天主教会与蜂拥而来的基督新教各差会都在闽南迅速扩展势力。在这个宗教扩张过程中，由于基督宗教信仰与中国传统文化习俗之间存在矛盾，再加上教会势力的介入危及到传统基层社会权力结构的稳定，导致教会与近代闽南社会之间产生了不少冲突事件。据不完全统计，从 1850 年到 1912 年间，近代闽南地区共发生了大大小小近二十起的教案，其中，影响较大的有 1860 年的安海教案、1867 年的同安教案、1868 年的漳浦教案、1893 年的惠安教案、1906 年的漳浦教案等。但是，尽管面临着来自传统社会的各种抵制与反对，天主教与基督新教仍然在闽南各地设堂传教，取得了前所未有的传教成果。不仅闽南大部分地区都已有教会活动，所建立的教堂数以及信教人数不断增多，而且更重要的是，通过这一阶段的传播，基督宗教在闽南地区已基本实现了本土化，成为与佛教、道教及其他民间宗教一样，在闽南地区具有广泛影响的一种宗教。

二　闽南基督宗教的文化教育建树

　　基督宗教传入闽南地区后，不仅带来了一种新的宗教信仰，在社会上形成一类新的宗教信仰群体，同时也促使闽南地区原有的文化结构发生了变化。随着闽南地区不少人民皈依基督宗教，在基督宗教文明的洗礼下，闽南文化的母体里逐渐滋生出了一种融会本土文化与西方文化的闽南基督宗教文化。而教会在近代闽南地区的办学活动，也在客观上改变了以往比较单一的办学模式，在一定程度上促进了闽南教育事业的

发展。

如前所述，明以前基督宗教在泉州这个闽南名城已经达到一定传播规模。早期在泉州传教的景教与天主教传教士带来了基督宗教文化，在与当地社会文化相接触后，逐渐形成了古代闽南基督宗教文化。从目前遗存的大量造型优美的十字碑刻中，我们不难领略到古代闽南基督宗教文化的魅力。然而，令人遗憾的是，由于现存的文字资料有限，导致今人无法深入地了解此时期闽南地区的基督宗教文化发展状况。明末清前期，闽南基督宗教的文化发展则进入一个新阶段。这一时期出现了一批勤于著述的闽南教会人士。例如，来自晋江的张赓就是一个典型的代表人物。张赓，字夏詹，又字明皋，洗名玛窦。1597 年中举，历官浙江平湖县教谕、河南原武县知县、广东连山县知县。① 1621 年张赓在浙江杭州遇见耶稣会士艾儒略，开始接受天主教："幸天帝悯予，假缘辛酉之春，读书浙湖上，乃得闻天主正教。一时目传教者言，耳传教者言，亦知吾孔，朝闻夕可。"② 其家中成员亦皆皈依天主教，如其子张就、张识都是虔诚的天主教徒。1629 年，张赓致仕返回晋江故里。此后，他协助耶稣会士艾儒略等人在闽南地区传教，成为明末福建天主教会的三柱石之一。作为明末闽南地区的著名儒士教徒，张赓在皈依天主教后，撰写了不少天主教文献。如他曾经订正明末来华耶稣会士龙华民所译《圣若撒法行实》一书，并且与另一位明末闽南儒士天主教徒、来自漳州的严赞化一起校订崇祯年间著名的传教文献——耶稣会士艾儒略、卢安德在福建的传教日记《口铎日抄》。张赓还与明末山西著名儒士教徒韩霖一道合作撰写了一部重要的中国天主教会史书《圣教信证》。此外，他还为杨廷筠的《天释明辨》、孟儒望（Jean Monteiao）的《天学略义》、金尼阁（Nicolas Trigault）的《况义》以及艾儒略的《圣梦歌》、《五十言余》、《口铎日抄》和李九功的《励修一鉴》等一系列明末天主教书籍的刊刻出版撰写序言。这七篇序言，或长或短，内容大抵围绕着阐释天主教义与儒家学说的相容性展开，其主旨在于指明天儒融合的可行性与必要性。如《〈天学

---

① 关于张赓的生平，见 Adrian Dudink， "Zhanggeng, Christian Convert of Late Ming Times: Descendant of Nestorian Christians?" In L'Europe en Chine, Interactions Scientifiques, Religieuses et Culturelles Aux XVII et XVII Siecles, College de France: Institut des Hautes Etudes Chinoises, 1993, pp. 57 - 86.

② 杨振锷：《杨淇园先生年谱》，商务印书馆 1946 年版，第 88 页。

略义〉序》云:

合宙之物莫不以不经见为新,但一经见又旋曰故矣,况见之而浸岁月焉,更故矣。甘露彩云,结气之新者,岁月不解,必等于瘴雾淤汀;龙麟鹏凤,成形之新者,岁月依人,亦等夫家豢池畜。人事之变,今古迭更,理道之敷久近弥畅,文章之巧彼此各不相仍,凡来兹者阅前往者,规规焉自以为新、自以为可用,为可久矣,见夏继之创谓新于禅,见诛征之创谓新于让,而由今见之等故也。人事之变、理道之敷、文章之巧,其新不能常,统皆如是,乃至诸教之递兴、诸子之竟爽,概不得谓常新,又奚异焉?夫非新之无常也,彼原非可用、非可久,即或有用之者,亦犹以龙麟鹏凤为羞而甘露彩云为饮也,匪养吾生之善物、长物也,故乍见之而喜,喜之而用,用之而竟厌,厌即成故矣。周天内万古长新者何物?日也。一日无日则黯胁无色,人物殊无昌光之气,大明中天,见者常豁心目,且虽人事极变不能拟其化,理道极敷不能拟其昭,文章极巧不能拟其晖灿,即世人日用饮食最为急需亦犹时或厌,而容光之炤必无或不喜者,故人有恒言皆曰"日新",此亦无心而共公称之语也,谓其为世所必用、所当久也。孔夫子之教只是与人明性天,而最颖门徒乃谓不可得闻,则夫子揭性天且如日,在端木却企之为新闻,何哉?盖诚知其亟当用、永可久,而第恨不能穷其理、尽其性,以上达于天,故终身视之为新如此也。小子赓从事天学,今二十年所矣,潜心乐玩诸先生之发明诸书,亦且数十种矣,其专主天帝无二心,其传述天帝降世同人如一口,其指示天帝爱人之训、超性德之修又皆同功,真似日之为轮为旋、为炤临、为章光、为恒久不息,而其变化、其昭明、其温养民生,时时新、处处新,人人共喜共新,而以之为切需尤亟于饮食日用也。世故有瞩而忌之者,其目病也;抑或有视之而无若睹者,其目盲也,天帝开予眼,凤于武林睹诸先生之日,今重来复再睹孟先生,日日之为物,莫得而私亦莫得而赞,第相引而共游于日之中,勿甘处暗汋,自失其昌光之气,可矣。或曰:"诸先生书,其为日也多矣,十日并出,昔特作寓言,何必更多?"予笑为再况曰:"而睹诸书,昨日以前日夜;孟先生《略义》,今日又周之日也。吾侪近光,昨日以前

日，此日更不欲近光乎？或无以对，遂求先生普示之。晋江昭事生张
赓"。①

《天学略义》的作者孟儒望，字士表，是明末来华的葡萄牙籍耶稣会
士。他曾经在浙江宁波一带传教。除《天学略义》外，孟氏尚著有《辩
敬录》《天学四镜》《圣号祷文》《炼狱祷文》等书。②《天学略义》是一
部重要的明末天主教护教文献，也是孟儒望著作中最突出的一部。张赓在
上述序文中从一个儒家天主教徒的角度阐明了天主教学说的新奇可用，同
时委婉地表示希望儒学知识界能够更加广泛地接纳天主教学说，这实际上
是一篇为天主教辩护的护教文。张赓另一篇重要的护教序文是《题〈天
释明辩〉》③，其文如下：

於乎！天学之不明不行也，释教乱之也，但古来慧业文人多为释
家惑溺，何哉？即惑溺，乃至原道，则罔不云道之大原于天，天之真
是其不可掩也，如斯夫。京兆杨公淇园为天学苦心，先行诸撰述诱
人，又谓似是之关最宜详明，遂不得已而作此辩，此辩行，释其无所
逃败。然吾以为深入禅理，其转入天学更弥精也。夫人不困幽谷，不
知光天之大之尊，吾天会中玄扈徐相公及杨京兆，初时者等凤慧，博
极群书，误入释门久且深，因穷思反得天学，而亟归之恨晚，永归之
无贰。徐相公云："吾生平多疑，至是了无可疑；吾亦时欲作解，至
是了无可解"。此乃真慧业文人之真识力矣。古吴赵太常，尝从尊人
翰撰公读书于京兆之室，习京兆辩论甚晰，虚怀倾服，爱兹不忘，其
知天、事天之自赞，赞艾先生亟为梓传而命余代之引。昭事生
张赓。④

《天释明辨》是明末著名儒家天主教徒杨廷筠撰写的一部重要的天主

---

① 张赓：《〈天学略义〉序》，载孟儒望《天学略义》，《天主教东传文献续编》（二），台
北学生书局 1966 年版，第 841—846 页。
② 参见［法］费赖之《在华耶稣会士列传及书目》，冯承钧译，中华书局 1995 年版，上
册，第 249—250 页。
③ 张赓此处标题作《题〈天释明辩〉》，但杨廷筠书名是《天释明辩》，二者略有区别。
④ 张赓：《题〈天释明辩〉》，载杨廷筠《天释明辩》，《天主教东传文献续编》（一），台
北学生书局 1966 年版，第 233—236 页。

教文献,该书的主旨在于分辨天主教与佛教之间的区别。明末天主教耶稣会传教士入华传教过程中,曾经采取了"补儒易佛"的策略,对其时社会上流行的佛教多有攻击,从而招致佛教界的反击。当时闽南地区的佛教人士也曾经加入批驳天主教的行列,如住锡漳州的释普润、释行元以及漳州佛教居士颜茂猷、黄贞师徒都曾是反天主教的重要闽南佛教界代表人物。张赓在上述引文中则显示了作为一个虔诚的儒家天主教徒对待天主教与佛教之间争论的立场。在张赓看来,佛教是阻碍天主教在明末知识界中传播的一个重要因素,但"深入禅理"反过来也有助于加深对天主教义的认识。因此,曾经佞佛的杨廷筠在转皈天主教后所撰述的《天释明辨》一书,在辨明天主教与佛教之间的区别、打击佛教方面就有着非同一般的说服力,"此辩行,释其无所逃败"[1]。

万历四十七年(1619),泉州士人、张赓的姻亲郑孩如在武荣狮山中建造"读易窝"时,偶然掘到一块十字架石刻。这是泉州第一块被发现的古代十字架碑刻,弥足珍贵。郑孩如将其"竖诸读易窝垣间"。崇祯二年(1629),张赓从女婿、郑孩如孙郑东里处得知此碑后,即陪同耶稣会士艾儒略前往观看。崇祯六年(1633),张赓撰写了著名的《武荣出地十字架碑序》,纪念此事:

> 天之有主宰也,习称之习信之。倏闻天主名,则又异之,异之则再谛想,则亦旋知此称即与习称天之主宰无二义,无二名也。若是而以天之主宰呼为天主,普为人间世共钦事之主,虽至愚等至狂等,想亦无有异矣。然而传称降生,传十字架,不但小慧士或不信,弥自负大慧士弥不信,即最黑甚暗如余,当未闻道之先,亦不敢顿为信也。尔时我云,至神无相,我不信降生,正以无相,信天主尊天主也。今而后,乃知无相者诚天主,无倚者诚天主。但必局无相局无倚,曾不能化为形相,且永垂此瞻依之具,则又当疑为幻疑为空,更不足尊不足信矣。星降说岳降甫申,是亦何据?古来传之,人多遂信之。天主生星生岳,岂其所生者可云降生?生之者乃不可自降而生乎?胡然降生,为我众生;胡然受死,为救我等死。死则假此架成苦功,死而复

---

[1] 张赓:《题〈天释明辨〉》,载杨廷筠《天释明辨》,《天主教东传文献续编》(一),台北学生书局1966年版,第234页。

生升天，则遗此架，垂灵迹，是我世世当感念，奚宜怪者，户号遗弓，乃诞益信，十字圣架，最真反疑，疑无故不征不信，不信不尊，夫亦人情。天主悯下，于是乎乃假符节以显之。万历四十七年，有石刻十字架，从武荣山中为孩如郑公开现，莫辨何代神物。天启三年，关中掘地，亦得景教碑颂，其额镌十字架。按视武荣碑，刻画无异，惟是关中碑，有文有字，知为唐刻，与今西师传述降生十字架诸踪，洎教诫规程，语语皆符。武荣碑固不立文字，而孩如公博奥格致，意是不可弃不可亵，珍而竖诸读易窝垣间，其有此主神迹，且有关中碑印证，尚未及闻，惜其往矣。极西铎德艾师思及，从九万里来，敷教中土，入我八闽，夙为余承教之师。崇祯二年，载至温陵，而余适归休，与同志肇建郡之主堂于崇福古地，余仲倩即孩如公孙，乃于艾师座间，获聆圣架真诠，而述此碑。余丞偕师往观，相与感仰赞礼。越今五载，堂事粗庀，遂胥奉而竖堂中。於戏！武荣去关中数千里，不相谋之地也。唐去今且千年，不相谋之时也。有文字关中碑，与无文字武荣碑，又不相谋之刻也。而此圣架遗迹，截然合符，两碑后先出地，若有期会，西师持关中刻方来，倏从语次，得兹证佐，又若有假以机缘。嘻！我等知主不在目见，纵令无印无证，亦且必信必尊。然而信者希，尊者希，吾主乃今显示符节，宛如谆谆命之也。异哉此架，累代秘藏，于今耀灵，肆我皇睿圣间生，小心昭事，而此日在郡在道，又咸志修安，知所钦崇，寰宇绅衿氓萌，亦多翕然共宗。是盖休明有开，巧相际会乃尔。于是莫禁喜溢，僭为述叙，几弘此道以永。①

张赓此文可说是目前所知的明代最早对泉州古代十字架碑刻进行解读的一篇汉文文献，在闽南对外文化交流史上具有重要的意义。除张赓之外，明清之际在文化建树方面颇有贡献的闽南教会人士还有严赞化、严谟父子。严赞化，字思参，洗名盎博削，漳州龙溪县人，顺治八年

---

① 《熙朝崇正集·熙朝定案（外三种）》，第17—18页。在另一份收录于《天学集解》的同一篇序文中，末尾部分还附有一段文字，其内容包括撰序年月，序文作者、书丹、镌石者。见 Adrian Dudink, "Zhanggeng, Christian Convert of Late Ming Times: Descendant of Nestorian Christians?" p. 81。

（1651）恩贡生。① 严赞化是明末清初闽南天主教会的关键人物，他曾经协助耶稣会士艾儒略在闽南地区传教，是艾儒略的得力助手。严赞化参与了明末福建天主教会两种重要文献《口铎日抄》、《励修一鉴》的订正工作，并为教徒李九功（字其叙）所著天主教文献《慎思录》作序，其文云：

> ……天下之理，莫真于天主人心之思之真，莫真于思天主之理念。念皆主引，念念皆真。念念皆真则念念皆慎。此李子其叙慎思篇之所由作也。阳燧取真火于日，故火焰所挟，黍稷皆馨。其叙子取真悟于主，故义理所宣，迩言皆旨也。……心者，人之火也，思者，火之炎也，而天主者，人之火之炎之所止之位也。火终日炎炎，至于形天而止，人之心亦终日炎炎，至于见天主而止。是即止之义也。其叙子之能止其所止也。余读其叙子慎思之篇，亦愿与其叙子同止其所止也。而世之不事天主者，又乌足以知之。是为序。清漳教下弟严赞化。②

此外，严赞化还参与了早期中国礼仪问题的争论，他曾经撰写了《论焚褚非礼》、《辟轮回说》两文，从儒家天主教徒角度批判受佛教影响的一些世俗礼仪与中国古礼不相符合之处③，并且校订了其子严谟所著《李师条问》一文。严赞化之子严谟也是明清之际闽南天主教会的核心人物。严谟，字定猷，洗名保禄（或作保琭），康熙四十八年（1709）岁贡生。④ 严谟可能是明清之际闽南地区著述最为宏富的一位天主教徒，目前所知他撰写的作品超过十九种，主要有《辨祭》、《辩祭后志》、《草稿》、《草稿〈抄白〉》、《存璞篇》、《帝天考》、《祭祖考》、《考疑》、《李师条问》、《庙祠考》、《木主考》、《人类真安序》、《诗书辨错解》、《帝天考》、《致利大老爷》、《致穆大老师文二首跋语一首》、《周易指疑》、《祭

---

① 乾隆《龙溪县志》卷 14，台北成文出版社 1967 年影印光绪五年补刊本，第 25 页。

② 李九功：《慎思录》，载钟鸣旦、杜鼎克编《耶稣会罗马档案馆明清天主教文献》第 9 册，台北利氏学社 2002 年版，第 133—139 页。

③ 参见钟鸣旦《可亲的天主：清初基督徒论"帝"谈"天"》，何丽霞译，台北光启出版社 1998 年版，第 4 页，注释（6）。

④ 乾隆《龙溪县志》卷 14，台北成文出版社 1967 年影印光绪五年补刊本，第 28 页。

祖原意》、《原礼论》。① 这些作品基本上是严谟为参与中国天主教史上著名的礼仪大争论而撰写的。其用意是试图从中国古代典籍的相关记载来论证儒家祭礼的非宗教性，中国的"上帝"与"天"等同于天主教的"天主"，从而为耶稣会适应中国文化的传教策略辩护。如《辨祭》一文云：

> 愚阅福安《辨祭》一稿，其持理何尝不确，其守道何尝不坚，其立意何尝不善，其敷词何尝不辩，特以拟非其伦，加非其事，则不免为诬而已。何谓拟非其伦，加非其事？盖拟其所立诸论，若以加夫事邪魔如主，设为祈祷以求福免祸者则可、则当，若以加夫追念祖先之常礼，则不可，则诬。愚谓，欲辩祭先当辨祭。唯辨夫祭之名义，中邦古礼以为何如，西邦圣教大礼以为何如，又辨夫今之祭先祖先师，其礼果何如，居中邦之何一礼，与圣教大礼同否，而后祭祖之是非，可不辩而自明已。倘不辨别而徒牵引近似之语以相辩驳，虽单按其词则皆正，而校勘其事实无关，滔滔缕缕，总无一对针之语。本欲逐条详答，似觉口角转多，略作辨祭以当辩祭，而大指瞭然矣。②

在严谟看来，祭字本义乃是泛称，"上自类帝郊天称祭，中自社稷、山川、四方群神、人而祖宗先圣先师，以及族厉殇子，甚至息老百物皆称祭"③。世人修祠祭祖的原意不过是追养继孝、事死如事生、事亡如存而已，因此祭祖与天主教信仰并无冲突，"祭天主自是事天主之礼，如圣教弥撒，惟铎德可行。或古郊天，惟天子行之。祭祖宗自是事祖宗之礼。如今祭祀，人人皆可行，两者各判然不相关，苟知其为但表孝思，无所祈祷僭逾之事，则亦已矣，何必致诬过虑为业"。祭祖礼仪与崇拜天主之礼在本质上是不同的，不可混淆：

---

① 参见钟鸣旦《可亲的天主：清初基督徒论"帝"谈"天"》，何丽霞译，台北光启出版社 1998 年版，第 8—14 页。

② 严谟：《辨祭》，载钟鸣旦、杜鼎克编《耶稣会罗马档案馆明清天主教文献》第 11 册，台北利氏学社 2002 年版，第 37—38 页。

③ 同上书，第 38 页。

　　知祭祖之礼非事真主之礼，则真礼二字为混加，既未尝事祖先为真主，从何而称之为伪主，则伪主二字为诬称。果若天下人尽以祖先为真主，则人家有万万亿之祖先，则亦有万万亿之真主，一人死随获一真主，真主不胜其多，又何用别求邪魔而事之也？今观人家不以既有祖先而又必事邪魔者，可见并无一人以祖先为能降福免祸也审矣。知祭祖既非事之为真主，无求福免祸之事，则不得咨谓事邪魔其渐皆由于祭祖而来，夫事邪魔实由于欲僭窃事天主而来也。知祭为泛称，有有祈祷以事真主之祭，有无祈祷以表孝思之祭，内意外礼俱异，则何得概谓祭礼为极重最尊之礼，惟敬天主可用，而不可向于他位。知祭祖之原意本为勿倍如在之思，《礼记》"祭有祈焉"三句，非概论祭之公例，则不可硬定凡祭祀之礼皆发于求福免祸之本情。知祭祖先之礼大异祭天主之礼，则不可以以敬君王者敬臣庶，将朝礼以敬其亲者同拟。惟当即以敬天主非敬君王之礼，敬君王非敬亲友师长之礼同拟也。知祭主祭祖二礼判然大异，则不得谓止是一礼而但等杀之不同也。知祭祖之礼一一皆是用生存时之礼，则不得谓祖父在时，子孙未尝用此礼以敬其亲，谓非敬之如在也。①

　　在《帝天考》一书中，严谟详细地摘引《尚书》、《诗经》及"四书"中有关"上帝"、"天"的语句加以诠释，以证明中国古代的"上帝"、"天"与天主教的"天主"是一致的，"古中之称上帝，即太西之称天主也"。"总之，天主无名，因人之互视而名。上帝与天主之称，共以表其至尊无而已，非有异也。如言人主为君，为后，为辟，为皇，共是一君；如言父为父，为爷，为亲，共是一父。盖当视其所指之何义。岂可以异地之殊称，而谓彼是君父，此非君父，上帝非天主哉？"②

　　中国礼仪之争是中西文化交流史上的大事件，其牵涉范围之广、持续时间之长，弥足引人重视。从 17 世纪开始，中西各方有关中国礼仪问题

---

　　① 严谟：《辨祭》，载钟鸣旦、杜鼎克编《耶稣会罗马档案馆明清天主教文献》第 11 册，台北利氏学社 2002 年版，第 43—45 页。

　　② 严谟：《帝天考》，《天主教东传文献续编》（一），第 90 页。此书中"帝天考"作"天帝考"。关于严谟《帝天考》的内容分析，见钟鸣旦《可亲的天主：清初基督徒论"帝"谈"天"》，何丽霞译，台北光启出版社 1998 年版，第 15—141 页。

争论的文稿不断涌现，构成了人类文明对话历史上的一笔宝贵财富。而严赞化父子作为第一批介入礼仪之争的中国知识界代表人物，他们所留下的上述作品，无疑是这场中西文明对话史的重要见证。尤其值得注意的是，严赞化、严谟父子来自具有浓厚祭祖习俗的闽南地区，他们赞成耶稣会士的做法，淡化祭祖习俗的宗教性，由此也从一个侧面反映了闽南地方文化对天主教信仰传播的影响。

上述张赓、严赞化、严谟等在闽南基督宗教文化发展史上占有突出的地位，他们是目前所知的第一批撰写基督宗教文化作品的闽南教会知识界代表。实际上，这一时期是闽南天主教知识界最为活跃的年代。一方面，闽南儒家天主教徒撰写了相当数量的教会文献；另一方面，当时闽南地区的不少天主教堂成为中国重要的天主教书籍刻印中心。例如，明清之际泉州晋江景教堂、天学堂就刊刻了耶稣会士艾儒略的《天主降生言行纪略》、《西方答问》、《万物真原》、《天主降生出像经解》、《圣梦歌》、《熙朝崇正集》，杨廷筠的《代疑编》、《代疑续编》等一批书籍。而漳州景教堂也刊刻了耶稣会士庞迪我的《庞子遗诠》、《天主实义续编》等书。此外，一些在闽南传教的多明我会传教士所著书籍此时也得以出版，如清初长期担任闽南天主教传教区负责人的多明我会士马熹诺所著《圣母十五端经会颁赦规条》就已在此时期闽南地区梓行。总之，从上述明末清初闽南教会的文化活动可知，这一时期的闽南地区曾经是天主教与儒学文化较为频繁展开相互对话的一个中心地。

晚清以后，推动闽南教会文化发展的主角从天主教转换到基督新教。此时期闽南基督新教的文化出版事业呈现出一种繁盛局面。晚清新教传教士来华后，特别注重文字传教，"圣教流行，以书为载道之具。圣经岁销数千万册，可无论已。其外阐道之书，东西洋岁岁新刊者亦数万种焉，教会之著述不綦重哉"[①]。基督新教传教士进入闽南地区后，印书是与办学、行医并行的三种主要传教方式。最早进入闽南的一批新教传教先驱如施敦力、打马字、宾为霖、罗啻等人，都曾译撰、刊刻不少中文宣道书籍。据统计，从1846年到1867年间，新教传教士在厦门出版的中文书籍有数十种之多，如表10-9所示。

---

① 林显芳：《福州美以美年会史》，1936年，第208页。

表 10 - 9   新教传教士在厦门出版中文书籍举要 (1846—1867 年)

年代	作者	书名
1846 年	施敦力	《善终志传》
1852 年	养为霖	《养心神诗新编》
1852 年	麦都思	《三字经》
1852 年	打马字	《厦门话拼写书》
1853 年	打马字	《天路历程》
1853 年	宾为霖	《神诗合选》
1853 年	宾为霖	《天路历程》
1854 年	米怜	《进小门走窄路解论》
1854 年	米怜	《真道入门》
1854 年	罗啻	《约翰传福音书》
1854 年	罗啻	《乡训十三则》
1857 年	施阿懔	《养心神诗新编》
1857 年	施敦力	《新约旧约全书节录》
1861 年	打马字	《犹太地图》
1862 年	宾为霖	《厦腔神诗》
1862 年	杜嘉德	《漳泉神诗》

资料来源:熊月之:《西学东渐与晚清社会》,上海人民出版社 1994 年版,第 167 页。此处所指中文书籍,包括了汉语闽南方言书籍。

表 10 - 9 所列出的书籍大部分是页数不多的宣教小册子,传教士们希望通过刊印这些简短的传道书籍,吸引闽南士人皈依基督宗教。随着时间的推移,一部分闽南本土的教会人士也开始加入撰写论著、阐道宣教的行列中,例如,在晚清著名的《教会新报》与《万国公报》这两份前后接续的教会刊物中,就不时刊登有闽南教会人士的作品。晚清以后,闽南教会文化事业发展最为突出的一个表现是创办了本土的报刊。1945 年,当时的中华基督教会闽南大会所办刊物《闽南圣会报》为了纪念伦敦会入闽一百周年以及闽南大会合一成立二十五周年,特别推出了一期纪念专号,内中有一篇由近代闽南教会人士蔡重光执笔、题为《闽南基督教文字事业的回顾与本报的前瞻》的专论,文中列举了近代教会在闽南地区所创办的十三种报刊,如表 10 - 10 所示。

表 10 - 10 　　　　　　　　　　　近代闽南教会报刊一览

报（刊）名称	负责人	编辑	创刊年代	停刊年代	社址
《闽南圣会报》	中华基督教闽南大会	贺兆奎	1874 年		厦门—漳州
《道南报》	叶谷虚	贺仲禹	1913 年	1936 年	厦门鼓浪屿
《崇道报》	黎德渊	许礼贵	1923 年		永春
《金声月刊》	许声炎	黄葆真		1935 年	泉州金井
《石生杂志》	许春草	张圣才	1929 年	1932 年	厦门
《救国月刊》	闽南基督徒救国会	许序钟	1932 年	1933 年	厦门
《惠音》	中华基督教惠安区会	骆旭庭	1935 年	1944 年	惠安
《竹音》	竹树堂会	蔡志澄		1935 年	厦门
《辅德》	卜显理	许甦吾	1938 年	1941 年	厦门
《协进》	泉州基督教联合会				泉州
《通问》	泉西堂会	吴炳耀			泉州
《母训》	黄葆真	黄葆真	1944 年		泉州
《闽南神学院学期刊》	礼振铎		1940 年		漳州

资料来源：蔡重光：《闽南基督教文字事业的回顾与本报的前瞻》，《闽南圣会报》续刊第 11、12 期合刊，1945 年 6 月 15 日，第 20 页。

　　表 10 - 10 所列并未包括近代闽南地区教会所办的全部刊物，据该文作者补充，未列入表中属于闽南教会创办报刊尚有"南溪出版的《角声》，厦门青年会主编的《厦门青年》，吴炳耀牧师主编的《何时报》，及闽南青年总团契出版的《圣诞专号》、《复活专号》等好多种"①。实际上，值得一提的还有一些近代闽南地区比较重要的报刊，如设于鼓浪屿的美国公理会所办《教育通讯》（*Educational Review*）②，厦门鼓浪屿厦语社所办的《指南针》等。此外，当时闽南各地教会学校一般也创办有专门的校刊，如厦门毓德女子中学所创办的《毓德校刊》，泉州培元中学所办的《培元》等。

　　在上述教会所办刊物中，《闽南圣会报》无疑是近代闽南地区较有影

---

　　① 蔡重光：《闽南基督教文字事业的回顾与本报的前瞻》，第 20 页。
　　② 参见中华续行委办会调查特委会编《中华归主——中国基督教事业统计（1901—1920）》下册，蔡泳春、文庸、杨周怀、段琦译，中国社会科学出版社 1987 年版，第 1046 页。

响的一份基督教刊物。该报 1874 年初创于厦岛，"乃闽南教会之文字机关"，其间因"经济支绌，时刊时辍"。1944 年 7 月，该报迁址漳州芝山闽南神学院续刊，每年出版 12 期，编辑人员主要有贺兆奎、潘镜高等。关于刊物宗旨，在该报续刊所登《编辑者言》中谈道：

> 一、圣会报既以报为名，则其注重教会消息，当无疑义，故凡属教会新闻，均尽量先登。本期消息多载漳州一隅，非有偏爱，只因编者在漳，远地又不及通讯，"近水楼台先得月"，势所必然。
>
> 二、圣教入闽于兹百年，各地教会及教会机关之史料，中西信徒之轶事，以及教会人物之介绍，亦多有发表价值，希教会同道注意及之。
>
> 三、宗教经验（见证）各人不同，是项经验，可以分给，有益灵性，本报希望每期可得登载一篇，籍作他山之助。
>
> 四、本报篇幅有限，读者时间经济，故各篇文字以千字为妙。
>
> 五、本报除神益"圣会"而外，不知有他，故凡读者认定此项原则，对于本会有所建议，则本报当竭诚欢迎。[①]

由上可见，《闽南圣会报》基本上是以闽南基督新教界人士为阅读对象的一份纯教会刊物，其内容主要是刊载闽南各地教会内部消息、教会文化评论以及闽南教会历史等。如该报第六十卷第一期刊载的内容如下：

> 一、灵的呼唤
>
> 二、论议：教会学校与宗教宣传
>
> 三、复活节特稿：1 复活节；2 圣纱布的研究——基督复活的物证
>
> 四、巴勒斯汀和圣经（一）（长篇译述）
>
> 五、青工消息
>
> 1. 青年事工委办通讯
>
> 2. 厦联动态一瞥

① 《闽南圣会报》续刊第 1 期，1944 年 7 月 15 日，第 12 页。

3. 永春大同青年团契消息

4. 西溪区侯山青年团契简讯

5. 北溪区永福堂会青年团契消息

六、史料：中华第一圣堂

七、教会消息：厦门、泉州、安海、东石、汀区、安溪、西溪区、宁和

八、编后

九、事件附载①

除了报刊之外，近代闽南教会"关于文字事业者，还有十三首诗的编撰，及《养心神诗》、《真道问答》等数百种的书籍，和闽南大会所编印之三百首《圣诗》的出版。并有圣书公会及闽南圣教书局的出版机构"②。这里需要特别指出的是闽南圣教书局（South Fukien Religious Tract Society）③ 在推动近代闽南教会文化发展方面所做出的重要贡献。闽南圣教书局是近代在福建地区与闽北圣教书局相对应的另一所重要的教会出版机构。在 1908 年以前，近代闽南地区教会书籍的出版主要是伦敦圣教书会（Religious Tract Society of London）通过本地的一个机构代理。1908 年，作为伦敦圣教书会的一个分会，闽南圣教书局正式成立，此前于 1850 年成立的厦门书会（Amoy Tract Society）也被合并到闽南圣教书局中。自成立后，作为近代闽南地区最大的一所教会出版机构，闽南圣教书局出版了大量的教会书籍，尤其是在罗马拼音文字出版工作方面颇具特色，例如，在 1920 年时，"该会大量发行的出版物达十四万六千九百六十七册，其中近五万册是罗马拼音文字书籍。销售的现金总额达四千四百四十七元"④。

在讨论近代闽南基督教会的文化发展时，不能不谈到汉西闽南方言辞典的创制与早期闽南白话字（罗马拼音）书籍的编译出版在中西文化交流史上的重要贡献。汉西闽南方言辞典的创制是闽南基督宗教文化史上值

① 《闽南圣会报》第 60 卷第 1 期，1947 年 4 月 3 日，第 1 页。

② 蔡重光：《闽南基督教文字事业的回顾与本报的前瞻》，《闽南圣会报》续刊第十一、二期合刊，1945 年 6 月 15 日，第 20 页。

③ 又译"闽南圣教书会"。

④ 《中华归主》，下册，中国社会科学出版社 1987 年版，第 1032 页。

得深入研究的问题。传教士编制闽南方言与西方语言对照辞典，其目的是为了掌握闽南方言，从而便于向不谙官话的闽南普通民众传教。早在 16 世纪末 17 世纪初，当西班牙各个天主教修会进入菲律宾群岛时，他们就曾专门派遣传教士向移居此地的闽南人传教，一些传教士因此编撰了最早的闽南方言与西方语言的对照辞典。例如，多明我会传教士 Francisco Márquez 就编撰有一本《西—汉语法》（Gramática Española-China），该书实际上是厦门方言与西班牙语的对照辞典。① 此外，在马尼拉多明我会圣玫瑰省档案馆中曾藏有多种无作者名称的汉语与西班牙语对照辞典手稿，如《汉—西辞典》（Diccionario Chino-Español, dialecto de Emuy），《西—汉字典》（Diccionario Español-Chino, dialecto de Emuy），《西—汉语言词典》（Vocabulario de lengua Española-China, dialecto de Emuy）等，实际上这些手稿大多是 17 世纪在菲律宾群岛传教的多明我会士所编写的闽南语与西班牙语对照词典。② 除了多明我会传教士外，当时在该岛传教的其他修会如耶稣会、方济各会传教士也编写有类似的闽南方言与西班牙语对照的字典。这些由天主教传教士所编写的闽南方言与西班牙语对照辞典，尽管大多属于未正式出版的手写稿，但是它们在中西文化交流史上具有不可低估的意义。可以说，这些辞典可能是世界上最早的汉语方言与欧洲语言相对照的辞书。

　　19 世纪中叶以降，随着英美国家的新教传教士抵达闽南本土传教，一批汉英闽南方言字典也陆续编撰出版。实际上，在此之前，已经有一些在东南亚传教的新教传教士出版了第一代的汉英闽南方言字典，如 1832 年，曾在马六甲、槟榔屿及巴达维亚等地传教的英国伦敦会传教士麦都思（W. H. Medhurst）所编《汉语福建方言字典》（*A Dictionary of the Hok-Këen Dialect of the Chinese Language*）在巴达维亚、澳门等地出版，该字典共收录 12000 个汉字，长达 860 页。③ 1838 年，在新加坡出版了由另一位英国伦敦会传教士戴尔（Samuel Dyer）所编写的一本《福建方言词典》（*Vocabulary of the Hok-kien Dialect*）。这两本汉英方言字典，显然都是指厦

---

① José María González，前引书，第 1 卷，第 662 页。

② 同上。

③ Alexander Wylie, *Memorials of Protestant Missionaries to the Chinese*，（Taipei：Chengwen Publishing Company, 1967），p. 37.

门方言与英语对照的字典。① 此后，1853 年，美国归正教会传教士罗啻所编写的一本《翻译英华厦腔语汇》（*Anglo-Chinese Manual with Romanized Colloquial in the Amoy Dialect*）在广州出版。② 在近代出版的众多汉英闽南字典中，最重要的一部是英国长老会传教士杜嘉德所编《厦门腔注音字典》（*Chinese-English Dictionary of the Vernacular or Spoken language of Amoy*），此书 1873 年在伦敦由英格兰长老会出版。由于在闽南各地传教多年，杜嘉德对闽南语的地区区别比较了解，因此，他在这部字典中列出了泉州话、漳州话与厦门话之间的差别。该字典出版后，流传很广，受到西方人的普遍欢迎。1886 年，在汕头传教的英国长老会传教士汲约翰为该字典编辑了索引，将其与卫三畏的《汉英拼音字典》索引合编成一册，取名《卫三畏〈汉英拼音字典〉及杜嘉德〈厦门腔注音字典〉》。③ 此外，英国伦敦会传教士麦嘉湖也编写有一部《英汉厦门方言字典》（*English and Chinese Dictionary of the Amoy Dialect*），于 19 世纪 80 年代在英国伦敦出版。④ 值得一提的是，近代在闽南地区传教的天主教多明我会传教士也接续了本会编写闽南语与西班牙语对照字典的传统。1937 年，香港辣匝肋印书馆（Imprenta de Nazaret）出版了一部由在厦门传教的多明我会士 R. P. Francisco Piñol y Andreu 所编写的《华班辞典》（*Dicctionario Chino-Español*），按照该辞典副标题所题，这部辞典包含了厦门、漳州、泉州及台湾等地闽南语方言，是其时最为完备的一部闽南方言与西班牙语对照辞典。⑤

如果说上述汉西闽南语方言辞典的编撰出版主要便利了传教士与西方人学习闽南方言，那么，闽南白话字书籍的编译刊刻则无疑为闽南普通民众打开了一扇接触包括基督宗教在内的各种知识的方便之门。与编制汉西闽南方言辞典紧密联系，近代来闽南传教的新教传教士们也创制了简便易行的闽南白话字，以帮助闽南普通民众学习阅读《圣经》及吟诵教会诗

① Alexander Wylie, *Memorials of Protestant Missionaries to the Chinese*, p. 53.
② Ibid..
③ 参见林金水主编《福建对外文化交流史》，福建教育出版社 1997 年版，第 403 页。
④ 同上书，第 404 页。
⑤ 参见《华班辞典 Dicctionario Chino-Español. Del dialecto de Amoy, Chiang-chiu, Choan-chiu, Formosa, etc.》，Compuesto por el R. P. Francisco Piñol y Andreu, O. P., Misionero en el Vicariato de Amoy. Hongkong: Imprenta de Nazaret, 1937.

歌。早在 1850 年，在厦门传教的三位传教士罗啻、打马字、养为霖共同
创制了闽南白话字①，"制定二十三个字母，联缀切音，凡是厦门语言，
均可拼成白话字"。这种闽南白话字的优点是简便易学，"无论男女老幼，
只须学习一二个月，就可读写纯熟，而聪颖者数天便能通晓，洵便利
也"②。此后，闽南白话字开始广泛运用于闽南地区的一些学校与家庭教
育中，而大量闽南白话字各类出版物也随之涌现。在这些闽南白话字出版
物中，教会宣道书所占比例最大。例如，1852 年，传教士养为霖出版了
第一本闽南白话字圣诗《养心神诗新编》。③ 1853 年，传教士打马字、宾
为霖出版了闽南白话字《天路历程》、《路得记》。④ 此后，一大批的闽南
白话字宣道书籍陆续出版。除了教会宣道书外，闽南教会也曾经用白话字
出版了一部分中国古代典籍及科普读物。⑤ 总之，闽南白话字的创制、地
区性推广以及大量闽南白话字书籍的出版，不仅便利了教会传教，更重要
的是在一定程度上提高了闽南地区普通民众的文化知识水准。同时，作为
最早进行拼音化的一种汉语方言，闽南白话字的创制也为我国开展文字改
革工作提供了宝贵的借鉴资料。

　　与教会文字事业密切关联的是教会教育的发展。在基督宗教传播史
上，文字出版与学校教育都是传教的有效手段。基督新教传入闽南地区
后，几个主要差会都十分注意兴办学校。如早在 1844 年，伦敦会传教士
施敦力夫妇就在鼓浪屿住处设立了简易学校，此即为福民小学的前身。
1845 年，美部会传教士弥来满在厦门寮仔后建起了一所义塾，1847 年 9
月他离开厦门前往福州后，该义塾由归正教会传教士罗啻负责。⑥ 1847
年，英国伦敦会传教士养为霖夫妇在厦门住所设女学，"收学生十二人，
为厦门首创之女学"⑦。随着这些学校的设立，揭开了近代教会在闽南地

　　① Philip Wilson Pitcher, *In and About Amoy*, p. 207.

　　② 吴炳耀:《百年来的闽南基督教会》，载《厦门文史资料》第 13 辑，1988 年版，第 99
页。

　　③ Alexander Wylie, *Memorials of Protestant Missionaries to the Chinese*, p. 68.

　　④ Ibid. , pp. 165, 175.

　　⑤ 关于近代在闽南地区出版的部分闽南白话字读物，参见许长安《闽南白话字部分书目》，
载许长安、李乐毅编《闽南白话字》，语文出版社 1992 年版，第 64—66 页。

　　⑥ Philip Wilson Pitcher, *In and About Amoy*, pp. 240 - 241.

　　⑦ 吴炳耀:《百年来的闽南基督教会》，载《厦门文史资料》第 13 辑，1988 年版，第 79
页。原作者记此女学开办时间为 1846 年，此处根据毕腓力书所记改为 1847 年，见 Philip Wilson
Pitcher, *In and About Amoy*, p. 241。

区办学的序幕。此后，一系列教会学校在闽南地区陆续得以开设。据不完全统计，近代闽南地区由基督新教和天主教会所开办的各类学校超过百所。表 10 - 11 中列出了部分近代闽南教会学校。

表 10 - 11 近代闽南教会学校一览

校名	创办者	创办时间	校址
福民小学	英国伦敦会	1844 年	厦门鼓浪屿
义塾	美国归正教会	1845 年	厦门寮仔后
女学	英国伦敦会	1847 年	厦门寮仔后
真道学校	美国归正教会	1858 年	厦门
怀仁女中	英国长老会	1860 年	厦门
毓德女学	美国归正教会	1880 年	厦门鼓浪屿田尾
福音学堂	英国伦敦会	1873 年	厦门鼓浪屿
养元中学	美国归正教会	1889 年	厦门鼓浪屿
英华书院	闽南三公会	1897 年	厦门鼓浪屿
怀德幼稚师范	英国长老会	1898 年	厦门鼓浪屿
寻源中学	闽南三公会	1907 年	厦门东山顶
圣道书院	英国伦敦会与长老会	1907 年	厦门
维正小学	天主教多明我会	1920 年	厦门鼓浪屿
正谊下学	天主教多明我会	1921 年	厦门磁安路
毓德女中	美国归正教会	1921 年	厦门东山顶
救世护士学校	中华基督教会	1935 年	厦门
铸英小学		1879 年	泉州晋江安海
文圃女学	中华基督教会安海堂会	1913 年	泉州晋江安海
培英女中	英国长老会	1890 年	泉州
毓英学校	英国长老会	1891 年	泉州晋江
培元中学	英国长老会	1904 年	泉州
启明学校	天主教多明我会		泉州
时化中学	天主教多明我会	1892 年	惠安
崇德小学	天主教多明我会	1915 年	惠安
启明小学	天主教多明我会	1920 年	永春

续表

校名	创办者	创办时间	校址
崇正小学	天主教多明我会	1914 年	德化
崇贤中学	英国长老会	1907 年	永春
福音学校	英国长老会	1912 年	泉州
惠世护士学校	中华基督教会	1934 年	泉州晋江
育贤小学		1878 年	漳州
育英小学		1885 年	漳浦
启悟小学	美国归正教会	1890 年	同安
启悟初中	美国归正教会	1891 年	同安
逢源小学		1891 年	漳浦
进德小学	英国伦敦会	1894 年	漳州
养正小学		1895 年	漳州
华英小学		1897 年	漳州
崇德小学		1898 年	漳州龙溪海澄
崇正小学	天主教多明我会	1915 年	漳州龙溪东坂后
仁安小学	天主教多明我会	1917 年	漳州龙溪港尾梅市
翰苑小学	天主教多明我会	1920 年	漳州龙溪步文后坂
崇真小学	天主教多明我会	1923 年	漳州龙溪港尾古城
崇德小学	天主教多明我会	1923 年	漳州龙溪石码
崇正中学	天主教多明我会	1924 年	漳州龙溪东坂后
崇养小学	天主教多明我会	1927 年	漳州龙溪海澄
崇友小学	天主教多明我会	1935 年	漳州龙溪东坂后
诚德小学	天主教多明我会	1936 年	漳州龙溪
正修女校	天主教多明我会	1934 年	漳州龙溪港尾
民力小学		1903 年	漳州龙溪石码
浚源中学		1903 年	漳州云霄
进德女中	英国伦敦会	1920 年	漳州东门洞口庙
仁恕护士学校	中华基督教会	1931 年	漳州龙溪

资料来源:林金水主编:《福建对外文化交流史》,福建教育出版社 1997 年版,第 423—426 页;《泉州市志》,第 3552—3553 页;《龙海县志》,东方出版社 1993 年版,第 990—997 页;吴炳耀:《百年来的闽南基督教会》,载《厦门文史资料》第 13 辑,1988 年版,第 92—94 页。

近代教会在闽南所办学校，基本上可以分为以下三类：其一是小学。在近代闽南教会学校中，小学之类初等学校数量最多，例如，仅据基督新教的资料统计，1871 年闽南地区属于新教的教会小学 11 所，学生 145 名。1892 年达到 35 所，686 名学生。1912 年则增加到 70 所，学生数达到 1891 名。[①] 这类学校在初开办时，"男女分校，校舍多附在教会旁边小厝，设备简陋，形同书塾"[②]。其二是中学。为了适应闽南地区教会小学毕业生继续升学的需要，近代教会在闽南地区陆续在厦门、泉州、漳州地方开办了不少男、女中学。例如，属于基督新教的比较著名的闽南教会完全中学有寻源中学、英华书院、培元中学、培英女中、毓德女中、进德女中。此外，还有六所比较重要的初级中学：厦门的怀仁与养元、同安的启悟、永春的崇贤、晋江金井的毓英、惠安的时化。[③] 属于天主教的闽南教会中学则有设于泉州的启明学校以及设于漳州的崇正中学。其三是专门学校。这类专门学校既包括专门培养教会传道人员的宣道学校，如属于基督新教的厦门圣道书院、泉州福音学校以及漳州闽南神学院，属于天主教会的白水营修院、龙溪圣多玛斯修院等[④]，也包括培养医护人员的护士学校及培养幼师的师范学校，前者如设于厦门的救世护士学校、设于泉州的惠世护士学校、设于漳州的仁恕护士学校，后者如设于厦门的私立怀德幼稚师范学。[⑤]

在上述教会所办学校中，专为女子开办的学校尤其值得重视。近代闽南地区重男轻女现象十分严重，在教会开办女学之前，女子难得有进学堂受教育的机会。而传教士进入闽南地区传教后，提倡男女平等，因此开设各级女子学校，为女子提供与男子同等受教育的机会。在近代闽南地区所开办的各类教会女子学校中，设于厦门的毓德女中是其中的重要代表。作为近代闽南地区影响较大的一所教会女子中学，毓德女中的发展历程为我们提供了一个深入了解近代闽南教会教育状况的个案。[⑥] 毓德女中创办

[①] 参见吴炳耀《百年来的闽南基督教会》，载《厦门文史资料》第 13 辑，1988 年版，第 92 页。

[②] 同上。

[③] 同上。

[④] 参见《龙海县志》，东方出版社 1993 年版，第 991 页。

[⑤] 参见《中华归主》，上册，中国社会科学出版社 1987 年版，第 175 页；《厦门市志》卷 12，台北成文出版社 1967 年影印清道光十九年刊本，第 81 页。

[⑥] 关于毓德女中的研究，见本书第九章。

后，对闽南地区妇女教育产生了重要影响。该校创办之初，学生来源集中在厦门，而且主要是基督教家庭的子女。随着学校规模日渐扩大，在社会上的影响日增，生源也从厦门向外扩展到整个闽南地区。在近代闽南地区，女子生存尚且不易，受教育的机会更是微乎其微。在这样的社会背景下，私立毓德女子中学的创办，直接为闽南地方妇女提供了难得的受教育机会，在一定程度上推动了闽南地区妇女教育事业的发展。

三　闽南基督宗教的慈善事业与社会影响

慈善活动既是基督宗教服务社会的一项主要工作，同时也是借以传播信仰的一个重要手段。在早期基督宗教传播过程中，教会曾经在欧洲社会慈善事业上扮演了重要角色。自基督宗教传入闽南地区后，教会也带入了这种慈善观念。特别是晚清以后，随着基督宗教在闽南地区的传播规模不断扩大，基督宗教团体的慈善活动也逐渐系统化。不仅创办了医院、诊所等医治疾病的医疗机构，而且开办了育婴堂、孤儿院、安老院等慈幼恤孤机构。此外，闽南教会也积极参与救助灾荒、赈济难民的工作，从而成为闽南社会慈善事业中的一支重要力量。

（一）教会医疗服务

创办医院、为闽南社会各界提供医疗服务是1949年以前闽南基督教会从事慈善事业的一个重要组成部分。晚清以后，基督新教与天主教会陆续在闽南各地兴建了数十所大大小小的医院及诊所。早在1842年6月，美国独立医务传教士甘明就抵达鼓浪屿，他先是与雅裨里一起租住在当地一户居民家中，1844年，二人在厦门寮仔后靠近一座妈祖宫的地方租了两栋民房，一为布道所，一为诊病所，"布道施医，同时并进"①。不久，另一位医务传教士合文（J. C. Hepburn）也来厦门协助甘明施医。尽管甘明与合文先后于1845年、1847年离开厦门，但教会在闽南地区的医疗事业却并未因此中断。1850年，英国伦敦会传教士养为廉医生在厦门智识窟与美国归正会合办一处诊疗所，这就是济世医院的前身。同年，英国长

---

① 吴炳耀：《百年来的闽南基督教会》，载《厦门文史资料》第13辑，1988年版，第78页。P. W. Pitcher, *In and About Amoy*, p. 243.

老会传教士用雅各医生也"来厦传教施药"①。当用雅各 1854 年离开厦门后，紧接着来厦门开展医疗服务的有伦敦会医务传教士夏示柏与英国长老会传教士 John Carnegie。1862 年，传教士在厦门地方的医疗活动因为获得了外国商人的资助而得到进一步发展。新的医院和诊所陆续开办，例如，厦门太史巷地方在此期间开办了一所医院。1881 年，随着英国长老会医务传教士 A. L. Macleish 来厦门，该院迁址到厦门竹树脚地方，称为竹树脚医院。随后，传教士开始到厦门之外的闽南其他地区开办医院，提供医疗服务。例如，1881 年，英国长老会传教士颜大辟（Dr. David Grant）到泉州，他先是在当地教堂落脚，开办了一个诊病所，两年后。他得以租赁连里巷一处民宅，正式建起了一座医院，这就是泉州惠世医院。② 1888 年颜大辟回英国后，相继来泉州行医的有洪约翰、卢医士。1901 年，教会在泉州裴巷建起了一座女医院，"为闽南女医院先河，女同胞沾惠菲浅"③。1889 年，美国归正教会医务传教士郁约翰（J. A. Otte）在平和琯溪开办了救世医院。同年英国长老会医务传教士厚雅各（Jas. M. Howie）在漳浦开办了源梁医院。1888 年，伦敦会医务传教士巴阿美（Dr. Fahmy）在漳州开办了一所福音医院。1895 年，英国长老会在永春开办了一家医院，首位主持该医院的医务传教士是骆约翰（John Cross）。④ 1902 年，伦敦会医务传教士陈和礼（G. R. Turner）在惠安开办了一所仁世医院。⑤ 以上都是由基督新教开办的医院。1947 年，天主教多明我会会长芦沛扬（Melecio Rodríguez）与厦门天主堂本堂神父胡德乐在厦门天主堂内创办了一所圣若瑟医院，聘请西班牙医生鲁利加（Rickards）为首任院长。⑥ 在 1949 年以前，闽南地区比较重要的教会医院有 12 所，其中，属于基督新教的有11 所：厦门 3 所，泉州 2 所，漳州 1 所，漳浦 1 所，平和 1 所，惠安 1

① 苏赞恩：《闽南教会医务概况》，《闽南圣会报》续刊第 11、12 期合刊，1945 年 6 月 15 日，第 12 页。

② 参见许声炎《闽南中华基督教简史》第 3 卷，中华基督教会，1934 年版，第 15—16 页。

③ 许声炎：《闽南中华基督教简史》第 3 卷，中华基督教会，1934 年版，第 18 页。

④ Jas. Johnston, *China and Formosa*, *The Story of the Mission of the Presbyterian Church of England*, (London: Hazell, Waston, & Viney, LD., 1897), p. 255.

⑤ Philip Wilson Pitcher, *In and About Amoy*, p. 246.

⑥ José María González 前引书，第 4 卷，第 384—386 页；苏明同：《厦门天主教简史》，载福建省政协文史资料委员会编《文史资料选编第五卷基督教天主教编》，福建人民出版社 2003 年版，第 21 页。

所，永春 2 所。属于天主教会的有 1 所，即厦门圣若瑟医院。表 10 - 12
是一些近代闽南地区的教会医院情况。

表 10 - 12　　　　　　1844 年至 1949 年间闽南教会医院一览

名称	地点	创办时间	创办者	备注
诊疗所	厦门	1844 年	甘明	
济世医院	厦门	1850 年	养为廉	
惠世医院	泉州	1881 年	颜大辟	
救世医院	平和琯溪	1889 年	郁约翰	
福音医院	漳州	1888 年	巴阿美	1936 年改为协和医院
永春医院	永春	1895 年	骆约翰	
仁世医院	惠安	1902 年	陈和礼	
源梁医院	漳浦	1889 年	厚雅各	
同安医院	同安	1920 年	班得烈	
圣若瑟医院	厦门	1947 年	芦沛扬	为天主教多明我会创办

　　传教士在闽南地区开办医院，主要目的是借行医以传教。这一点与
19 世纪早期来华传教士伯驾（Peter Parker）、查顿（William Jardine）等
人最初倡导成立"中国医务传道会"的宗旨是一致的："我们称呼我们是
一个传道会，因为我们确信它一定会推进传教事业，因为我们要有人来充
实我们的传道会，他拥有必需的技术和经验，能自我克制，并具有高尚的
道德品质，就像通常寻找的一个传教士。"① 在闽南地区，传教士开办的
医院，往往是施医与传教并举。近代闽南著名教会人士许声炎就曾谈道
"教会医院，于放逐病魔、治人疾苦外，尚负有重大之使命。使命为何？
则宣传福音是也。故院中尚有传教师，讲解真理，以治人心灵之病苦"②。
1883 年，一位参观过颜大辟在泉州开办的惠世医院的传教士描绘了该医
院中医疗与宗教相结合的情况。

　　　　在抵达不久，我们就与医生（指颜大辟——作者注）一起去医

---

　　①　朱维铮主编：《基督教与近代文化》，上海人民出版社 1994 年版，第 219 页。
　　②　许声炎：《闽南中华基督教简史》，第 6 卷，中华基督教会，1934 年版，第 19 页。

院和病人一起举行惯常的晚祷。这座医院，就像一所福音堂一样，由一座民房和一个院子组成。病房设在民房中，而庭院与外屋部分则被改建成了一处诊所和本土传道员的住屋。在民房的中部有一个带有前门的大厅，这就是设在医院中的一处小教堂了。小教堂的两边是住院病人的病室。随着钟声响起，大约二十个人——其中大部分是住院病人——聚集起来做礼拜。礼拜由一位外表十分聪慧的当地传道主持。在这里我再次注意到诵读《圣经》与吟唱赞美诗的美好习惯。当晚的主题是关于保罗的皈依。提问与回答接二连三，频频不断，展示着对于《圣经》的很好了解与兴趣。礼拜结束后，我们在医生的带领下巡视病室。小医院里已经完全住满了患者。①

事实上，当时有不少地方就是因为行医而开教，如漳浦地方，"漳浦北区坑尾村人朱石因患外科严重病症，久经中医诊治，药石罔效，闻讯后雇轿抬往厦门智识窟医院（属基督教会）就医。……住院日久，听道信耶稣，乃受洗为教徒。朱石痊愈要回乡的时候，当有英国教士对他提议：英国堂会不久要派教士到漳浦坑尾购地创设教堂。朱石因重病得治痊愈而笃信耶稣为教徒，认为在家乡设立教堂是好事，对英教士的建议表示欢迎"②。

尽管传教是行医的一个目的，但不可否认的是，教会在近代闽南地区所创办的各类医疗机构在救治疾病、缓解社会苦难方面起到了一定的作用。由于行医对于传教具有十分显著的效果，传教士也乐于最大限度地收治那些穷苦的病人，以便把他们拉入基督教会中来。例如，曾经主持永春医院的骆约翰就在一封信中描述了为获得更大传教效果而希望尽量扩大医院收治病人规模的情况：

　　我们每天的工作都异常繁忙，当我在诊所时，通常都要大半天接待来门诊的病人。我们为住院病人提供的条件十分有限，我们只有一个带有六个床位的小房间。如果我们有更多的空间，我们本该明天就

---

① Jas. Johnston, *China and Formosa*, *The Story of the Mission of the Presbyterian Church of England*, pp. 232 – 233。

② 黄圭璋：《基督教是怎样传入漳浦的?》，载《漳浦文史资料》，新第 2 辑，1981 年版，第 58 页。

可以接受三十或四十位住院患者。但是在我们找到另一处房子、搬进去并且将目前这所房子腾出来专门用于医院之前，我们为住院患者提供的条件确实是十分有限的。我不得不想到，就我们内心中一直想要获得的那个真正的目标，也就是基督化这个山谷中的芸芸大众而言，户外门诊使得我们的许多努力流失。但是，当我们可以让男人和女人走进医院来，和我们一起待几个星期的时间，我们的机会就大得多，结果也将会令人欢欣鼓舞的。[①]

　　在传教士兼具传教激情与救治病人动机驱动下，当时闽南教会医院在救治病患者方面表现积极，经教会医院治疗的病患者数量日渐增多，例如，1920 年，近代以来一直主要负责在闽南地区传教的三大公会的医务情况如表 10 - 13 所示。

表 10 - 13　　　　　　　　　1920 年闽南三公会医务情况

宣教会	医院（所）	男病床	女病床	病床总数	平均每年住院病人总数
伦敦会	3	86	40	126	1225
长老会	4	205	120	325	3541
归正会	3	150	100	250	1988
合计	10	441	260	701	6754

　　资料来源:《中华归主》上册，中国社会科学出版社 1987 年版，第 177 页。

　　从表 10 - 14 可见，教会医院每年收治的住院病患者达到六千余人，如果加上门诊患者的数量，每年经教会医院治疗的闽南地区病患者的数量无疑是很大的。

　　在 20 世纪初西医逐渐被国人接受以前，早期到教会医院接受治疗的大多是那些穷苦百姓。对于这些来自社会底层的穷苦患者，教会医院不仅本着基督仁爱的精神给予接纳，而且往往采用免费治疗、赠送药品等方式。例如，当厚雅各在漳浦开办源梁医院，他所施行的第一例外科手术就是为一位被抛弃的乞丐的病肢截肢:

[①]　Jas. Johnston, *China and Formosa, The Story of the Mission of the Presbyterian Church of England*, p. 257.

在漳浦进行的第一项主要手术，从各方面来说都是一个了不起的举动。一个夜晚，一位乞丐，拖着一条令人可怕、几乎无药可医的病腿，被几个他的同伴扔在厚雅各医生住房的门外。他的呻吟声引来了仆人们，他们就告诉了医生。在检查一番后，医生发现这位可怜人的左腿有一处⋯⋯骨折，骨头已经从一处很大的化脓性腐烂的伤口中露出来。随后查明这条腿已经患病长达二十三年了，而且因为严重腐烂以致有一天夜里当这位患者躺在床上时折断了。医生马上让人把病人抬到我们一位教友的一所空房子里去，次日，在一大堆围观者在场的情况下，将这位病人膝盖以下的下肢部位截除了。令所有人惊奇的是，患者挨过了手术，而且自那以后整体情况大有好转。①

根据教会史料，当地人对于一位外国医生如此认真对待一位乞丐，而且花费了这么大的气力去为他做手术感到十分震惊。他们难以理解这位外国医生竟然会在毫无报酬的情况下这样做。在当地人看来，这位乞丐令人讨厌，尤其是镇上的那些店家早已不胜其扰，因为那位乞丐常常拖着可怕的病腿进到店里，不讨到钱绝不离开。除了这位乞丐之外，厚雅各在漳浦时还为不少其他穷苦病人治病，其中有几位也是进行了类似的截肢手术，而且都恢复得不错。在当时传教士所拍摄的一张题为"厚雅各医生在漳浦的最初手术"的照片中，就展现了三位获得手术救治的患者。②

近代教会医院义诊施药的做法，使得一定数量的穷苦病人得到最起码的医疗服务，这对于1949年以前饱受疾病困扰的闽南地区下层贫民来说，无疑是一种值得赞扬的慈惠举动。此外，对于社会上特定时期突然暴发的流行疾病，教会医院也曾积极参与救治。典型的例子如1943年闽南晋江霍乱大流行，教会所办的惠世医院就与晋江县卫生院联合在裴巷设立隔离病院，收治霍乱病人。③

---

① Jas. Johnston, *China and Formosa*, *The Story of the Mission of the Presbyterian Church of England*, p. 238.

② Ibid. , p. 239.

③ 参见林双法《晋江县医院院史概述》，载《晋江文史资料》第6辑，1985年，第166页。

(二) 教会社会救济活动

弃、溺婴儿是近代中国社会中存在的一个严重社会问题。由于生育率的提高，社会上男尊女卑的观念盛行，贫穷家庭不堪生养婚嫁带来的经济负担，遭遇天灾人祸等多种原因，除了一些家庭在女婴出生时就将其溺毙外，不少家庭还采取了将初生婴儿弃置路边、街区等公共场所，听天由命的做法。如厦门地方普通人家的女孩遭溺杀与遗弃的现象较为普遍，"闽人习俗，凡女子遭嫁，夫家必计厚奁，故生女之家，每斤斤于后日之诛求，辄生而溺毙"[1]。光绪年间，厦门人叶文澜不忍弃婴遍地的悲惨状况，曾经联络当地士绅，重修育婴堂，筹款救济弃婴。[2] 晚清以后，教会在进入闽南地区传教过程中，也加入收养弃婴的慈善行列。

早在 1845 年，天主教会就在漳州后坂设立了收养弃婴的育婴机构。1888 年正式设立了仁慈堂，"购置田地约 60 亩，全部出租给当地农民耕种，逐年收取租谷，并接受外资津贴，作为经常费用。该堂接受弃婴的条件：一、不是信教的，二、男性一律不收，三、家庭贫苦的小孩。从1888 年到 1952 年间，共收容女弃婴约 2000 多人，平均每年约收容 30—40 人"[3]。19 世纪 60 年代以后，新教传教士也在闽南开展了收养弃婴的工作，如 1861 年，美国归正教会传教士胡理敏"乘福音船往石码传道，于溪中见有女婴卧盆中漂流水上，怜而援之，名之曰'水流'，带回鼓浪屿，托其工友叶泰代为顾养，因以为氏。长令入女学读书，培植成人"。后来该女嫁给了一位吴姓传教士。[4] 1883 年与 1885 年，当两位英国长老会女传教士 Miss Maclagan 与 Miss Johnston 相继来到厦门后，"鉴于当时女孩被遗弃或孤苦无依之堪怜"，长老会就联合美国归正教会在厦门正式办起了一处收养弃婴的机构，此即为设于鼓浪屿鹿耳礁的怜儿堂。[5] 该堂收养社会上的弃婴，"雇保姆为之顾养。旋移乌棣角怀仁女学对面另建的宿

---

① 蔡琛:《普济堂碑记》，载《厦门市志》，方志出版社 1999 年版，第 465 页。

② 参见叶文澜《育婴堂记》，载《厦门市志》，方志出版社 1999 年版，第 465 页。

③ 林湖:《记翰苑乡群众揭露"仁慈堂"虐待婴童的真相》，载《龙海文史资料》第 11 辑，1990 年版，第 19 页。

④ 参见吴炳耀《百年来的闽南基督教会》，载《厦门文史资料》第 13 辑，1988 年版，第 94—95 页。

⑤ Jas. Johnston, *China and Formosa*, *The Story of the Mission of the Presbyterian Church of England*, p. 236.

舍。衣食教养，均由其负责。及届就学年龄，则令入女学读书。其由美公会所属教会而来之儿童，则令入美公会所设田尾女学，英公会所属教会而来之儿童，则在怀仁学校就读，与一般学生受同等教育。及笄更为择配成婚，俾得室家之乐"①。教会在闽南地区所办的育婴机构，由于条件不同，婴孩所得到的照顾也有分别。有的育婴堂条件差，婴孩死亡率很高，由此成为教会慈善事业的一个污点。例如，漳州后坂的天主教仁慈堂就因为收养的幼儿死亡率高而引起社会上的怀疑与指责。② 但是，也有一些育婴机构由于条件较好，因此收容在里面的婴孩能够获得比较好的照顾。例如，收养在厦门基督新教所办怜儿堂的女孩，不仅可以得到基本的衣食照料，而且还有机会接受教育，据一位由该怜儿堂培养成人的漳州籍杨姓妇女回忆，"凡怜儿堂的儿童，均有入学受教育机会，学、膳及书籍、文具等费，均由怜儿堂负责，每年添置衣服、鞋、袜各两副，可谓比上不足，而比下则有余矣。其不愿读或不会者，则留怜儿堂内帮忙，学习家政，为将来成婚理家训练"③。

　　教会创办育婴机构，除了使社会上被遗弃的一部分婴孩能够得到人道救助外，也在一定程度上影响了闽南地区人民对弃婴恶习的反思，导致社会上遗弃婴孩的行为有所收敛。正如晚清时期一位在闽南地区传教的教会人士所指出的：

　　　　在保存这些被人鄙夷的小婴孩的生命的特殊目的之下所设立的一所（育婴）机构，很大程度上为周围地区上了一堂深刻的直观教学课。毫无疑问，它所带来的一个效果是，目前在福建省溺杀女婴的行为要比传教士进来之前少得多了。这是现在已经广为承认的一个事实。甚至人们的本性也被唤醒了，之前人们对这种罪行并无丝毫的羞

---

　　① 吴炳耀：《百年来的闽南基督教会》，载《厦门文史资料》第 13 辑，1988 年版，第 95 页。

　　② 参见林湖《记翰苑乡群众揭露"仁慈堂"虐待婴童的真相》，载《龙海文史资料》第 11 辑，第 19 页；黄谢：《玛利珀修女与龙溪翰苑仁慈堂》，载福建省政协文史资料委员会编《文史资料选编第五卷基督教天主教编》，福建人民出版社 2003 年版，第 53—56 页。

　　③ 吴炳耀：《百年来的闽南基督教会》，载《厦门文史资料》第 13 辑，1988 年版，第 95 页。

耻之心,但是现在无论男人还是女人都承认这样做是错误的。①

收容盲人也是 1949 年以前教会在闽南地区开展的一项有意义的慈善工作。在这方面,英国长老会在泉州所开办的指明堂就是一个典型的例子。所谓指明堂,"盖借助手指而辨字、明理的盲人学堂也"②。1888 年,英国长老会女传教士礼和莲(Miss Graham)来到泉州传教,她"悯盲人失明之苦,乃于住宅对面创盲人学校,收集失明男女,资以衣食,教其读书。所用书籍,与通常不同,系用坚硬厚纸夹在金属板中,板分上下两层,划定方格上层放空,下层板上有六凹点……用小钻子,按孔凿下凸点,互换左、右、上、下位置,由凸点之多少及形式之变化,分成二十四字母,按白话字拼法,印成文字,令盲人用指摸索,由左而右,学习读写,由此得以明书晓理,故曰'指明堂'"③。这所盲人学校曾经特聘英国盲人教师阁约翰为主持,又聘本地人洪册书为教员兼任监学。收容的大多是那些沦落街头的盲人,例如,在教会史料中就记载了一位在泉州街头借算命为生的盲童被收容进指明堂的例子。④ 对于收容的盲人,除"教读书、写字外,教以针织及其他手艺,俾得一技之长,藉以自谋生计"⑤。由此可见,这所指明堂在为闽南地区因失明而处于极度悲惨境地的盲人们提供了一定程度的帮助。盲人学校不仅收容盲人们,为他们提供起码的生活条件,而且更重要的是利用西方发明的布莱叶点字法等方式,教盲人们读书认字,使他们能够受到一定程度的教育。此外,盲人学校还教给盲人们一些手艺,使他们能够凭借自己的劳动而维持生计。尽管在 1906 年,因为礼和莲返回英国,这所指明堂被迫停办,但是在其成立的十余年时间里,对于那些能够被收容到这所盲人学校的闽南地区盲人来说无疑是一件好事。

---

① Jas. Johnston, *China and Formosa*, *The Story of the Mission of the Presbyterian Church of England*, p. 237.

② 吴炳耀:《百年来的闽南基督教会》,载《厦门文史资料》第 13 辑,1988 年版,第 96 页。

③ 同上。

④ Jas. Johnston, *China and Formosa*, *The Story of the Mission of the Presbyterian Church of England*, p. 258.

⑤ 吴炳耀:《百年来的闽南基督教会》,载《厦门文史资料》第 13 辑,1988 年版,第 96 页。

除了开办医院、育婴堂、指明堂等慈善机构外，近代闽南教会还积极参与劝导戒除赌博、抽鸦片，反对妇女缠足、蓄婢等改良社会陋习的活动。1912 年，厦门基督教青年会成立后，曾经发起拒毒、拒赌运动，并成立"服务人力车工友委员会"、"板桥农村服务处"等机构，服务社会底层民众。如"服务人力车工友委员会"发起筹款，对于当时在厦门的数千人力车夫，"问暖、嘘寒，医之，药之，耗金钱，费人工，乐此不疲"①。如为了提供人力车夫免费医疗服务，青年会特请"本市各热心医生赞助，于各医院设立施诊所，按本会就诊证为之义务诊治，药费由本会负担。其有病俱不能往诊者，由馆主或同馆人通知本会为之请医往诊。自去年四月至十二月抄，共诊四百三十人"②。闽南同安板桥乡数千农民，"坐困愁城，为生命之挣扎，寝至盗窃蜂起，死亡枕藉，嗜毒物者凡二千人，几及全乡之半。其他惨状，可想而知"。针对这种情况，厦门基督教青年会特别成立"板桥农村服务处"，"先行创设戒烟所，诊疗处，及卫生指导，教育提倡，种植鼓励等"。20 世纪 30 年代，居住于鼓浪屿的知名教会人士许春草领导成立了"中国婢女救拔会"，收容、援助那些不堪主家欺凌而逃出的婢女。③ 特别值得一提的是，1932 年 1 月 16 日，以许春草为首的厦门教会人士在厦门小走马路青年会住址发起成立了"闽南基督徒救国会"，该会在社会救济事业方面开展了许多工作，如筹款捐助淞沪抗战期间遭难的难民，前往闽南各地监狱，为犯人"分发面包和药膏"等。④ 这些都是值得肯定的社会公益活动。

---

① 郭双南：《本会五年来事业举隅》，载《厦门基督教青年会二十五周年纪念册》，1936 年版，第 46 页。
② 同上书，第 45 页。
③ 同上书，第 47 页。
④ 参见《闽南基督徒救国会特刊》，1934 年版，第 2、5 页。

附　　录

一　中西姓名对照表

A.

埃里克森（Thomas Hylland Eriksen）

艾脑爵（Blasius García）

艾儒略（Giulio Aleni）

安德烈·佩鲁贾（Andrew Perugia）

安理纯（B. L. Anderson）

安泰（Etienne Rousset）

B.

巴多明（Dominique Parrenin）

柏保禄（Paul Pacelli）

白多禄（Pedro Sanz）

巴厘纳理（Federico Barilari）

宾为霖（W. C. Burns）

毕学源（Caetano Pires Pereira）

柏格理（Samuel Pollard）

伯驾（Peter Parker）

波罗满（W. J. Pohlman）

卜亦奥（Auguste Poissemeux）

C.

查顿（William Jardine）

陈和礼（G. R. Turner）

储斐理（Philippe Cazier）

D.

戴尔（Samuel Dyer）

戴进贤（Ignace Kögler）

打马字（T. V. N. Talmage）

打马字·玛利亚（M. E. Talmage）

德方济（Francisco Serrano）

德天赐（Adeodato da Santo Agostino）

丁迪我（Diego Rodriguez de Villalobos）

杜嘉德（Carstairs Douglas）

F.

费若用（Juan Jose Alcober）

冯文子（Juan Fung de Santa Maria）

汾屠立（Tacchi Venturi）

傅兰雅（John Fryer）

伏日章（Antoine Femiani）

福若瑟（Joseph Freinademetz）

傅圣泽（Jean-François Foucquet）

福士德（John W. Foster）

福文高（Domingos Joaquim Ferreira）

G.

高临渊（C. B. Conforti）

高口母口羡（Juan Cobo）

高琦（Angel Cocchi）

高守谦（Verissimo Monteiro da Serra）

高贤明（Federico Jimenez）

高一志 （Alphonse Vagnoni）

郭德纲 （Fernando Sainz）

郭多明 （Domingo Coronado）

郭玛诺 （Emmanuel Gomez）

顾盛 （Caleb Cushing）

H.

海雅各 （James Hyslop）

韩本笃 （Benito Hang）

韩景思 （W. C. Hankin）

贺清泰 （Louis Antoine Poirot）

合文 （J. C. Hepburn）

洪保律 （Angel Bofurull）

华若亚敬 （Joaquin Royo）

胡玛窦 （Mateo Villafa ña）

J.

姜别利 （William Gamble）

蒋玛禄 （Manuel Rosada）

基德明 （Jean Joseph Ghislain）

纪牧师 （T. Gilfillan）

金楷理 （Carl T. Kreyer）

金尼阁 （Nicolas Trigault）

金式玉 （Joseph Seckinger）

K.

考狄 （Henri Cordier）

L.

剌莩尼 （Théodose-Marie de Lagrené）

赖蒙笃 （Raimundo del Valle）

赖若翰 （Juan de la Cruzy Moya）

李拱宸 （José Nunes Ribeiro）

利国安 （Jean Laureati）

礼和莲 （Miss Graham）

利玛窦 （Matteo Ricci）

林查拉 （Fr. Carpena）

林方济 （Francisco Zea）

理清莲 （Lily Duryees）

利胜 （Victorio Riccio）

李提摩太 （Timothy Richard）

李为霖 （William Lea）

黎玉范 （Juan Bautista de Morales）

隆盛 （Guillaume Melon）

娄理华 （W. M. Lowrie）

鲁保禄 （Paul Rule）

陆方济 （Francisco Pallu）

罗巴拉斯 （Blas de Sierra）

罗啻 （Elihu Doty）

罗怀忠 （Jean-Joseph da Costa）

罗罗各 （ Blas de Sierra）

罗明坚 （Michel Ruggieri）

罗若瑟 （José Dútras ）

罗儒望 （João da Rocha）

骆约翰 （John Cross）

芦沛扬 （Melecio Rodríguez）

卢一 （John Lloyd）

M.

马秉乾 （Lazare Marius Dumzel）

马德昭 （Antoine Gomes）

马丁·德·拉达 （Martin de Rada）

马国贤 （Matteo Ripa）

麦都思 （W. H. Medhurst）

马礼逊（Robert Morrison）

玛利亚（Maria）

马驲堂（Cajétan Massa）

马儒翰（央马礼信，John Robert Morrison）

马若瑟（Joseph Marie de Prémare）

马熹诺（Ma ǵino Ventallol）

梅德尔（Mathurin Lemaitre）

孟儒望（Jean Monteiao）

孟振生（Joseph Martial Mouly）

敏体尼（de Montigny）

N.

南弥德（Louis François Marie Lamiot）

聂伯多（Pierre Canevari）

倪为霖（W. M. Gregor）

O.

欧加略（Arcadio del Rosario）

P.

帕拉格林·卡斯特洛（Peregrine Castello）

潘奥定（Auguste Bernard）

R.

仁信（J. Johnston）

柔克义（William W. Rockhill）

S.

山大辟（David Sandeman）

施阿栗（Alexander Stronach）

施敦力（John Stronach）

石怀德修士（Jules Saguez）

史惟贞 （Pierre Van Spiere）

施永格 （Walter T. Swingle）

司福音 （Steenackers Jan-Bapist）

宋君荣 （Antoine Gaubil）

苏霖 （Joseph Suarez）

苏振生 （Jean François Richenet）

W.

王雅各布伯 （C. B. Ferretti）

万济公 （Francisco Sáenz）

卫方济 （François Noël）

卫三畏 （Samuel Wells Williams）

文惠廉 （W. J. Boone）

X.

夏礼辅 （Emil Krebs）

谢玛禄 （Manuel Tenorio）

宣为霖 （W. S. Swanson）

Y.

雅裨里 （David Abeel）

颜珰 （Charles Maigrot）

颜大辟 （Dr. David Grant）

杨嘉禄 （J. B. Charles Jacques）

养为霖 （William Young）

颜诗莫 （Anselmo Da Santa Margerita）

殷弘绪 （François-Xavier d' Entrecolles）

约翰·马黎诺里 （J. Marignolli）

郁约翰 （J. A. Otte）

Z.

张貌理（Maurice de Baudory）

赵方济（F. Xavier Maresca）

哲拉德·阿尔比（Gerard Albccini）

朱耶芮（Philippe Cazier）

二　主要参考文献

（一）传统文献

光绪《福安县志》，清光绪十年（1884）刊本。

民国《霞浦县志》，霞浦县地方志编纂委员会整理，1986 年。

乾隆《海澄县志》，乾隆二十七年（1762）刊本。

乾隆《龙溪县志》，台北成文出版社 1967 年影印光绪五年补刊本。

道光《厦门市志》，台北成文出版社 1967 年影印清道光十九年刊本。

光绪《靖边县志稿》，光绪二十五年（1899）刊本。

民国《重修大足县志》，民国三十四年（1945）铅印本。

《大留张祠宗谱志》，大留张氏宗祠油印本，1996 年。

《廉溪陈氏三房支谱》，光绪十二年（1886）重修本。

《廉溪陈氏族谱》，乾隆二十七年（1762）重修本。

《双峰冯氏族谱》，民国二十八年（1939）抄本。

《新修富溪赵氏族谱》，民国十六年（1927）抄本。

艾儒略：《西方答问》，崇祯十年（1637）晋江景教堂刻本。

柏应理：《一位中国奉教太太——许母徐太夫人甘第大传略》，徐允希译，台北光启出版社 1965 年版。

程荣春：《福宁从政纪略》，同治五年（1866）刊本。

戴鸿慈：《出使九国日记》，载钟叔和编《走向世界丛书》，第 9 册，岳麓书社 2008 年版。

杜赫德编：《耶稣会士中国书简集》，郑德弟译，大象出版社 2001 年版。

冯梦龙：《山歌》，江苏古籍出版社 2000 年版。

韩琦、吴旻校注：《熙朝崇正集·熙朝定案（外三种)》，中华书局 2006 年版。

蓝鼎元：《鹿洲全集》，蒋炳钊、王钿点校，厦门大学出版社 1995 年版。

李杕：《拳匪祸教记》，上海土山湾印书馆 1932 年版。

李纲己：《教务纪略》，光绪三十一年（1905）南洋官报局印本。

李九功：《慎思录》，载钟鸣旦、杜鼎克编《耶稣会罗马档案馆明清天主教文献》，第 9 册，台北利氏学社 2002 年版。

李嗣玄：《西海艾先生行略》，载钟鸣旦、杜鼎克编《耶稣会罗马档案馆明清天主教文献》，第 12 册，台北利氏学社 2002 年版。

利玛窦、金尼阁：《利玛窦中国札记》，何高济译，广西师范大学出版社 2001 年版。

利玛窦：《利玛窦中国书札》，P. Antonio Sergianni P. I. M. E 编，芸娸译，宗教文化出版社 2006 年版。

林群端：《过去的毓德》，《毓德校刊》，复校第 2 期，1948 年 1 月。

马礼逊夫人编：《马礼逊回忆录》，顾长声译，广西师范大学出版社 2004 年版。

缪秋笙：《华东各中学最近宗教事业实施概况》，《中华基督教教育季刊》，第四卷，第二期，中华基督教教育会，1928 年 6 月。

上海广学会编：《传教定例》，美华书馆 1893 年版。

邵有文：《本校创办人理莲姑娘》，《毓德校刊》，复校第 2 期，1948 年 1 月。

史式徽：《江南传教史》，天主教上海教区史料译写组译，上海译文出版社 1983 年版。

矢泽利彦：《嘉庆十年查禁天主教始末》，载《中和月刊史料选集》（一），近代中国史料丛刊，第 60 辑，台北文海出版社 1970 年版。

四川大学历史系、四川大学档案馆主编：《清代乾嘉道巴县档案选编》，四川大学出版社 1996 年版。

宋书卿：《送美国姜先生回国诗》，载林乐知主编《教会新报》，清末民初报刊丛编之三，台北华文书局 1968 年版，第 2 册。

王铁崖：《中外旧约章汇编》，生活·读书·新知三联书店 1957 年版。

吴炳耀：《廿五周年之闽南大会》，载《闽南圣会报》续刊第 11—12 期合刊，1945 年 6 月 15 日。

厦门市档案局、厦门市档案馆编:《近代厦门教育档案资料》,厦门大学出版社 1997 年版。

徐宗泽:《近十年来天主教在我国之状况》,《圣教杂志》第 24 卷第 8 期,1935 年。

许声炎:《闽南中华基督教简史》,中华基督教会,1934 年版,第 3 卷、第 4 卷、第 6 卷。

许声炎:《中华基督教会闽南三公会合一之经过》,载《闽南圣会报》续刊第 11—12 期合刊,1945 年 6 月 15 日。

严谟:《辨祭》,载钟鸣旦、杜鼎克编《耶稣会罗马档案馆明清天主教文献》,第 11 册,台北利氏学社 2002 年版。

张赓:《〈天学略义〉序》,载孟儒望《天学略义》,《天主教东传文献续编》(二),台北学生书局 1966 年版。

张赓:《题〈天释明辩〉》,载杨廷筠《天释明辨》,《天主教东传文献续编》(一),台北学生书局 1966 年版。

张荣铮、刘勇强、金懋初点校:《大清律例》,天津古籍出版社 1993 年版。

张先清:《官府、宗族与天主教:17—19 世纪福安乡村教会的历史叙事》,中华书局 2009 年版。

张先清、赵蕊娟编:《中国地方志基督教史料辑要》,东方出版社 2009 年版。

张燮著,谢方点校:《东西洋考》,中华书局 2000 年版。

"中研院"近代史研究所编:《教务教案档》,台北"中研院"近代史研究所,1974—1981。

中国第一历史档案馆、福建师范大学历史系合编:《清末教案》,中华书局 1996 年版。

中国第一历史档案馆编:《清中前期西洋天主教在华活动档案史料》,中华书局 2003 年版。

中华续行委办会调查特委会编:《1901—1920 年中国基督教调查资料》,蔡咏春等译,中国社会科学出版社 2007 年重印本。

钟鸣旦等编:《徐家汇藏书楼明清天主教文献》,台北方济出版社 1996 年版。

周之德编:《闽南伦敦会基督教史》,闽南大会,1934 年。

（二）近人论著

阿·克·穆尔：《一五五〇年前的中国基督教史》，郝镇华译，中华书局1984年版。

埃马纽埃尔·勒华拉杜里：《蒙塔尤：1294—1324奥克西坦尼的一个山村》，许明龙、马胜利译，商务印书馆1997年版。

柏格理等：《在未知的中国》，东人达、东旻译，云南民族出版社2002年版。

宝贵贞、宋长宏：《蒙古民族基督宗教史》，宗教文化出版社2008年版。

伯希和：《蒙古与教廷》，冯承钧译，中华书局1994年版。

陈银坤：《清季民教冲突的量化分析（1860—1899）》，台湾商务印书馆1991年版。

陈垣：《陈垣学术论文集》（第一集），中华书局1980年版。

程巢父：《〈胡适未刊日记〉整理记事》，《文汇读书周报》2008年9月26日。

崔维孝：《明清之际西班牙方济会在华传教研究（1579—1732）》，中华书局2006年版。

狄德满：《义和团民与天主教徒在华北的武装冲突》，刘天路译，《历史研究》2002年第5期。

东人达：《滇黔川边基督教传播研究（1840—1949）》，人民出版社2004年版。

杜文凯编：《清代西人见闻录》，中国人民大学出版社1985年版。

范慕韩主编：《中国印刷近代史（初稿）》，印刷工业出版社1995年版。

方豪：《中国天主教史人物传》，中华书局1988年版。

费赖之：《在华耶稣会士列传及书目》，冯承钧译，中华书局1995年版。

费正清、刘广京编：《剑桥中国晚清史（1800—1900）》（上），中国社会科学出版社1993年版。

福安市民间文学集成编委会：《中国歌谣集成·福建卷·福安市分卷》，1992年，福安市民间文学集成编委会，内部发行。

傅宁军：《吞吐大荒：徐悲鸿寻踪》，人民文学出版社 2006 年版。

傅衣凌：《明清社会经济变迁论》，人民出版社 1982 年版。

古伟瀛主编：《塞外传教史》，南怀仁文化协会、光启社 2002 年版。

故宫博物院明清档案部、福建师范大学历史系合编：《清季中外使领年表》，中华书局 1985 年版。

郭松义：《伦理与生活——清代的婚姻关系》，商务印书馆 1000年版。

郝时远主编：《田野调查实录——民族调查回忆录》，社会科学文献出版社 1999 年版。

胡颂平编著：《胡适之先生年谱长编初稿》（校订版），台北联经出版社 1990 年版。

黄进兴：《后现代主义与史学研究》，生活·读书·新知三联书店 2008 年版。

姜佳荣：《近代中国自立与合一运动之始源：闽南教会》，载《近代中国基督教史研究集刊》第 5 期，2002/2003 年。

柯文：《在中国发现历史》，林同奇译，中华书局 1989 年版。

雷洁琼：《平绥沿线之天主教会》，平绥铁路管理局，1935 年。

李伯重：《"男耕女织"与"半边天"角色的形成：明清江南农家妇女劳动问题探讨之二》，《中国经济史研究》1997 年第 3 期。

李文海、周源：《灾荒与饥馑：1840—1919》，高等教育出版社 1991年版。

李文海等：《中国近代十大灾荒》，上海人民出版社 1994 年版。

梁其姿：《施善与教化：明清的慈善组织》，河北教育出版社 2001年版。

梁启超：《中国历史研究法》，东方出版社 1996 年版。

廖静文：《徐悲鸿一生》，中国青年出版社 1982 年版。

林富士：《东汉晚期的疾疫与宗教》，《中央研究院历史语言研究所集刊》，1995 年。

林富士主编：《礼俗与宗教》，中国大百科全书出版社 2005 年版。

林金水：《艾儒略与福建士大夫交游表》，载《中外关系史论丛》第 5 辑，书目文献出版社 1996 年版。

林金水主编：《福建对外文化交流史》，福建教育出版社 1997 年版。

龙思泰：《早期澳门史》，吴义雄、郭德焱、沈正邦译，东方出版社 1997 年版。

鲁保禄（Paul Rule）：《从传教士的传奇到中国基督宗教史》，张琰译，载魏思齐编《有关中国学术性的对话：以〈华裔学志〉为例》，台北辅仁大学出版社 2004 年版。

罗德尼·斯塔克（Rodney Stark）：《基督教的兴起，一个社会学家对历史的反思》，黄剑波、高民贵译，上海古籍出版社 2005 年版。

罗光主编：《天主教在华传教史集》，台北光启出版社 1967 年版。

吕实强：《中国官绅反教的原因（1860—1874）》，台北，"中央"研究院近代史研究所，1985 年。

秦和平：《基督宗教在西南民族地区的传播史》，四川民族出版社 2003 年版。

秦和平：《基督宗教在四川传播史稿》，四川人民出版社 2006 年版。

沙百里：《中国基督徒史》，耿升、郑德弟译，中国社会科学出版社 1998 年版。

莎茹拉、苏德：《1900 年内蒙古西部的蒙旗档案》，《历史档案》2002 年第 4 期。

谭树林：《马礼逊与中西文化交流》，中国美术学院出版社 2004 年版。

王若：《新发现罗振玉〈东方学会简〉手稿跋》，《中华读书报》2008 年 9 月 5 日。

王铁崖：《中外旧约章汇编》，生活·读书·新知三联书店 1957 年版。

王同惠、费孝通：《花篮瑶社会组织》，江苏人民出版社 1988 年版。

王扬宗：《江南制造局翻译书目新考》，《中国科技史料》1995 年第 2 期。

王重民辑录、袁同礼编：《美国国会图书馆藏中国善本书目》，台北文海出版社 1972 年版。

吴炳耀：《百年来的闽南基督教会》，载《厦门文史资料》第 13 辑，1988 年。

吴文良原著，吴幼雄增订：《泉州宗教石刻》，科学出版社 2005 年版。

伍昆明：《早期传教士进藏活动史》，中国藏学出版社 1992 年版。

熊月之：《西学东渐与晚清社会》，上海人民出版社 1994 年版。

徐永志：《融溶与冲突——清末民国间边疆少数民族与基督宗教研究》，民族出版社 2003 年版。

徐友春主编：《民国人物大辞典》（增订本），河北人民出版社 2007年版。

杨振锷：《杨淇园先生年谱》，商务印书馆 1946 年版。

喻松青：《明清白莲教研究》，四川人民出版社 1987 年版。

詹姆斯·克利福德、乔治·E. 马库斯编：《写文化——民族志的诗学与政治学》，高丙中等译，商务印书馆 2006 年版。

张秀民：《中国印刷史》，上海人民出版社 1989 年版，第 585 页。

钟鸣旦：《基督教在华传播史研究的新趋势》，马琳译，载《国际汉学》（第四辑），大象出版社 1999 年版。

钟鸣旦：《可亲的天主：清初基督徒论"帝"谈"天"》，何丽霞译，台北光启出版社 1998 年版。

周颂尧：《鄂托克富源调查记》，载蒙藏委员会调查室《伊盟右翼四旗调查报告书》，内蒙古图书馆编：《内蒙古历史文献丛书》之六，远方出版社 2007 年版。

周锡瑞：《义和团运动的起源》，张俊义、王栋译，江苏人民出版社 1998 年版。

朱士嘉编：《美国国会图书馆中国方志目录》，中华书局 1989 年版。

朱维铮主编：《基督教与近代文化》，上海人民出版社 1994 年版。

（三）西文论著

Caroline B. Brettell, "Fieldwork in the Archives: Methods and Sources in Historical Anthropology", in H. Russell Bernard, ed., *Handbook of Methods in Cultural Anthropology*, Walnut Creek, London, New Delhi: AltaMira Press, 1998.

Chu, Shih-chia, *A Catalog of Chinese Local Histories in the Library of Congress*, Washington, D. C.: Library of Congress, 1942.

Chun Hae-Jong, "History of the International Congress of Orientalists and its 28th Congress", In *Korea Journal*, Vol. 11, No. 4, April 1971.

Don Kalb and Herman Tak, eds. , *Critical Junctions*, *Anthropology and History beyond the Cultural Turn*, New York. Oxford: Berghahn Books, 2005.

Jose Maria González: Historia de las Misiones Dominicanas de China, Madrid, 1956 – 1964.

Harell, Stevan ed. , *Cultural Encounters on China's Ethnic Frontiers.* Seattle: University of Washington Press, 1995.

Henry Serruys, C. I. C. M. , "Two Complaints from Wang Banner, Ordos, Regarding Banner Administration and Chinese Colonization (1905)", *Monumenta Serican* (34), 1979 – 1980, pp. 471 – 511.

Hummel, A. , "Chinese, Japanese, and Other East Asiatic Books Added to the Library of Congress, 1937 – 38", in *Chinese Collections in the Library of Congress: Excerpts from the Annual Report of the Librarian of Congress, 1898 – 1973*, Compiled by Ping-Kuen Yu, Vol. II , Centre for Chinese Research Materials Association of Research Library, Washington D. C.

James Axtell, "Some Thoughts on the Ethnohistory of Missions", in *Ethnohistory* 29 (1): 35 – 41 (1982).

Jas. Johnston, *China and Formosa*, *The Story of the Mission of the Presbyterian Church of England*, London: Hazell, Waston, & Viney, LD. , 1897.

Lai, John Yung-Hsiang, ed. , *Catalog of Protestant missionary works in Chinese.* Harvard-Yenching Library, Harvard University. Boston, Mass. : G. K. Hall, 1980.

Lewis A. Coser, *The Functions of Social Conflict*, Glencoe, IL: The Free Press, 1956.

Malcolm Greenshields, *An Economy of Violence in Early Modern France: Crime and Justice in the Haute Auvergne, 1587 – 1664*, University Part: Pennsylvania State University Press, 1994.

Nicolas Standaert, "Christianity as a Religion in China, Insights from the Handbook of Christianity in China: Volume One (635 – 1800)", *Cahiers d' Extrême-Asie* 12 (2001): 1 – 21.

Patrick Taveirne, *Han-Mongol Encounters and Missionary Endeavors*, *A History of Scheut in Ordos (Hetao), (1874 – 1911)*, Brussels: Leuven University Press, 2004.

Philip Wilson Pitcher, *In and About Amoy*, Shanghai and Foochow: The Methodist Publishing House in China, 1912.

Daniel H. Bays, ed, *Christianity in China*, *From the Eighteenth Century to the Present*, Stanford: Stanford University Press, 1996.

The Chinese Collections, "Special Holdings", Asian Division, The Library of Congress.

Victorio Riccio, *Hechos de la Orden de predicadores en el Imperio de China*, Manila, 1667, Libro Primero, Capítulo X, 2.

Wang, Chung-min. *A Descriptive Catalog of Rare Chinese Books in the Library of Congress*. 2 vol. Washington, D. C. : Library of Congress, 1957.

Wu, Xiaoxin, ed. , *Christianity in China*: *A Scholars' Guide to Resources in the Libraries and Archives of the United States*, East Gate Book, 2009.

Wyle, Alexander, *Memorials of Protestant Missionaries to the Chinese*: *giving a list of their publications, and obituary notices of the deceased*. Shanghai: American Presbyterian Mission Press, 1867.

后　记

　　我在大学阶段读书很杂，什么书都想翻一翻。由于学校的前身是1915 年就创立的教会大学，图书馆中保存着许多早期的中西文基督教书籍，其中还有不少是难得一见的珍本、善本，我在阅读这些中西文书籍的过程中，隐隐体会到基督教对于 15 世纪以来东西方文明走向所具有的莫大影响，逐渐培养了对于基督教研究的兴趣，由此一发不可收拾，在过去的二十年时间里，相当大的精力都花费在这个领域上。

　　构成本书的各章，主要是多年来我研习基督教与近代中国社会文化关系的一些习作。这些文字都曾先后发表在不同的刊物与论文集上，其中，《交错的世界》一文初稿发表于李金强等主编的《自西徂东——基督教来华二百年论集》（基督教文艺出版社，2009 年）；《被遗忘的历史》一文初稿发表于《学术月刊》2010 年第 7 期；《在族权与神权之间》一文初稿发表于章开沅、马敏主编的《基督教与中国文化丛刊》（湖北教育出版社，2004 年）；《传教与施善》一文初稿发表于《天主教研究论辑》2009年总第 6 辑；《域外遗珍》一文初稿发表于《国际汉学》2007 年第 17 辑；《边疆何在》一文初稿发表于吴小新主编的《远方叙事：中国基督宗教研究的视角、方法与趋势》（广西师范大学出版社，2014 年）；《贞节故事》一文初稿发表于刘家峰主编的《离异与融会：中国基督徒与本色教会的兴起》（上海人民出版社，2005 年）；《区域信仰的变迁》一文初稿发表于《古今论衡》2003 年第 9 期；《福音与半边天》一文初稿发表于尹文涓主编的《基督教与中国近代中等教育》（上海人民出版社，2007 年）；《边际的对话》一文初稿发表于詹石窗主编的《闽南宗教》（福建人民出版社，2007 年）。为此我要对刊发拙文的上述同道们表示衷心的感谢！由于不少文稿撰写于多年以前，借着此次将文稿汇编成书的时机，我也对各篇论文都进行了一定程度的修改与增删。在此过程中,中国社会科学院世界宗教研究所段琦教授、责任编辑孔继萍女士及匿名审稿专家细心审读书稿,提出宝贵的修改意见,笔者十分感谢!当然,囿于个人学识不足,拙稿中的疏漏与错误在所难免,也请读者诸君不吝赐教。

张先清

2015 年 10 月于南光楼